기독교문서선교회(Christian Literature Center: 약칭 CLC)는 1941년 영국 콜체스터에서 켄 아담스에 의해 시작되었으며 국제 본부는 미국 필라델피아에 있습니다. 국제 CLC는 59개 나라에서 180개의 본부를 두고, 약 650여 명의 선교사들이 이동도서차량 40대를 이용하여 문서 보급에 힘쓰고 있으며 이메일 주문을 통해 130여 국으로 책을 공급하고 있습니다. 한국 CLC는 청교도적 복음주의 신학과 신앙서적을 출판하는 문서선교기관으로서, 한 영혼이라도 구원되길 소망하면서 주님이 오시는 그날까지 최선을 다할 것입니다.

추천사

강영안 박사
미국 칼빈대학 신학대학원 철학신학 교수

기독교는 19세기에 만 해도 전형적인 서양의 종교였다. 1세기가 지난 지금은 한 지역에 제한되지 않고 온 세계에 퍼져 있는, 그야말로 '세계 기독교'(World Christianity)가 되었다. 이 가운데 활발한 성장을 보인 곳은 남미와 아프리카다.

그런데 이 책은 아프리카 기독교에 대한 우리의 통념을 깨뜨린다. 아프리카의 기독교는 근대 선교사들이 처음 들고 들어간 것이 아니라 로마 통치 시대와 7세기 이슬람의 등장 이후 비록 순교와 추방의 고난을 받았지만 지난 2000년 동안 한번도 그 역사가 끊어진 적이 없음을 보여준다. 이 뿐아니라 아프리카가 소아시아와 유럽의 기독교가 자랄 수 있었던 '모판'이 되었다고 주장한다. 이 책을 통해 독자들은 서구 중심의 기존 교회사에서 전혀 배우지 못한 아프리카 기독교 역사를 새롭게 배울 기회가 될 것이다. 누가 알겠는가? 이 책을 읽는 사람 가운데서 아프리카 기독교 연구자가 나오게 될지를 ….

한상화 박사
아세아연합신학대학원 조직신학 교수

이 책은 어떻게 아프리카가 초대 기독교 지성을 형성하는 데 있어서 주요한 역할을 했으며 서구 기독교의 모판이 되었는지 집중 조명하여 부각시켜 줌으로써 기독교 이해에 있어서 서구 중심의 제국주의적 시각에서 벗어나서 본래적인 이해를 회복하도록 도와준다. 그뿐만 아니라 피식민지 의식이 남긴 골이 깊은 분열을 극복하고 진정으로 하나된 아프리카 정체성을 꿈꾸도록 지향하고 있다. 특별히 남반구 기독교가 증가하고 있는 이때 고대 아프리카 기독교의 귀중한 유산을 기억하는 것은 큰 긍정적 의미가 있다고 본다.

부디 이 책이 아프리카 기독교인들 사이에 널리 읽혀서 세계 유산에 기여하는 아프리카 문화의 자긍심을 회복하고 21세기 기독교 문화 형성의 새로운 주역으로 떠오르게 되기를 소망해본다. 무엇보다 뜻깊은 것은 이 귀한 책이 "아프리카공부모임"(아공모)에 의해 우리말로 번역되었다는 사실이다.

이 책이 한국 기독교인의 의식 깊은 곳에도 자리하고 있을지 모르는 피식민지 의식을 깨우쳐 주기를 기대해 본다. 배타적이며 편협한 교단 중심의 좁은 기독교 이해를 벗어나 고대 아시아, 아프리카, 유럽에 걸쳐 다양한 문화적 토양 속에서 형성되었던 보편적 기독교의 넓은 시각을 깨우치게 되는 계기가 되었으면 좋겠다. 아프리카의 기독교의 역사 … 결코 남 얘기가 아닌 우리의 이야기다. 강력히 추천한다.

마누엘 무랑가 박사(Dr. Manuel Muranga)
전 바람주교대학 학장
현 카발레대학교 언어학 교수

김성환 박사(Rev. Dr. Calvin Sunghwan Kim)는 이 책의 저자 토마스 오덴처럼 진리에 대한 열정을 가지고 있고 동시에 하나님이 주신 지성을 영혼 구원에 적용하려는 열의를 지니고 있다. 그는 음악학자이자 작곡가인 아내 박마리아 박사(Dr. Maria Park Kim)와 함께 지난 25년간 우간다에 거주하면서 아프리카에서 일어나고 아프리카에 관한 지적 활동에 큰 관심을 가지고 있다.

김성환 박사는 아프리카가 과거와 현재에 있어 기독교에 공헌한 것에 관해 여러 협의 모임을 주관했다. 최근 그는 "동아프리카의 부흥을 이야기하자: 부흥과 선교의 이야기신학을 위하여"라는 주제를 가지고 활기찬 포럼을 조직했다. 그는 아프리카 그리스도인들을 한국과 아시아의 기독교 경험으로 접속시키며 영감을 불러 일으킨다. 그의 팀이 오덴의 책과 함께 페스토 키벵제레 주교(Bisho Festo Kivengere)의 유명한 『나는 이디 아민을 사랑한다』(*I Love Idi Amin*)를 한국어로 번역해서 아프리카인들도 책들을 자신들의 모국어로 번역을 하도록 도전과 영감을 준다.

오덴은 광범위한 조사 연구를 통해 아프리카인들에게 그들의 자랑스러운 지성 전통을 전하려는 꿈을 품었다. 터툴리안, 시프리안, 아르노비우스, 옵타투스, 어거스틴과 같은 카르티고와 누미디아의 저작가들이 첫 천년기에 남긴 지울 수 없는 위대한 이야기는 그 전체를 아프리카의 도시와 시골에 사는 어린이들에게도 들려 주어야 한다.

"대륙의 어떤 지역에서는 문자 해독율이 낮기 때문에 이 이야기를 녹음장치에 담아서 토착 언어로 들려주어야 하기도 한다"라고 오덴은 쓰고 있다(19-20쪽). 40쪽에 이르는 분량으로 매우 자세하게 작성해서 이 책의 끝에 첫 수록한 "첫 천년기의 아프리카 기독교의 문헌적 연대기"만 하더라도 토마스 오덴이 아프리카 대륙의 그리스도 제자들이 쓴 저작에 관한 주도적인 연대기 역사가임을 보여 준다.

21세기를 살아가는 아프리카 그리스도인으로 나는 우리 역사에서 잘 알려진 대로 슬픈 측면이 있음에도 불구하고 밝은 면도 있다는 데 감사를 드린다. 아프리카는 여러 가지 놀라운 방식으로 기독교 지성 형성에 기여했다는 사실이다. 아프리카 그리스도인들이 신실하게 그들의 역할을 감당해서 그리스도를 의연하고 효과있게 증거하기를 기도한다. 하나님이 우리를 통해 역사하실 것이다. 아멘.

How Africa Shaped the Christian Mind:
Rediscovering the African Seedbed of Western Christianity
Written by Thomas C. Oden
Translated by Calvin Sunghwan Kim

Copyright ©2007 by Thomas C. Oden.
Originally published in English Under the Title How Africa shaped the Christian Mind by InterVarsity Press, P.O. Box 1400, Downers Grove, IL 60515, USA.
All rights reserved.

Translated and printed by permission of InterVarsity Press.
Korean Edition Copyright ©2020 by Christian Literature Center, Seoul, Korea.

아프리카 기독교 역사: 서구 기독교 형성의 모판

2020년 8월 20일 초판 발행

지은이	|	토마스 C. 오덴
옮긴이	|	김성환
편 집	|	박민구
디자인	|	박성준, 박나라, 김현진
펴낸곳	|	(사)기독교문서선교회
등 록	|	제16 - 25호(1980.1.18.)
주 소	|	서울특별시 서초구 방배로 68
전 화	|	02 - 586 - 8761~3(본사) 031 - 942 - 8761(영업부)
팩 스	|	02 - 523 - 0131(본사) 031 - 942 - 8763(영업부)
이메일	|	clckor@gmail.com
홈페이지	|	www.clcbook.com
송금계좌	|	기업은행 073 - 000308 - 04 - 020 (사)기독교문서선교회

ISBN 978-89-341-2164-0(93230)

이 도서의 국립중앙도서관 출판예정도서목록(CIP)은 서지정보유통지원시스템 홈페이지(http://seoji.nl.go.kr)와 국가자료공동목록시스템(http://www.nl.go.kr/kolisnet)에서 이용하실 수 있습니다. (CIP제어번호: CIP2020025259)

이 한국어판 저작권은 InterVarsity Press와 독점 계약한 (사)기독교문서선교회가 소유합니다. 신저작권법에 의하여 한국 내에서 보호를 받는 저작물이므로 무단 전재와 무단 복제를 금합니다.

THOMAS C. ODEN

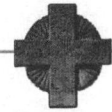

아프리카 기독교 역사

서구 기독교 형성의 모판

토마스 C. 오덴 지음 | 김성환 옮김

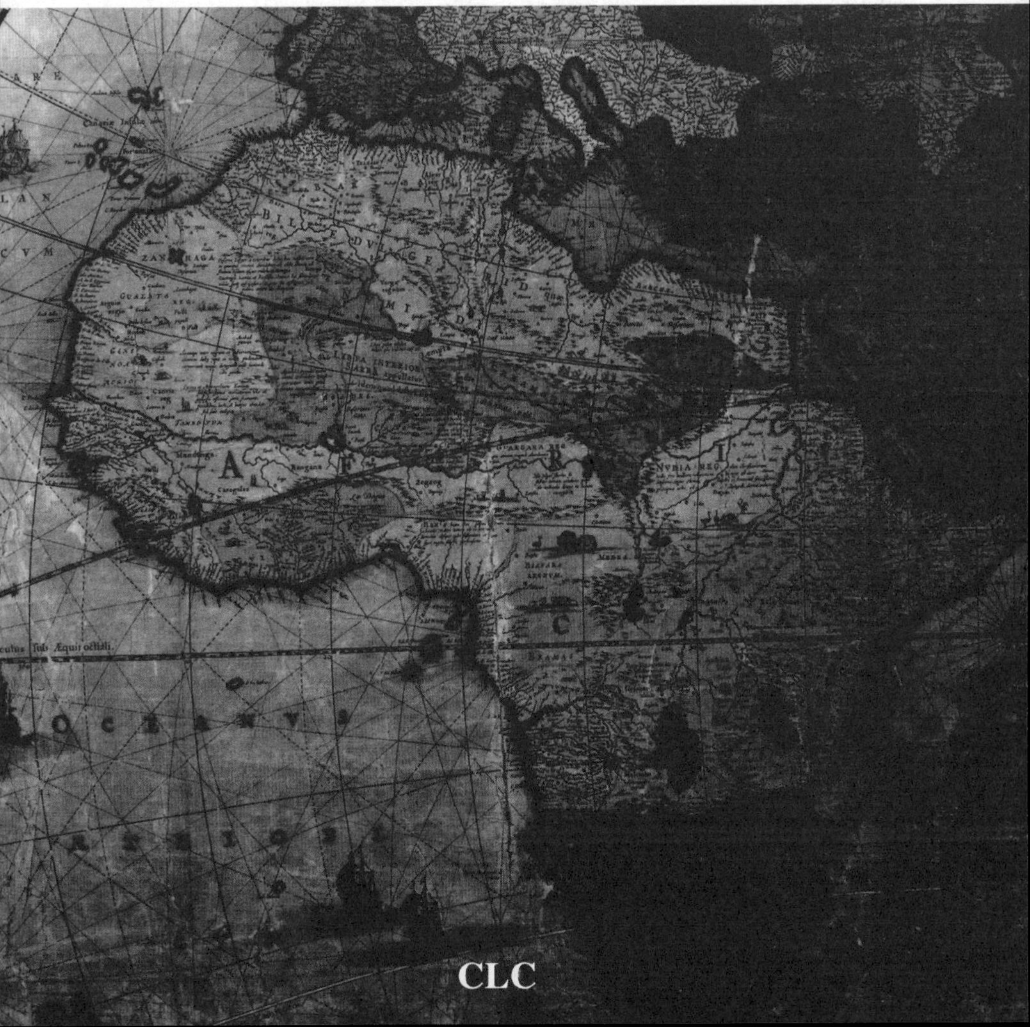

CLC

목차

추천사 강 영 안 박사 | 미국 칼빈대학 신학대학원 철학신학 교수 1
    한 상 화 박사 | 아세아연합신학대학원 조직신학 교수
    마누엘 무랑가 박사 | 카발레대학교 언어학 교수

머리말 마이클 글레럽 박사 | 예일대학교 맥밀런센터 소장 8
일러두기 11
역자 서문 12

서론 15

제1부 서구 기독교의 아프리카 모판 43
제1장 잊혀진 이야기 44
제2장 아프리카가 기독교 지성을 형성했던 일곱 가지 방식 51
제3장 아프리카 개념 정의 73
제4장 한 믿음, 두 아프리카 92
제5장 유혹들 105

제2부 아프리카 정통 교리의 회복 118
제6장 회복의 기회 120
제7장 어떻게 아프리카 순교자의 피가 유럽 기독교의 씨앗이 되었는가? 137
제8장 바른 회상 148
제9장 역사적 통찰을 통한 기독교와 이슬람 사이의 화해 추구 157

부록
부록1 초대 아프리카 연구의 도전들 168
부록2 첫 천년기 아프리카 기독교의 문헌적인 연대기 185

참고 문헌 245

머리말

어떻게 아프리카가 기독교 지성을 형성했는가?

마이클 글레럽 박사
초대 아프리카기독교 연구소장
예일대학교 맥밀런센터 소장

토마스 C. 오덴은 2003년 은퇴하기까지 드류대학교(Drew University)의 신학대학에서 헨리 안손 부츠(Henry Anson Buttz) 석좌 신학교수로 봉직했다. 『목회적 돌봄』, 『목회신학』, 3권으로 된 『조직신학』(나중에 『고전적 기독교』로 단권으로 출판됨) 등 중요한 저술을 출판했다. 1993년 그는 29권으로 된 『고대 기독교 성경주석』(ACCS) 시리즈 작업을 시작했다. 33년 드류대학교에서 봉직하는 동안 80개 이상의 소논문을 잡지와 논문집에 기고하고, 31권의 책을 저술하고, 11권의 책을 편집했다. 그는 「크리스채너티투데이」(*Christianity Today*)의 실행 편집인(1995 - 2001)이었고 「좋은 소식」(*Good News*)과 「기독교상담저널」(*Journal of Christian Counseling*)의 기고 편집인이었다.

2003년 은퇴 후 ACCS시리즈 중 남은 16권의 편집을 마쳤고, 『고대 기독교 교리』(*Ancient Christian Doctrine*) 시리즈 5권과 『고대 기독교

백과사전』(Encyclopedia of Ancient Christianity) 3권을 편집했고『고대 기독교 본문시리즈』(Ancient Christian Texts Series) 15권의 총편집인으로 섬겼다.

존 웨슬리의 교리에 관한 4권 시리즈와『고대 아프리카 기독교』에 관한 3권 시리즈와 자신의 회고록,『마음의 변화』(A Change of Heart)를 포함해 15권의 저서를 남겼다. 그의 책은 한국어, 독어, 러시아어, 불어, 스페인어, 암하릭(에티오피아어), 이탈리아어, 중국어, 폴란드어, 하우사어(북나이지리아)로 번역되어 출판되었다.

여러 해 동안 우리는 톰 박사에게 자신의 생애 스토리를 쓰라고 요청했다. 자신의 회고록,『마음의 변화』에서 실토했다.

> 아프리카가 나에게 충분한 이유를 찾기까지 나는 저항했다. 예상치 못한 많은 여행을 통해 아프리카 대륙이 나의 영적인 목적지가 되고 학적으로 투자할 가장 가치있는 것이 된 것을 마침내 깨달았다.

아프리카 특히 초대 아프리카 기독교가 자신의 학문적 노력의 중심이 되었고 자신의 생애 마지막 10년 동안 그의 저작에 힘을 불어넣었는지를 설명하는데 필요하다는 것을 깨닫기 전까지는 자신의 이야기를 쓰는 데 톰 박사는 관심이 없었다.

'초대아프리카센터'(Center for Early Africa Christianity=CEAC)의 창립 소장으로서 오덴은『어떻게 아프리카가 기독교 지성을 형성했는가: 서구 기독교의 아프리카 모판』을 저술하는 책임을 맡았다. 이 책에서 그는 센터의 연구 과제를 개괄했다. 지난 10년간 CEAC는 아프리카의 가독교와 디아스포라가 고전적 아프리카 원천으로부터 그들의 신학적 작업을 할 때 자료를 제공하려고 노력했다.

   CEAC의 실행이사로 본인은 우리 한국 동역자들이 『어떻게 아프리카가 기독교 지성을 형성했는가』(How Africa Shaped the Christian Mind)를 한국말로 번역한 것에 대해 감사한다. 서구 기독교의 형성에 초대 아프리카 기독교가 기여한 것을 강조하는 것 외에 기독교가 비서구 및 비유럽 종교라는 것을 이 책은 지적해 준다. 기독교가 유럽 종교라는 현대의 주장으로는 기독교가 첫 천 년 동안 존재한 사실을 충분히 설명할 수 없다.

HOW AFRICA SHAPED
THE CHRISTIAN MIND:

역자 서문

김성환 박사

우간다 선교사

"혼자 가면 빨리 가지만 함께 가면 멀리 간다."

아프리카 속담이다. 우간다에서는 한국 선교사들 사이에 2014년부터 선교와 아프리카를 공부하는 모임을 형성했다. 평범하게 들릴 수 있는 이름으로 "아프리카공부모임"(아공모)*라고 불렀고 아직도 더 나은 이름을 찾지 못하고 그 이름을 쓰고 있다. '아공모'에서는 오덴의 책들을 세 차례나 선택해서 읽었다. 이번 학기(2019년 1학기)에는 함께 읽으며 토론하며 번역을 마쳤다.

대중 매체에서 아프리카는 부정적으로 비친다. 아프리카 선교사들은 그리스도와 복음과 사랑으로 소망을 나누려고 애를 쓴다. 아프리

---

* 2014년부터 우간다 선교사들의 그룹이 매학기 아프리카와 선교를 공부하기 위해 모이고 있다. 2017년에는 종교개혁 500주년 포럼을 개최하고 그때 발표한 소논문들을 모아 영어와 한국어로 자료집을 만들었고 2018년에는 바른 교리 및 가정사역 세미나를 개최했다. 또한, 2019년에 "동아프리카 부흥 운동(East African Revival=EAR)을 이야기하자" 포럼을 개최했다. EAR의 산물로 아프리카의 빌리 그레함이라고 불리는 페스트 키벤제레(Fest Kivingere) 주교의 저서 『나는 이디 아민을 사랑한다』와 『혁명적 사랑』을 번역했다.

카는 노예 제도와 식민 통치로 치명상을 입었다. 한국과는 달리 아프리카에는 기독교, 식민지 통치, 상업이 혼합이 되어 기독교 국가에서 들어왔다. 기독교 선교가 프로젝트, 건물, 이벤트 등으로 단기적이고 외형적인 가림은 할 수 있지만 근본적인 변화를 주기에는 무리이다.

이 책의 저자인 오덴 박사는 예일대학교에서 리차드 니버(Richard Niebuhr) 아래서 박사학위를 받았다. 그의 팀이 교부들의 문헌에서 성경 주석을 편집해서 『고대 기독교 성경주석』(Ancient Christian Commentary of Scripture) 시리즈를 편찬하는 가운데 인용하게 되는 초대교회의 신학자들이 아프리카 사람으로 주종을 이루는 것을 발견하게 된다. 그때부터 그는 아프리카 기독교를 집중적으로 연구하게 된다. 그는 서서히 서구 중심의 자유주의에서 세계교회를 아우르는 복음주의신학자로 회심하게 된다. 그의 요지는 초대 아프리카 기독교가 오히려 유럽과 아시아로 신학, 학문, 연합, 기도원 운동 등 기독교 전반에 걸쳐 영향을 미쳤다는 것이다.

아프리카 지도자들과 선교사들은 아프리카가 초대교회 때의 그 활기와 지도력을 되살리고 세계 선교의 주역이 되기를 기도하고 함께 배우고 함께 실천하고 있다. 우리 아프리카공부모임은 아프리카 선교 현장에서 오지를 누비면서 선교도 하지만 그 기도와 경험과 묵상을 "바른 선교 이해(신학), 바른 선교 실천"이라는 표어를 가지고 정리하는 데도 게을리하지 않으려고 한다. 선교신학은 선교 현장에서의 땀과 눈물과 피에서 나와야 한다고 믿는다.

이번 번역에 참가한 동료 선교사들과 기독 청년의 이름을 적는다 (가나다 순): 김은석, 김인남, 박마리아, 박봉출, 박영찬, 손실라, 신동헌, 안영기, 양순숙, 이정웅, 임기훈, 최태용. 우리는 매주 번역한 것을 나누고 토론하고 다듬었다.

나는 번역 책임자로 최종 원고를 모아 통일성도 기하고 오류도 없애고 문장도 유연하게 만들었다. 위의 아프리카 속담처럼 혼자라면 빨리 가다 지쳐서 그만 둘 수도 있었지만, 함께 해서 멀리 가서 목적지에 도착할 수 있었다.

아프리카 선교지 현장에서 한국교회의 아프리카 선교와 아프리카 교회의 세계 선교를 위해 기도하고 실천하며 신학 작업도 하고 있다. 이 조그만 번역이 한국교회의 아프리카 이해와 선교신학적 성숙을 위해 겨자씨 씨앗이 되어 탐스러운 열매를 맺게 되기를 기도한다. 모든 영광을 주님께 돌린다.

2019. 9. 20

HOW AFRICA SHAPED
THE CHRISTIAN MIND:

일러두기

1. 인명과 지명의 한국어 표기에 있어 영어식과 원어식 사이에 고민을 했다. 이 책이 영어로 쓰였고 한국 독자에게 보다 친숙하다고 생각해서 영어식 표기를 따른다. 예를 들어 아우구스티누스 대신에 어거스틴이라고 표기한다. 그러나 현지식 표기가 이미 확고해진 경우는 현지식 발음을 채택했다.

2. Ecumenical이라는 단어를 "교회연합적," "교회일치적"이라는 말로 번역했다. 영어 단어 그대로 "에큐메니칼"이라고 표기할 수 있으나, 이 경우 오늘날 세계적 기구를 통해 교회일치를 추구하는 운동과 혼동이 될 수 있어 초대교회의 "교회연합"이라는 의미를 살려 번역했다.

3. "가톨릭(catholic)"이라는 용어는 "공교회" 혹은 "공교회적"이라고 번역했다. 이 용어는 국지적이 아니라 만국(all nations)에 해당하고 전 세계적(universal)이라는 것을 의미한다. 종교개혁 이후의 "로마 가톨릭"(Roman Catholic)과 구분이 된다. 한국에서는 "카톨릭"을 "가톨릭"이라고 표기한다.

4. 성경에 나와있는 지명은 원칙상 성경의 표기 방법을 따른다.

약어표

ACCS   The Ancient Christian Commentary on Scripture (『고대 기독교 성경주석』)-(이 주석시리즈는 『교부들의 성경주해』라는 이름으로 출간됨)

서론

이 책의 논지는 다음과 같이 간단하게 말할 수 있다. 아프리카는 기독교 문화 형성에 있어서 결정적인 역할을 했다. 기독교의 결정적인 지적 업적은 아프리카에서 먼저 탐구되고 이해되었는데, 이는 유럽에서 인지하기 전이었고 북아메리카로 전해지기 천 년 전의 일이다.

기독교는 서구나 유럽에서 표현되었던 것보다 역사가 훨씬 더 길다. 아프리카 스승들이 심오한 방식으로 세계기독교를 형성했지만, 북반부(the Global North)에서든 남반부(the Global South)에서든, 결코 충분히 연구되지도 않았고 인정받지도 못했다.

나의 질문은 "어떻게 아프리카 지성(African mind)이 초기 수세기 동안에 기독교 지성(Christian mind)을 형성했는가?"이다.

젊은 아프리카인들 앞에 놓여있는 도전은 고대 아프리카 기독교(Ancient African Christianity)의 풍부한 문헌들을 재발견하는 것이다. 이를 위해 한 세대에 걸쳐 아프리카 학자들은 아프리카 지성사를 무시하거나 비하하는 편협한 가정들을 재평가해야 할 필요가 있다.

A.D. 50년에서 500년 사이에 아프리카에서 발전된 지적인 이해들이 없었다면 기독교가 2/3세계에서 보여 주는 오늘날의 활기는 없었

을 것이다. 아프리카교회사를 무시하면서 교회사를 연구하는 가식은 받아들일 수 없다. 첫 5세기 동안 아프리카 지성을 높이 존중하고 모방했던 것과는 반대로 지난 5세기 동안 아프리카를 무시하는 이런 가정들이 편만했던 것은 이상할 따름이다.

이제 증거를 제시해야 한다. 이렇게 증거를 제시하기 전까지 서구 역사에서 균형을 잡기위해 노력했지만 추하게 왜곡되어 뒤틀려져 있다.

나의 과제는 고전 기독교 지성은 아프리카 토양에서 태동한 아프리카의 상상(imagination)에 의해 의미있게 형성되었다는 것을 보여주는 것이다. 그 상상력으로 다른 어느 곳에서 보다도 먼저 아프리카에서 꽃을 피워 철학적 분석, 도덕적 통찰, 훈육, 성경 해석이라는 특징을 남겼다. 그 씨앗들은 아프리카에서 북쪽으로 확산되었다.

'기독교 지성'(Christian mind)이라는 용어는 기독교 지성사를 가리킨다. 이는 문학, 철학, 물리학, 심리 분석의 역사를 포함한다. '아프리카 지성'(African mind)이라는 용어는 기독교 역사 첫 천 년 동안 아프리카 대륙에서 생산된 사상과 문헌적 산물을 가리킨다.

1. 5억 명 아프리카 그리스도인들을 향해

아프리카 기독교 인구가 곧 5억 명에 다다를 것 같다. 현재는 4억 명 이상으로 추정되는데 퓨포럼(Pew Forum)에 의하면 8억 9천만 명에 이르는 전 아프리카인의 46%로, 급격하게 성장하면서 세계 그리스도인의 상당한 부분이 아프리카 대륙의 주민이다. 데이비드 바레트

(David Barrett)는 아프리카 기독교 인구가 계속 성장해서 2025년까지는 6억 3천 3백만 명이 될 것이라고 예측한다.

아프리카 그리스도인 인구는 급증하고 있다. 그들의 미래를 위해 이 책의 수고를 값지게 바친다. 서구에서 하는 토론은 남반부의 미래에 놓여 있는 것과 비교해 사소하게 보인다.

세계 그리스도인 인구는 현저하게 남반구에 위치한다. 이러한 사실은 데이비드 바레트, 로드니 스타르크(Rodney Stark), 필립 젠킨스(Philip Jenkins)의 면밀한 인구학적, 사회학적 저서에 의해 이미 충분히 증명되었다. 유럽인과 북미인은 적도 이북보다는 이남에 기독교의 미래가 훨씬 더 많이 달려 있다는 것을 신중하게 깨닫고 있다.

그러나 남반부의 그리스도인들은 서구 그리스도인들보다 그들 자신의 역사를 인식하거나 심지어 배울 기회가 훨씬 적었다. 특히 아프리카인들에게는 그렇다. 해결책은 조악한 역사나 이념적으로 왜곡된 역사적 증거를 벗어나 역사를 더 깊이있게 연구하는 것이다.

아프리카 대륙의 모든 그리스도인들은 그들이 발견해야 할 생득권(生得權)이 있다. 그러나 오래된 선입견과 편견의 결과로 생득권에 이르는 길이 교묘하게 막혀 있었던 것으로 보인다. 그래서 그들의 유산은 슬프게도 아프리카에서조차 있는 줄도 몰랐다.

서구인만 아니라 비극적이게도 많은 아프리카 학자와 기독교 지도자도 그들의 초기 기독교 조상들을 무시했다. 어떤 사람들은 19세기 식민 통치의 선교 역사를 비난하는 데 열중하다 보니 근대 이전에 교부들이 남긴 자신들의 중대한 아프리카 지적 유산은 거의 보지 못했다. 아프리카 전통의 상상 가능한 모든 다른 면을 찬양하는 흑인 민족주의 옹호자들조차도 그들의 발치에 있는 이 초대 교부의 선물은 지속적으로 무시했던 것 같다.

평범한 아프리카 기독교 신자들은 초대 아프리카 기독교, 즉 그 신앙, 용기, 인내 그리고 훌륭한 지적 능력을 이해하도록 훨씬 더 접근 가능한 방법을 갖출 자격이 있다. 그렇기 때문에 이 얘기를 해 주되 지금, 정확하게 해 주어야 한다.

2. 하나의 서사시적 이야기

초대 아프리카 기독교의 이야기는 시골과 도회지의 아프리카 어린이들에게 들려주어야 한다. 그 이야기는 간단한 방식으로 들려주어야 할 가치가 있다. 전 세계 청중이 들어야 하겠지만 먼저 아프리카 어린이들에게 찾아가 들려주어야 한다.

용맹스러운 인물들과 놀라운 결말로 가득찬 이 이야기는 영웅적인 차원의 이야기다. 신화가 아니라 실제적인 역사—생사의 선택을 충성스럽게 맞이하는 아프리카의 성도, 수세기의 굴욕적인 노예 제도, 고질적인 비인간화의 실제 이야기—로서 오늘날 아프리카의 어머니와 딸, 아버지와 아들을 위해 시의적절한 것이다. 그때가 이르렀다.

핵심 줄거리는 파악하기가 어렵지 않다. 고통을 받던 대륙이 연민으로 변화를 받아 고통을 이해하게 되었다. 죽었다 무덤에서 생명으로 일어난 부활의 이야기로 그것은 십자가와 부활의 관점에서 역사의 의미를 파악한 모든 사람의 살아있는 이야기다.

그 이야기를 사실적인 진리로 이야기해야 할 절실한 필요가 있다. 그래서 그 핵심을 모두가 쉽게 이해할 수 있기를 바란다. 이 이야기는 기대하지 않은 섭리로 넘쳐나고, 희생과 기적으로 무게가 있고, 예상치 못한 굴곡와 전환이 있고, 반복될 수 없는 선택의 도전이 있고, 소중히 간직해야 할 배움이 있는 등, 신비로 가득 차 있다.

근본적으로 타락했으나 근본적으로 구속받은 선한 창조에 대해 증언하면서 그럼에도 그 창조 속에서 계속되는 악의 세력의 비밀을 풀려고 궁리하면서 귀를 기울이는 개개의 사람에게 특별히 들려져야 한다. 이것은 인간적 경이의 깊은 곳을 감동시킨다. 초기 아프리카 성도와 순교자의 이야기 속에 강력하게 극화되었다. 그들은 승리의 능력을 보여 주었다. 그들의 이야기들은 도처의 인간 투쟁을 조명해 준다.

따라서 이것은 기독교 청중만을 위한 이야기가 아니다. 이미 확신한 사람들에게만 들려주려는 것이 아니다. 주로 학문적인 상황에 처한 사람들만을 위한 이야기도 아니다. 구도자, 회의론자, 확신자를 위한 것이고 특히 아프리카 마을의 어린이들을 위한 것이다.

이 이야기는 그들 자신의 초기 역사의 발자취를 추적하는 열린 마음의 무슬림에게도 정보를 제공해 준다. 어른과 마찬가지로 어린이에게도 풍요한 이야기이지만, 바르게 이야기해 줄 때 비로소 그 가치가 제대로 인정될 것이다.

이 이야기는 서구 청중만을 위한 것도 아니다. 나는 그것이 먼저 아프리카 대륙과 그리고 동일하게 아시아에서도 들을 준비가 된 사람들에게 들려지기를 바란다. 전 세계 기독교 신자들은 현대 아프리카에 대해 궁금해 하지만 대부분은 놀라운 그 아프리카 고대 역사에 비추어 아프리카를 생각하지 않았다. 그중에서도 특히 아프리카 사람들이 자신들의 전체 이야기를 들을 기회가 없었다. 대륙의 어떤 지역에서는 문자 해독율이 낮기 때문에 이 이야기를 녹음 장치에 담아서 토착 언어로 들려주어야 한다. AIDS(후천성면역결핍증) 계몽이나 환경 교육에서처럼 창의적인 시각 형식도 사용해야 한다.

내가 "초대 아프리카 기독교"라고 할 때는, 이집트, 수단, 에티오피아, 에리트리아, 리비아, 튀니지, 알제리, 모로코와 어쩌면 우리가 지금 알고 있는 것보다 훨씬 남쪽까지 포함한 40억 평방 마일 안에서 첫 천년기(제1천년기)에 형성된 모든 초기 기독교 형태를 말한다.

대륙의 지리에 따라 아프리카 기독교는 제1천년기 동안 사하라 이북에서 형성이 되었고, 제2천년기 동안 남쪽에서 기하급수적으로 성장했다. 북과 남 모두가 수세기 동안 지속된 고전적인 기독교 전통으로 복을 받았다. 초대 아프리카 그리스도인들은 많은 토착 언어를 사용했고 지중해안을 따라 주요 상업 언어를 사용하는 것에 국한되지 않았다.

3. 아프리카로부터

아프리카 기독교가 아프리카라는 특정 대륙에서 성장했다고 해서 연합적(ecumenical)인 면이 덜한 것은 아니다. 아프리카 기독교는 아프리카 토양에서 톡톡하게 아프리카적인 경험을 겪으며 일어났다. 그것이 진정으로 계속 심화되어 고난을 받았던 사람들은 아프리카인으로 태어났고 토착적인 아프리카 경험을 수많은 세대에 걸쳐 겪으면서 양육되는 가운데 아프리카 문화들 속에서 투쟁했다. 그들은 외부에서 들여온 유입인이 아니었다. 그들은 아프리카 사막과 산악에서 땀도 흘리고 갈증도 경험했다.

세계적인 기독교 지성은 매마른 최소한의 이론적 생각에서가 아니라 특정한 역사에서 형성되었다. 역사의 많은 일이 아프리카에서 일어났다. 성경과 기독교의 기억에서 아프리카를 잘라내라. 그러면 구원사의 많은 결정적인 장면을 치워 버리게 된다. 그것은 아브라함의 자녀들이, 요셉이, 마리아와 요셉과 예수가, 그 이후 얼마 안 되어 마가와 페르페투아(Perpetua)와 아타나시우스(Athanasius)와 어거스틴(Augustine, 혹은 아우구스티누스, Augustinus)이 아프리카에서 보낸 이야기다.

기독교의 진리는 항상 이야기의 형태로 전달되었다. 그것은 창조와 역사(歷史)에 있어 하나님이 역사(役事)하시는 이야기다. 기독교 진리는 이스라엘과 예수께 어떤 일이 일어났는가에 대해 사도들이 이야기한 것을 특별하게 기억한 대로 형성되었다.

사도들의 저작을 해석하는 주요 유형들 중에 유럽이나 근동에서 정착되기 전에 아프리카에서 발굴되고 정교화가 된 것들이 있다. 이것은 콘스탄틴 이전에 기독교 지성사를 살찌운 감미로운 알곡이다. 장차 철저한 조사를 하기 전에는 그것이 검토되어야 할 흥미로운 가설의 위치를 차지할 뿐이나 검토하면 광대한 수확을 약속한다. 따라서 여러분 자신이 검토해 보기를 바란다.

이 가설의 증거들을 제시해도 많은 표준 서구 학계가 저항을 할 것이다. 수십 년 동안 그런 저항을 받아 왔다. 이 길을 가면서 매 발자국마다 투쟁하게 될 것이다. 초대 기독교가 무시당해 온—심지어는 체계적으로 무시당해 온—집요한 이유가 있다. 그 증거는 적절한 때에 아프리카 지성에 의해 아프리카 청중에게 확신있게 제시되어야 한다. 그런 일이 효과적으로 일어날 때 세계는 들을 것이다.

4. 고대 지도에서 아프리카가 차지하는 중추적인 위치

초대 기독교 역사에 대한 기억은 세 대륙—아시아, 아프리카, 유럽—에서 형성되었다. 이 점에 있어 그것은 문서로 기록된 인류 역사와 다르지 않는데 그것은 3대 공간 사이의 합류지에서 형성되었다. 이 합류지는 세 개이지 일곱 개가 아니다. 일곱 개는 나중에 왔다. 이 세 공간은 단일의 물리적 지점에서 만나는데 그곳은 예루살렘이라는 역사적인 교차점이다. 지도 1은 단순화된 초기 지도다.

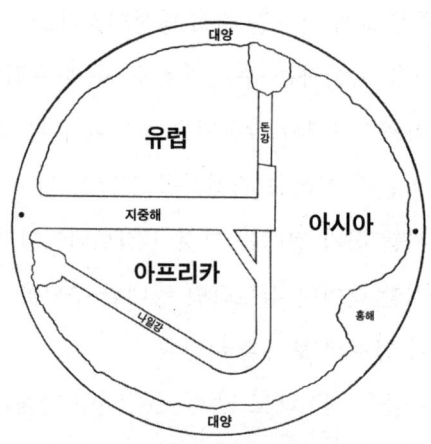

지도 1. 고대 지도에서 아프리카

아시아라고 하면 고대의 의미로는 팔레스타인, 시리아, 아나톨리아와 동쪽에 놓인 모든 것을 가리킨다. '아시아'라는 말은 오늘날 터

키라고 부르는 반도의 서단에 투르크족이 거주하기 훨씬 전에 그리스인들에 의해 사용되었는데 점차적으로 아시아라는 말은 아나톨리아 대평원과 보이거나 상상한 대로 동쪽 멀리까지 가리키는 말로 확장되었다. 로마시대에는 "근동"이 유프라테스에 이르고, 또 인더스 계곡까지와 인도아대륙(亞大陸; Indian subcontinent) 아래로 케랄라(Kerala)까지 이르고 유프라테스를 넘어 "극동"까지 미치게 되었다. 이렇게 '아시아'라는 말이 고대에 정의되었다.

6세기에 이르러 알려진 세계는 동쪽으로 뻗어 실크로드를 넘어 중국에 이르게 되었다. 그것은 조악한 지도와 후기 고대의 원시적인 지리를 보면 분명하다. 그리스어 "아시아"가 고착되어 심지어 오늘날에도 아시아라고 하면 아나톨리아로부터 동쪽으로 주욱 나아가 태평양군도(Pacific Islands)를 포함하는 전 대륙을 말하는 것으로 아시아인들은 받아들인다.

유대교와 기독교는 아프리카와 아시아 사이의 접촉 부분에서 형성된 민족의 이야기 속에 뿌리를 잡고 있다. 유대인과 그리스도인은 이집트에서 예루살렘으로 사마리아로 안디옥으로 그리고 그곳으로부터 땅끝까지 여행했다. 그리고 오순절 이래로 아프리카에는 항상 그리스도인이 있었다. 1세기부터 알렉산더의 아볼로와 오순절의 리비아인, 구레네 시몬, 에티오피아 신도에 대한 언급이 있다. 1세기 아프리카 증인들은 계속해서 오늘날까지 살아 있는 증인의 역할을 한다.

아볼로 이래로 어떤 세기에도 아프리카에 그리스도인이 없었던 때는 없었다. 유대인이나 그리스도인이나 아프리카에 새롭지 않다. 이 두 언약 백성은 아시아와 아프리카라는 두 대륙의 교차로에서 최초로 시작된 구원사를 기억한다. 그 동일한 교차로에서 첫 천년의 7세기에 이슬람이 일어났다.

고대의 의미로 '아프리카'는 멀리 지중해의 남쪽으로 펼쳐 있는 거대한 대륙을 말한다. 지리적으로 아프리카는 대륙이다. 문화적으로 다양한 문화와 언어의 거대한 집합체다. 고대 북아프리카 시대의 역사적 문화에는 닐로트,[1] 누미디아, 누비아, 가나의 문화 그리고 선사시대까지 이르는 다양한 문화들이 있다.

오늘날 아프리카 대륙에 사는 사람들 중에 아프리카인이라고 불리기를 거북해하는 사람들이 있다. 그들은 우간다인, 이집트인, 나이지리아인과 같이 불려지기를 선호한다. 그러나 수천년에 걸친 이 모든 고대와 현대 문명을 칭하는 가장 적절한 말은 그 어원이 어떻든 '아프리카'라는 말로 남아 있다. 아프리카인과 비아프리카인 대다수는 이 대륙을 아프리카라고 부른다. 따라서 나는 단일 명칭에 많은 긴장과 부조화가 있다는 것을 의식하면서 아프리카라는 명칭을 기탄 없이 지리적 서술로 한 대륙을 지칭하는 데 사용하겠다.

나는 고대의 의미로 '유럽'이라는 말을 여전히 동과 서의 분기점으로 간주되는 비잔티움 해협의 북과 서의 영역을 가르키는 말로 사용한다. 유럽은 트라키아(Thracia)에서 아일랜드, 시칠리아에서 스칸디나비아에 이르기까지 주욱 펼쳐져 있다.

이 세 대륙은 고대 후기의 지도에서 하나의 중심 도시로 상징된다. 자체를 넘어 이 세 대륙을 가리키는 3대 도시는 로마, 알렉산드리아, 안디옥이다.

---

[1] 역주-닐로트(Nilot) 혹은 나일로트(Nilote)는 수단, 우간다, 케냐의 나일강 유역에 사는 사람을 말한다. 영어에서 그 형용사형은 닐로틱(Nilotic)이다.

그 정점에 있는 알렉산드리아는 아프리카-헬라적인 도시로 로마나 안디옥보다 더 크고 사상, 문학, 학문의 세계에 있어 훨씬 더 중요하다. 알렉산드리아는 수 세기간 고대 사회의 3대 주요 도시 중 하나로서 있었다. 알렉산드리아의 기독교 지도자가 교회 조직의 측면에서 대륙의 모든 그리스도인을 상징하고 대표하게 되었다는 데 놀라서는 안 된다. 그것은 아시아를 대표하는 안디옥과 유사하고, 서서히 중세 유럽을 형성하면서 부상하는 문화들의 준(準)-문예(文藝) 연합체로서 나중에 [A.D. 800년 카롤루스 대제와 함께] 부상하는 북지중해 지도자의 목소리를 상징하는 로마와 유사하다.

오늘날 아프리카의 상징으로 알렉산드리아를 대신하는 도시가 많다. 그중에 나이로비, 카이로, 라고스, 요하네스버그가 있다. 고대 세계에서 아프리카의 중요한 지역의 대표로서 아프리카 대륙에서 국제적으로 인정된 알렉산드리아와 나란히 견줄 도시가 단 하나 있는데 카르타고였다.

초대 서구 기독교에서 카르타고는 주요 도시였다. 리비아의 동과 남의 사람들에게는 알렉산드리아였다. 그러나 카르타고에서조차도 교회는 알렉산드리아에 대해 높이 존경하고 존중했다.

알렉산드리아교회는 원(原) 사도의 목격자인 마가가 설립했다는 사실 때문이다. 카르타고와 알렉산드리아의 차이점은 카르타고는 마가에 비견되는 알려진 제1세대 사도가 없었다는 점이다. 신약시대 목격자 출신으로 알려진 인물이 없기 때문에 카르타고는 알렉산드리아의 사도적인 지도력을 감사함으로 인정했다. 그 지도적 위치는 제1천년기에 살았던 어느 아프리카 그리스도인이라도 존중했다.

이런 식으로 광대하고 크게 알려지지 않은 아프리카대륙 전체는 고대 세계의 최대 도시였던 알렉산드리아로 상징되었다. 이런 이유로 알렉산드리아는 아프리카로부터 분리될 수 없다.

5. 두 강:나일(Nile)과 메드제르다(Medjerda)-초기 기독교 사상의 모판

많은 기독교 사상과 실천이 나일과 누미디아(Numidia) 전통으로부터 북쪽 유럽으로 건너갔다. 닐로트와 누미디아 문화는 유럽이전 기독교 역사의 근원지였다.

이것은 두 개의 막강한 강으로 상징된다. 위대한 메드제르다(Medjerda; =바그라다스, Bagradas)강은 서에서 동으로 누미비아 고대 로마 지방에서 아프리카 로마 지방의 카르타고로(현대의 알제리에서 튀니지로) 290마일(450킬로미터) 뻗쳐있다-지도 2를 보라. 나일강은 남에서 북으로 남부 이집트의 폭포들과 수단과 우간다의 원류를 포함해 4,160마일(6,695킬로미터) 뻗쳐있다-지도 3을 보라.

많은 기독교 지성 역사가 나일 상류와 하류 내지(內地) 강체제(江體制) 주위로 계곡과 오지에서 성숙했고 메드제르다가 흐르는 마그레브(Maghreb)강의 산과 사막과 계곡을 따라 온통 성숙했다.

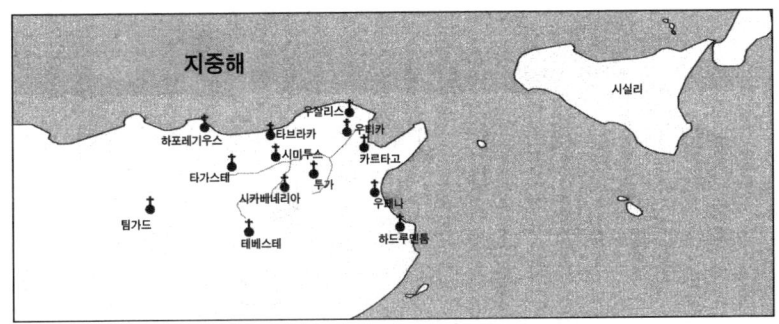

지도 2. 메드제르다 계곡 (현재 튀니지와 알제리)

지도 3. 나일 계곡 C. 4세기

닐로트어족(Nilotic)은 유대교와 기독교가 이집트에 오기 오래 전에 나일강을 따라 발전된 어족이다. 지중해 문화의 영향을 별로 받지 않은 내지 아프리카 언어들이다. 중부 나일 계곡에서 풀뿌리 기독교를 위해 주요한 언어 수단이 되었다. 첫 4세기 동안 기독교는 마그레브에서 똑같은 활기를 띠면서 부상했다. 그곳에서 활동한 위대한 카르타고 및 누비아 작가들로 터툴리안(Tertullian), 시프리안(Cyprian), 아르노비우스(Arnobius), 옵타투스(Optatus), 어거스틴(Augustine) 등이 있다.

초대 아프리카 기독교는 이 두 거대한 강 유역에서 두 언어 및 문화 체제를 중심으로 형성되었다. 아프리카 지리와 기독교 문화의 관계는 충분히 연구가 이루어지지 않았다. 이 강의 망은 깊은 내륙이고 해안이 아니다. 따라서 아프리카에서 기독교가 주로 해안 현상이라고 암시하는 어떤 시도도 이러한 지리를 오해하는 것이다. 철저한 연구 없이 역사적 판단을 왜곡해서 첫 천년기 아프리카의 기독교가 주로 해안의 좁다란 띠에 발견된다고 보통 생각하지만 부정확한 견해다.

무역과 교류가 내지 아프리카 전역에 걸쳐 상업이 가능하도록 메드제르다강과 나일강 체제를 따라 전역에서 일어났다. 사막의 통로들은 강과 바다의 항구에 다다랐다. 명백하게 알렉산드리아는 닐로틱 아프리카와 나머지 알려진 세계 사이를 연결하는 주요 연결점이 되었다. 카르타고는 시칠리아와 이탈리아가 가깝고 메드제르다강의 하구와 가까워서 전략적으로 중요했다. 메드제르다강은 놀라울 정도로 기름진 계곡으로 밀과 올리브 생산지의 중심이었다. 이 계곡은 우티카와 카르타고의 주요 항구에 의해 교통이 이루어졌다. 생각들과

물품들이 내지 아프리카부터 강과 연안 근해를 통해 스페인, 프랑스, 시칠리아, 이탈리아, 그리스로 쉽게 전해졌다.

그러나 어디서 아프리카가 전체로서 초대 기독교내에서 공적인 소리를 내었는가?

초대교회에 있어 그 교회연합의 해답은 알렉산드리아 교구로, 상징적으로 나일강과 마그레브강을 포괄하는데 후자는 마가의 사도직에 대한 존경심에서 알렉산드리아를 존중한다. 알렉산드리아는 마가가 제정한 교구로 [베드로를 뒤이은 로마 주교가 한 도시를 넘어 훨씬 많은 도시들을 관장했던 것처럼] 대체로 잘 모르고 있지만 한 도시뿐만 아니라 상징적으로 전 대륙을 포괄한다. 알렉산드리아 교구는 내지에서 닐로트 언어들은 말하고 국제 학문과 교역 언어인 그리스어를 쓰던 대륙의 동방교회를 주로 가리킨다.

카르타고 교구는 국제 정치, 학문, 교역 언어인 라틴어와 함께 마그레브의 베르베르, 퓨닉, 캅시안 언어들을 사용하는 서부 아프리카 교회들을 가리킨다. 고대 기독교의 이 두 동과 서 아프리카 지역은, 총대 교구직들 사이에 초기 마가로 대표되는 사도성이 상징이 되어, 서로 결합이 되었다.

이렇게 해서 라틴 아프리카 정통 교리는 주로 서방 기독교 전통을 따라 전파되었고, 동방 아프리카 정통 교리는 주로 (콥트어, 그리스어, 시리아어, 그리고 첫 천년기 말기에는 아랍어를 포함하는) 동방 기독교 전통을 통해 전파되었다. 아프리카의 사상은 우세해 지면서 수도원 운동의 급격한 확산을 통해 신속하게 북쪽으로 도달해서 4세기의 팔레스타인, 안디옥, 시리아, 그리스, 아르메니아 전통과 5세기에 이르러 갈리아와 아일랜드에 배어들어 갔다.

해상과 육상으로 초기 아프리카는 의미있게 동서 양대 기독교 전통의 기본 층(層)들을 형성했다. 동과 서는 몇 개만의 예외를 제외하고는 제4세기 중반(中盤) 내내 교리적으로 긴밀하게 조화가 되었다. 몬타누스주의에 대한 관점과 칼세돈에 대한 반응에 대해 동부와 서부 아프리카에서 다소 다르게 논했으나, 교회연합의 핵심은 아프리카에서 많이 형성된 다음 굳게 자리를 잡았다. 주해, 교리, 성례전에 관해 교회가 연합해서 일치를 보았기 때문에 닐로트 기독교가 마그레브에서도 크게 존중되었다.

기독교가 아프리카에 최초로 도착한 것은 서구의 역사적 회의주의가 전형적으로 허용하는 것보다 훨씬 전으로 거슬러 올라갈 수 있다. 이를 위해 고고학과 본문상의 증거를 더욱 검토할 필요가 있다. 초기 알렉산드리아 전통은 참으로 60년대, 50년대, 어쩌면 40년대까지 거슬러 올라간다. 이 전통의 전승 역사에 관한 증거들을 지난 세대의 유럽 학자들은 대부분 무시했다. 이렇게 무시하는 것을 일컬어 "유럽 국수주의"라고 한다.

유사하게 마그레브에 기독교가 존재했다는 매우 오래된 징후도 무시되었다. 그곳에서는 스킬리(Scilli)의 순교자들과 함께 기독교가 늦어도 A.D. 180년까지는 존재하기 시작했다는 확고한 증거가 있다. 180년의 그 아프리카 순교자들이 2세기 중엽처럼 그 이전에도 누미디아 내지까지 파고 들어가지까지 활동적이었음에 틀림없다는 것을 보여 주기 위해 양식사 비평학자들에게는 증거를 짜맞추어야 할 과제가 있다. 메드제르다강 유역의 기독교가 카르타고 서쪽에서 심지어는 1세기까지 거슬러 간다는 것을 충분히 증명할 수 있을 것이다.

마다우라와 스킬리 순교자들이 A.D. 180년 직전에 북아프리카에 나타났다면 믿음을 위해 죽을 준비가 되지 않을 것이기 때문이다. 기독교가 180년 최근에야 왔다는 주장은 설명하기에 엄청 무리가 있다. 보다 타당한 설명은 훨씬 전에 기독교가 존재했다는 것이다.

6. 구전 및 문헌 전통을 확증하기

아프리카 전통 종교의 학자와 옹호자는 그들의 구전에 대해 마땅히 감사해야 한다. 그 구전은 수많은 세대 동안 아프리카 전역에 걸쳐 부족 사회와 마을들을 형성했다.

"아프리카 전통 종교"라는 장르가 때때로 협소하게 정의되어서 위대한 기록 전통이 있음에도 진정으로 아프리카답지도 않고 충분히 "전통적으로 아프리카답지"도 않은 듯이 무시되었다. 슬프게도 그 결과로 아프리카 전통 종교는 기록된 본문이 없는 것처럼 때때로 엉뚱한 가정을 내린다. 그 가정은 엄청난 과오다. 그럼에도 불구하고, 어떤 사람들은 그 가정이 사실인 것처럼 잘못 받아들였다.

사하라 이남의 아프리카 전통 종교는 대체로 구전 방식에 의해 전달되었다. 사하라 북쪽의 측면에서 보면 아프리카 전통 종교는 역사적으로 구전과 기록의 전통의 두 가지의 형태로 전승되었다. 이집트와 마그레브에서 그리스도인이 쓴 기록은 광대하고 중요하다. 이 사실은 많은 난해한 문제, 즉 아프리카 그리스도인의 정체성, 무슬림-그리스도인과의 관계, 북아프리카와 사하라 이남 아프리카 간의 거리와 갈등 해결과 같은 문제들과 중요하게 관계되어 있다.

고대로부터 현재 아프리카까지 테이프를 빨리 돌려 보면 구전과 기록 전통 사이에 접촉면이 결정적인 문제가 되는 것을 본다. 아프리카 기독교의 신학적 정체성이라는 현재의 딜레마는 그것이 어떻게 해결되는가에 중요하게 연관되어 있다.

본보기로 반투족은 중앙아프리카에서 17세기 이후 남쪽 먼 곳에 있는 새로운 땅으로 꾸준하게 이주했다. 그들은 19세기까지 구전에 의존했다. 이집트 그리스도인은 거의 2천 년 동안 나일 계곡에 꾸준히 거주했다.

반투 구전 전통이(지난 몇 세기 내에 남쪽 일부 지역에 도착했는데) 이집트 기독교보다 더 아프리카 전통 종교의 표현이라고 말할 수 있겠는가?

그래서 "전통 아프리카 종교"의 특별한 정의, 즉 반투족과 이집트 그리스도인 모두를 포함하는 더 나은 정의가 필요하다.

이슬람은 알제리에서 기독교보다 더 전통적인 종교인가?

제2세기부터 제7세기까지의 훌륭한 역사를 어떤 식으로든 망각하는 경우에만 그렇게 볼 수 있다. 아프리카 역사에 대한 보다 광범위한 관점을 위해 많은 현대 인류학자나 어떤 신학자가 흔히 내리는 것보다 더 넓게 아프리카 전통 종교에 관해 정의를 내릴 필요가 있다.

기록되어 오래 존중된 북아프리카 본문이 위엄있게 존재해 온 것에 비추어 남부의 구전 전통이 도전받고 축소된 것처럼 보일 때 긴장이 발생한다. 유대교와 기독교의 거룩한 본문들과 그 해석을 배제한다면 오늘날 아프리카 원시 구전 전통이 아무리 풍요롭고 감동적이라 할지라도 크게 위험에 처하고 손상을 입게 되는 것 같다. 기록된 역사와 수세기의 주석 본문이 없다면, 근대성(modernity)이라는 상황에서, 70인경(B.C. 3세기), 신약(A.D. 1세기), 쿠란(A.D. 7세기)이라는 위엄 앞에서 비교적 무력하게 보인다. 초기 아프리카 역사에서 유대교와 기독교의 성경 해석을 배제하는 것은 명백한 과오다.

어떤 아프리카 문화 학자들에게는 유감스럽게도 아프리카에서 기독교가 엄격하게 "서구"와 "북반부"로부터 유입되어 단지 2세기 전에 시작되었다고 가정하는 완고한 고집이 있다. 그들은 아프리카 역사의 깊이를 2, 3천이 아니라 2, 3세기밖에 안 된다고 본다. 이러한 잘못된 출발이 어떤 선의의 아프리카신학 문헌에 자주 반복된다. 최선의 아프리카신학자들조차도 기독교가 유럽에서 왔다는 고정 관념 속에 빠지는 유혹을 받았다. 아프리카 사상이 전 세계 기독교의 사실상 모든 교구를 형성하고 조건을 지웠는데도 편협한 현대 역사관은 기독교 첫 천년기를 무시한다.

지난 반세기 동안 아프리카신학자들은 현대 서구의 지배에 대해 투쟁하는 데 비범하게 몰두했다. 특히 정치적 독립과 민족 정체성이 아프리카 의식(意識)을 위해 결정적인 시기에 그랬다. 그들은 부분적으로 아프리카 전통 종교의 유형, 모티브, 의식(儀式), 기억의 합리성을 역설하면서 싸웠다. 그러나 그들은 최선이자 가장 가까운 무기 즉 아프리카 기독교의 고대 문헌 없이 싸웠다.

이런 조건들 아래 교회연합적 고전 기독교에 무슨 일이 일어났는가?

그것은 "전통적 아프리카"의 주도적인 개념 정의에서 배제되어 왔다. 이 고정 관념에 의하면 유럽에서 유입되었기 때문에 기독교는 전통적으로 아프리카 형태일 수가 없다. 교회연합 일치가 주로 아프리카에서 규정되었기 때문에 두 관점 모두에서 잘못되었다!

기독교가 2천 년간 존재해 왔어도 전통적이 되지 않는다면 아프리카보다 6세기나 짧은 이슬람은 어떻게 된다는 말인가?

현대 기독교는 잘못 형성된 기억에 따라 아프리카에 억압만 가져온 것으로 간주되어 왔다. 따라서 진정으로 아프리카다워지는 것은 기독교와 서구에 대해 분노하는 것이다.

그러나 서구가 생각하는 것보다 더 깊이 아프리카에 빚을 지고 있다면 어떻게 되는가?

이에 답하기 위해 우리는 제3, 4세기의 아프리카 문헌으로 돌아가야 한다. 이제 전개되는 것은 아프리카와 유럽의 역사적 관계를 보다 분명하게 서술하는 것에 기초해 이 잘못된 전제를 개정하는 시도다.

7. 자기 비하와 존엄 회복

그 결과 콰메 베디아코(Kwame Bediako)가 "아프리카 정체성의 위기"라고 부르는 문제가 발생한다. 아프리카는 지적인 치밀함과 내용이 결여되어 있다고 하는 것은, 특별히 사하라 이남의 아프리카 전통 종교에 있는, 포착하기 힘들지만 뿌리 깊은 자기 인식이다. 외견상 확고한 기록 역사가 없어서 내재적으로 소망이 없이 불리한 입장에 놓여 있는 것처럼 무의식적으로 자신을 취급한다.

이것은 자존감의 딜레마를 낳는다. 아프리카 전통 종교의 구전 전통은 기록된 본문보다 가치나 권위가 떨어지는 것처럼 보였다. 구전을 기록 본문과 비교하면 언제나 불리하고 부당하게 보인다. 토착 아프리카 종교는 문화적으로, 지성적으로 풍요한데도 대체로 원시적이고 구두적이라고 잘못 생각하고 있다. 그래서 기록된 전통과 관계해서 처절하게 불리하다고 자체적으로 부담을 가지게 되었다. 이것은 공정한 경기장이 아니다. 아프리카는 더 이상 당해도 더 이상 부당함을 느끼지 않을 정도로 실제적인 부당함을 충분히 당한 경험이 있다.

이 아프리카 구전 전통이 탐욕스러운 식민 통치로부터 깊이 고통을 당했다는 데는 의심의 여지가 없다. 이래서 구전과 기록의 간격이 훨씬 더 부당하게 된다. 피해자가 다른 사람들의 지배적인 의지에 의해 전적으로 피해를 입었다고 볼 수 있는 유혹을 받을 때, 무력감과 절망감이 더 깊이 자리잡게 된다. 아프리카의 국가 독립 운동이 이 절망감의 힘을 깨치려고 결심한 것은 바른 것이다. 무시가 되기는 하지만 정당하게 아프리카 자체의 업적이고 소유인 역사적 지혜 없이 싸우니 종종 절망적인 투쟁처럼 보인다.

기독교 이전 식민 통치 이전 아프리카에서 모든 종교적인 진리가 실제로 구전으로 전해졌다면, 방어 자세를 취하는 데 더욱 타당한 근거가 있을 것이다. 그렇다면 아프리카는 세계 기독교와 세계 지성사에 제공할 것이 오직(혹은 대체로) 구전 전통밖에 없는 것으로 보인다. 이 침묵의 절망이 그것을 극복하려는 영웅적인 노력에도 불구하고, 아프리카 전통 종교에 관한 인기 있는 문헌에서 지배적으로 깔려 있다.

원시 구전 전통이 여러 세대에 걸친 것이고 막강하지만 장소에 따라 크게 다르다. 그동안 이것은 책의 종교—기독교와 이슬람—의 놀라운 유혹과 대면하고 있다. 아프리카 전통 종교의 일반 특징을 서술하려고 진지하게 시도해 왔으나 그 시도가 지방 특유 현상의 광범위한 변화성과 다양성을 충분히 서술하지 못하는 경향이 있다.

아프리카 전통 종교가 위협적인 기술과 오래된 역사 기록 전통을 가지고 오는 서구 현대에 직면하면서, 아프리카 전통 종교 의식을 수사적으로 방어하는 가운데 크게 그 특징으로 취약성이 느껴진다. 아프리카 전통 종교가 그것의 가장 안정되고 지속적인 요소—이슬람과 기독교—를 포함하도록 보다 정확하게 재고안함으로써 이 방어 기재는 극복될 수 있다. 이슬람과 기독교는 둘 다 흔히 아프리카 전통 종교라고 불리는 것을 더 존중하도록 하지 덜 하도록 하지는 않는다.

8. 실종된 고리: 초기 아프리카의 기록된 지적 전통

그러나 서구나 유럽의 자료에 의존하지 않는 식민 통치 이전의 아프리카 기독교가 있다. 그것은 풍요롭고 완벽하게 기록된 최상 품질의 아프리카 지성 전통이다.

최대로 활기가 넘쳤던 시기, 첫 천년기의 첫 500년 동안 아프리카의 지성은 지중해안 북부와 동부의 그리스도인들에 의해 추구되고 널리 모방될 정도로 많이 꽃을 피웠다. 가이사랴 팔레스티나(Caesarea Palestina)의 교사들이 아프리카인인 오리겐을 활발하게 찾았다. 락탄티우스(Lactantius)는 비티니아(Bythinia)의 아시아 궁전에서 문학 선생으로 디오클레티안(Diocletian)황제로부터 초청을 받았다. 어거스틴은 밀라노에서 가르치도록 초청을 받았다.

아프리카에서 유럽으로 지성이 이동한 유사한 사례로 수십 개의 예가 있다-플로티누스(Plotinus), 발렌티누스(Valentinus), 터툴리안(Tertullian), 마리우스 빅토리누스(Marius Victorinus), 파초미우스(Pachomius)가 그 예다.

이 점을 차근히 음미해 깊이 스며들도록 해야 한다. 즉, 지중해 남쪽의 그리스도인들이 북쪽의 그리스도인들을 가르쳤다는 것이다. 아프리카인들이 시리아, 갑바도기아, 그리스-로마에 있는 정예의 교사들을 가르치고 교훈하고 교육시켰다. 이렇게 지성의 리더십이 흘러서 성경을 어떻게 해석하는가에 대한 교회연합적 일치와 그 결과 기독교 교리의 핵심으로 성숙해 나갔다.

보통 정반대로 잘못 생각한다. 지적 리더십이 전형적으로 북에서 남으로, 유럽에서 아프리카로 왔다고 잘못 생각한다. 그러나 기독교 역사에서 보통의 가정과는 반대로 지성적 리더십이 대체로 아프리카에서 유럽으로 즉, 남에서 북으로 흘렀다.

그러나 이것이 증명되었던가?

이 토론을 분명히 전개하려고 하는데 증거는 분명히 존재한다. 한 세대에 걸쳐 미래의 학자―그중 많은 사람이 아프리카 출신일텐데―가 해야 할 책임은 사상이 아프리카에서 유럽으로 흐른 것을 연구하고 그 영향을 더 잘 서술하는 것이다.

『고대 기독교 성경주석』을 편집하는 우리가 매일 해석사를 가지고 작업하면서 아프리카가 얼마나 깊게 성경 해석 이후 매 단계마다 영향을 미쳤는지 인식하는 데 수년이 걸렸다. 이 증거가 광범위하고 막강한데도 미처 몰랐다. 문헌의 어디에도 이 영향이 설명된 것을 발견할 수 없었다. 문헌의 도처에서 그것은 무시되거나 저항을 받는 것처럼 보였다. 아프리카 본문과 사상을 수십 년 경험한 후에야 그 증거를 얻게 되었다. 마침내 안디옥, 예루살렘, 콘스탄티노플, 니시비스, 로마에서 역으로 아프리카의 근원에 이르기까지 통로를 추적하게 되었다.

이 지적인 리더십은 육로로 나일 계곡에서 네게브 사막들, 유대의 언덕들, 시리아와 갑바도기아(Cappadocia)를 거쳐 북으로, 해상으로는 북쪽의 모든 지점으로 이동했다. 수도원 운동의 핵심 사상은 니트리아 사막(the Nitrian desert)과 파라오닉 언어(Pharaonic)를 사용하는 중부 나일 계곡에서 북쪽으로 요르단의 대수도원과 수도 공동체로 그리고 멀리 티그리스강과 할리스강으로 4, 5세기 동안 움직였다.

가자에서 나지안주스(Nazianzus, 소아시아)에 이르는 이 모든 마음과 영의 혁혁한 중심들이 3세기와 4세기 초에 아프리카로부터 흐르는 사상의 공급을 끊임없이 받았다. 아프리카의 기독교 지도자들은 이러한 유형이 다른 곳에서 규범적으로 되기 오래전에 율법과 예언서를 의미 있게 읽고, 철학적으로 생각하고 삼위일체 신앙의 교회일치 법칙을 응집력있게 가르치는 최선의 방법을 알아냈다.

남에서 북으로의 움직임에 대한 무관심이 아프리카의 지성적인 자기 가치관에 도움이 안 되거나 해롭기까지 했다. 이 무관심 때문에 아프리카에는 현저한 문학성과 지성의 역사가 없는 것처럼 보이기도 했다. 그러나 이것은 아프리카가 이미 가지고 있으나 묻혀 있고 무시되고 있는 역사다.

유럽의 지성사는 나일 계곡과 마그레브강의 위대한 기독교 지성 및 문헌 본문 전통이 존재하지도 않는 것처럼 계속 진행되었다. 그것이 유럽에 광대하게 미친 결과는 파악하지 못했다. 수세기 후 유럽에서 우세한 범주, 즉 이제는 점점 더 비설득적이라고 간주되는 해석에 근거해 아돌프 폰 하르나크(Adolf von Harnack)와 발터 바우어(Walter

Bauer)가 주장했듯이, 그 역사의 많은 것을 이단 사설이라고 버렸다. 오늘날에도 아프리카 출신의 학자들이 서구에서 훈련을 받아 너무 성급하게 유럽의 카멜레온의 역할을 하는 것 같다.

아프리카 토양에서 사상을 형성한 아프리카 학자들조차 여전히 고대 아프리카 지성들을 근본적으로 그리스나 로마의 것이지, 도무지 아프리카의 것이 아닌 것처럼 간주한다. 이것은 아프리카 기독교가 마침내 극복해야 할 자기 박탈, 자기 경쟁, 자기 학대의 형태다.

아프리카 토양과 아프리카 투쟁에서 나온 자신의 뛰어난 신학적 뿌리를 아프리카인들이 부정하는 것은 어리석은 일이다. 이런 부정이 아프리카 정체성을 진정으로 변호하는 것처럼 잘못 생각하는 것이 아이러니하다. 젊은 아프리카 학자들이 이 방어적인 역학 관계를 부지런히 연구할 때다.

9. 왜 서구에게 아프리카는 지성 역사가 결여된 것처럼 보이는가?

이것은 대담한 선언이다. 이런 주장은 많은 유럽 지성인에게는 대체로 무시할 만하다. 그것은 완전히 직감에 반대되는 것이다.

왜 그런가?

식자와 세련된 역사학자가 직감적으로 북이 남보다 정신적으로 우월하다고 단정(斷定)하기 때문이 아닌가?

내가 그만 본심을 말했는가?

뱉은 말을 주어 담을 수 있나?

생각하기조차 건방지고 크게 말하기도 부끄럽고 믿을 수 없는 비난처럼 들린다. 그래서 보다 점잖게 말하겠다. 선의의 유럽과 미국의 역사가들은 제3, 4세기 즉, 아프리카의 영향이 최고조일 때 아프리카와 유럽 사이에 형성된 지성사의 관계에 대해 편향된 인식을 가지고 있다. 이 인식은 편견적이다. 사실대로 하면 그 직관은 잘못된 것이다. 이 사실들은 설득력있는 증거로 조심스럽게 제시되어야 한다.

이것이 이 책의 내용인데 아프리카 모판 가설을 신중하게 진술하고 그것을 입증하기 위해 사실을 정리하기 시작하는 것이다. 사실이라면 이 일을 위해 젊은 아프리카 기독교 학자와 평신도를 위해 의제를 재구성해야 한다. 그들은 이제 더욱 역사 의식을 가져야 할 것이다.

여기서 구상하는 "젊은 아프리카"는 근대성(modernity)의 몰락이라는 사조 속에서 새롭게 부상한다는 의미에서 젊은 것이고 훨씬 이전에—실은 고대 아프리카 시대에—출현했다는 점에서 젊은 것이다. "젊은 아프리카"라고 말하는 것은 역설적이다. 그것은 동시에 진부한 근대성을 젊게 살리는 것이고 아주 오래되고 초기에 속하는 아프리카를 이어가는 것이다. 그런 의미에서 초대 기독교와 고대 아프리카의 젊은(새로운) 표현이다.

고대 기독교가 아직 토착적이 아니라면 많은 반투인이 줄루랜드에 17세기에 도착한 것도 아직 토착적이 아니다. 첫 천년기의 기독교가 아프리카에서 아직 전통적인 것이 아니라면, 7세기에 아랍 문화가 아프리카에 도착한 것도 아직 전통적이지 않다. 4세기의 에티오피아 기독교가 아직 아프리카 문화에 토착화된 것이 아니라면 9세기에 낙타가 토착한 것도 아직 아프리카 문화에 토착화한 것이 아니다.

여기서 문제가 되는 것은 '토착,' '전통,' '태생'과 같은 용어를 보다 일관성있게 정의 내리는 것이다.

2천 년 기독교 역사가 아직도 아프리카에서 "편안하지" 못하다면 어떤 것이 아프리카 것이 될 자격이 있는가?

그 밖에 무엇이 2천 년 지속되었는가?

기독교는 여러 가지 점에서 바로 종교(Pharaonic religion)의 주요 특징을 통합했기 때문에 그보다 더 오래 지속되었다. 아프리카에 수억의 그리스도인들이 산다는 것이 기독교를 아주 편하게 느낀다는 충분한 증거가 된다. 기독교는 아프리카나 아프리카 전통 종교에 낯선 것이 아니다.

이슬람과 기독교 사이의 정치적 및 군사적 관계는 세계에서 가장 당혹하게 하는 딜렘마 중 하나다.

초대 기독교 역사는 이 관계를 복잡하게 하는가 아니면 조명을 해주는가?

우리는 이 탐색을 단계적으로 하되 급하고 쉬운 해법을 추구하지 않고 진정하게 건덕이 되는 결과를 원한다.

10. 간주(Interlude)

언뜻 보기에 초기 아프리카 기독교라는 주제는 대부분의 서구인들에게 낯설게 보인다. 소원하고 멀고 불투명하게 보인다. 이 신자들의 냄새와 맛과 소리와 음악과 예술이 생소하게 보인다.

초기 아프리카의 파괴된 바실리카(basilicas)가 우리가 사는 공간에서 멀리 떨어져 보인다.

아니면 가까이 보이는가?

고대 아프리카의 음악이 우리 가슴에서 불러지지 않는다.

아니면 그렇게 불러지는가?

고대 아프리카 신자들이 드리는 기도의 리듬 운율이 우리 가슴에는 울림이 없다. 아니면 울림이 있는가?

초대 기독교 모자이크의 아름다움과 색깔과 디자인을 보면서 상상이 쉽게 일어나지 않는다. 우리가 직접 보게 된다면 어떨까?

구(舊)카이로나 구(舊)튀니지에 가서 양탄자나 모자이크를 보라.

문화적으로 그 광활한 대륙에서 혹독한 환경 아래 오래 생존한 가치들로부터 우리는 멀리 떨어져 있는 것처럼 보인다. 그러나 자세히 보면 초대 아프리카 그리스도인의 업적은 서구인의 태도에 의해서 무의식적이고도 부지 중에 여전히 유지되고 있다. 이 가치들이 인간으로서 우리를 연합하고, 사회적 존재로서 우리를 인도하고, 영적인 자유 속에 우리에게 생기가 있게 하는 지혜를 주는 지도 모른다.

제1부
서구 기독교의 아프리카 모판

제1장 잊혀진 이야기
제2장 아프리카가 기독교 지성을 형성했던 7가지 방식
제3장 아프리카 개념 정의
제4장 한 믿음, 두 아프리카
제5장 유혹들

제1장

잊혀진 이야기

아프리카의 고대 기독교 유산에 대해 이야기하는 것이 수세기 동안 시들어갔다. 서양인들이라도 이야기는 해야겠지만, 누구도 충분히 자격을 갖추었다고 하기에는 약간 주저된다. 그러나 아프리카기독교와 세계 기독교의 역사에 중요하기 때문에 근거 없이 추측하지 말고 정확하게 이야기할 필요가 있다.

1. 누가 그것을 말할 수 있는가?

아프리카가 세계사에 중요하지 않다는 가정하에 편견이 자리잡고 있기 때문에 어떤 서양인은 아프리카의 고대 기독교 유산에 대해 듣기조차 꺼려할 것이다. 다른 방해물들도 있다. 리비아, 알제리, 수단 등과 같은 나라에서는 정치적인 장벽이 있어서 이미 들려주어야 했을 이야기들을 대부분 하지 못했다. 1956년 알제리 투쟁에 따른 혁명, 테러 및 억압으로 인해 국경이 폐쇄되었다. 정부 도장이 찍힌 비자가 있었는데도 나는 두 번 리비아 입국을 거절당했다.

그에 따라 국제 여행이 불가능해지니까 북아프리카에서는 웅장한 기독교 역사가 없는 것 같은 인상을 받아왔다. 고고학, 문헌, 예술사적 증거가 거의 없는 것처럼 보인다. 그러나 그런 인식이 바뀌고 있다. 새로운 증거가 나오고 오래되거나 무시된 증거를 재검토함에 따라 그 이야기를 다시 할 수 있다. 그 이야기를 해 줄 뿐만 아니라, 검토하지 않은 문헌과 유물, 그 경제적, 사회학적, 정치적, 인구 통계적 특징들을 연구해서 더욱 발전시킬 필요가 절실하다.

역사 문헌과 관련된 언어 특히 아랍어, 콥트어, 게에즈어의 전문 지식을 갖춘 사람이 그것을 연구해야 한다. 아프리카 북쪽의 콥트교와 정교회 그리스도인들은 곧 이야기의 에피소드들을 듣게 되겠지만, 대부분의 세계 그리스도인은 최소한의 개략적인 개념만 가지고 있다.

그 이야기의 이름은 초대 아프리카 기독교다. 그것은 콥트 기독교나 흑인 아프리카나 비잔틴 그리스 기독교나 라틴 기독교나 닐로트 기독교뿐만이 아니라 이 모든 것을 합친 것에 대한 이야기이다. 이렇게 다양한 것을 칭하는 것으로 가장 좋은 방법은 '아프리카'라는 고대 통칭으로 부르는 것이다.

아프리카에서 부모가 아이들에게 다시 들려주어야 할 필요가 있다. 비아프리카인들은 솔직하게 들려주어야 이 이야기에 깊이 감동을 받는다. 어떻게 아프리카가 서구의 지성을 형성했는지는 아프리카뿐만 아니라 서구에도 속한 이야기다. 나는 수년간 아프리카 교부의 문헌, 그 고고학적 유적, 그 예술사와 당대 문학을 연구했음에도 불구하고 이 책임을 지지 않고 침묵해 왔다.

"당신은 누군데 말하는 거요?"

이러한 질문에 움츠러들어 침묵을 지켰다. 티테 테에누(Tite Tienou) 박사는 이에 대해 조언했다.

"당신은 누구요?

당신은 수십 년 파고들어 증거를 캐낸 사람이요. 주저하지 마십시오."

따라서 이러한 시도가 나는 초기에 태동만 시키고 다른 사람이 이어서 양육하고 개선하도록 하려는 노력이라고 이해해 주어야 한다. 차세대 아프리카 학자들이 보다 적절하게 그 이야기를 하도록 격려하는 데 그 목적이 있다. 이러한 새 목소리는 아직 준비 중에 있다. 서구 액센트로 듣는 유일한 이점은 아프리카 액센트로 하면 과장이 있다는 비난을 면하게 해 주는 것뿐이다.

이렇게 모호함에도 불구하고 주어진 자원으로 이 예비 연구를 진행하는 데는 정당한 이유가 있다. 아프리카 그리스도인들은 잃어버린 뿌리를 찾는 일을 더 이상 미룰 수 없다. 광범위한 정보 데이터베이스가 필요한데, 즉시 필요하다. 여러 세기 전에 쓰여진 1차 자료는 번역해서 보급해야 한다. 그 자료들은 너무 오래 묻혀 있었다. 디지털 소통 시대에는 그 자료들을 접할 수 있는 새로운 기회가 더욱 많다.

몇 세대가 지나면 그런 학자들이 나타날 텐데 왜 그냥 기다리지 않는가?

주된 이유는 아프리카인이 그 자신의 풍요한 역사를 발견하는 데 기다릴 수가 없다는 것이다. 정체성을 위한 노력은 시급하며 고조되고 있다. 모든 그리스도인과 무슬림에게 그 노력은 관심사이다. 더 이상 미룰 수 없다. 현실 감각을 가지고 이 위험한 시대로 들어가기 위해 무슬림과 그리스도인은 모두 북아프리카 기독교와 이슬람 역사를 지금 아는 것보다 훨씬 더 많이 공부해야 한다.

2. 방치된 순례지

사하라 이남의 아프리카인들이 나일강과 마그레브강에서 오래 전에 일어난 것(역사)를 알게 되면 기뻐할 것이다. 남쪽의 아프리카인이 자신의 아프리카 기독교 뿌리를 훨씬 더 배우기를 원한다면 언젠가 북쪽으로 여행해 보면 좋을 것이다. 그 뿌리들을 발견하기 위해 유럽으로 갈 필요가 없다. 아프리카에 풍성한 고대 기독교 유적들이 있다. 어떤 것은 가장 오래되고 인상 깊고 아름답다.

북아프리카 기독교의 고대 순례지는 전 세계 방문객이 더욱 몰려오기를 기다린다. 새로운 여행객들이 히포, 카르타고, 와디 알나트룬, 악숨, 카르툼, 구(舊)카이로와 같이 이전에는 그다지 환영을 받지 못했을 것 같은 아프리카 지역으로 가면 환영을 받을 것이다.

초대 아프리카 기독교에 대한 기초 지식이 부족한 사람들은 북아프리카를 이해하는 데 중요한 퍼즐 조각들을 놓치고 있다. 여행 가이드와 정부 관리로부터는 모래 아래 묻혀있는 초대 아프리카 기독교에 대해서는 별로 듣지 못할 것이다. 대부분이 영어가 아니기 때문에 기독교 지도자가 영어 자료를 읽어서는 이 역사를 배우지 못할 것이다. 그것이 서구 대학교에서는 평가 절하되고 모호한 선입견으로 축출되었기 때문에 서구의 최고 대학교에서 교육받은 학자도 많은 것을 놓치게 될 것이다.

초대 아프리카 기독교는 고고학에 막대한 금액을 쓰고 수백만의 기독교인이 사는 이집트에서조차도 오랫동안 무시되었다. 마그레브에서 어떤 기독교 유적지에 대한 무시의 수준은 이집트보다 훨씬 더 부끄럽다. 많은 고대 유적지는 경험 많은 역사가, 고고학자, 고문서학자, 여행가, 탐험가에게도 알려지지 않았다. 앞으로 오는 세대의 아프리카 학자들이 나서서 우리가 지금 가지고 있는 정보 시스템과 데이터 베이스를 수정하고 개선해야 한다.

이러한 한계에도 불구하고 북아프리카 기독교 유적지를 순례할 수 있는 사람은 누구라도 모자이크, 건축물, 기념비, 가공물 등을 조금만 노력하면 발견할 수 있어 영적으로, 미학적으로, 풍성하게 보상을 받을 것이다. 아프리카 역사에 관심이 있어 더 읽어 보기를 원하는 사람은 입수할 수 있는 문헌이 흥미는 있지만 불충분하다는 것을 발견하게 될 것이다. 아프리카로의 순례는 컵을 가득 찬 샘으로 가져가는 것이다.

이렇게 잃었던 유적지와 문헌과 이야기를 재평가하고 이해하려는 현재의 노력은 부족하므로 확정을 짓는다는 가식 없이 진행시켜야 한다. 권위 있는 연구를 유럽이나 서구인이 아니라 젊은 아프리카인이 앞으로 여러 세대에 걸쳐 하게 될 것이다.

누미디아, 모레타니아, 비자세나, 리비아에 있는 북아프리카 해안과 내지 기독교의 고고학을 조금 살펴보라. 그러면 4, 5세기, 어떤 것은 3세기까지, 거슬러 올라가는 많은 순교 기념관, 묘지, 교회의 유적들을 발견하게 될 것이다

지도 4. 콘스탄틴 이전 교회

　지도 제작자나 여행 가이드들은 많은 것들을 파악도 못하고, 중요하다고 이해하지도 못한다. 여행 산업은 흔히 그것들을 놓친다. 자신들에게 무엇이 유익한지 더 잘 이해한다면 이 이름 없는 유적지를 파악해서 세계의 방문객을 그곳에 유치해 오랫동안 묻혀있는 보화들을 그들 스스로가 발견하도록 해야할 것이다.

　그러나 언젠가는 그렇게 되겠지만 그 일이 아직 아프리카 관광의 우선순위에 있어 높은 순위로 인식되지 않는다. 북아프리카 당국은 아랍 정복 수 세기 전의 결정적인 기독교 지성사, 문헌 유적, 고문서 유물을 암시하는 고고학적 프로젝트에 별로 관심을 보이지 않았다.

3. 사막의 모래 아래: 고대 기독교 원문과 바실리카의 매장(埋葬)

　이집트의 고고학 당국이 파라오의 이집트에 초점을 맞추다 보니 나일강의 풍부한 기독교 고고학 유적지로부터는 관심이 떠났다. 많은 유적지가 폐허 상태가 되어 발견하기가 어렵고 편의 시설이나 심지어는 물류적 지원이 없어 접근하기가 힘들다.

고고학적 유적지를 방문하는 것과 고대 문헌을 찾는 것 사이에는 준엄한 유사성이 있다. 둘 다 사막의 모래와 아랍 정복의 화염 속에 파 묻혔다. 북부의 아프리카인만 아니라 남부의 젊은 그리스도인도 그것을 복구해야 한다. 사업과 상업 활동과 기업 이익 때문에 이 유적지에 대해 인식이 다시 일어나고 있다. 이런 상업 때문에 무슬림과 그리스도인은 상호 존중하며 교류하는 가운데 동일하게 유익을 나누는 발판을 마련하게 된다.

학자는 문서를 찾게 되고 일반인은 유적지를 찾게 될 것이다. 이 두 가지는 그리스도인과 무슬림 사이의 난감한 관계에 있어 서로의 유익을 재현하는 데 우선순위가 될 것이다. 아프리카 남부, 동부, 서부가 이집트와 사업하며 이익을 내듯이 튀니지와 모로코로 진출해도 공통의 이익을 창출할 수 있다. 알제리와 리비아는 수많은 관광객을 맞이할 채비를 하고 있다. 수단은 무역 관계를 회복하기에 가장 어려운 지역일 것이다. 나이지리아에서 남아프리카공화국에 이르는 기독 실업인이 북아프리카에서 공통된 이익을 찾고 자연스러운 피스메이커(peacemaker)가 될 것이다.

고고학과 언어학의 영역은 철저하게 재연구 되어야 한다. 고고학은 많은 유적지가 발굴되지 않았기 때문에 그렇고, 언어학은 사하라 이남의 아프리카 언어들의 많은 뿌리 단어가 무슬림과 그리스도인이 천 년 이상 사용한 암하릭어, 세미틱어, 닐로틱어, 아랍어 체계와 깊이 연관되어 있기 때문이다. 언어가 유사하다는 것은 우간다 나일강 상류와 하류 나일 삼각주 사이에 더 많은 유사성이 숨겨져 있다는 것을 암시한다.

제2장

아프리카가 기독교 지성을 형성했던 일곱 가지 방식

아프리카 정통 교리가 2천 년 동안 유지되었는데 어떤 섭리가 있으며 사회학적으로 어떻게 설명이 되는가?

그것을 유지했던 어떤 것이 있다는 데는 의심이 없다. 무엇이 어떻게 해서 유지가 되었는지는 질문으로 남아있다.

나의 목적은 기독교에 대한 아프리카 유산의 핵심을 찾는 것이다. 어떻게 아프리카는 기독교 지성을 형성했는가?

내가 말하는 기독교 지성은 현재의 기독교 교리만이 아니라 기독교 교리에 대한 최초 역사의 심층 구조를 말한다.

아프리카가 세계 기독교와 특별히 그 지성 형성에 어떤 기여를 했는가?

이 장에서는 다음을 밝히려고 한다.

첫째, 어떻게 유럽 '대학교'의 탄생이 아프리카 기독교에서 예견되었는가?

둘째, 어떻게 기독교의 역사적 및 영적 성경 '주해'(註解; exegesis)가 아프리카에서 최초로 성숙했는가?

셋째, 어떻게 아프리카의 사상가들이 초기 기독교 '교리'(dogma)의 가장 기본적인 핵심 자체를 형성했는가?

넷째, 어떻게 초기 '교회연합' 결정이 아프리카 공의회 유형을 따랐는가?

다섯째, 어떻게 아프리카가 수도원 규율(discipline)을 통해 '영적 형성'의 서구적 형태를 형성했는가?

여섯째, 어떻게 고대의 신플라톤주의적 '철학'이 아프리카에서 유럽으로 옮겨 갔는가?

일곱째, 어떻게 영향력 있는 '문학적' 및 변증법적 기술이 아프리카에서 정제되었는가?

이 유산의 핵심이 이미 잘 규정되고 동의가 되어 확립이 되었다면 여기서 다시 말할 필요가 없을 것이다. 그러나 역사가들 사이에서 이 일들에 관한 일종의 건망증이 있다. 여러 가지 이유로 그들은 이 유산들을 지지하는 아프리카 기반의 자취를 놓쳤다. 여기서 나의 목적은 각 영역을 자세하게 설명하기보다 요약해서 그 유산을 서술하는 것이다. 새로운 세대의 아프리카 학자들이 이 토론의 모든 방면을 더욱 연구할 필요가 있다. 자세하게 설명하지 않고 여기서 소개만 하겠다.

이러한 영향들을 검토하면서 아시아와 유럽이 아프리카에 기여한 일들을 똑같이 제시할 수도 있겠지만 그것이 우리의 주제가 아니다. 나의 목적은 고대 세계에 있어 아프리카가 지적으로 탁월했다는 것을 역사적으로 인식하는 데 있어 현저한 공백을 메우는 것이다. 아프리카가 유럽과 아시아와 세계 역사의 나머지에 미친 유산이 비록 잊혀지기는 했지만 재발견할 수 있다. 그것이 지금의 과제다.

1. 어떻게 대학에 대한 서구의 생각이 아프리카의 용광로에서 탄생했는가?

비할 데 없는 알렉산드리아 도서관은 유럽 전역의 대학교 도서관들의 모델이었다. 5세기 동안 타의 추종을 불허했다.

나중에 대학에 대한 서구의 생각으로 변모한 실험적인 학구 모델은 알렉산드리아도서관을 둘러싼 지역사회에서 먼저 태동했다.

유럽의 대학교가 아프리카에서 탄생했다고 말하는 것이 적절하지 않은가?

탄생하지 않았다면 적어도 잉태는 되었다. 알렉산드리아를 둘러싼 철학자, 과학자, 작가, 예술가, 교육가의 거대한 배움 공동체가 중세 유럽 전체의 대학교에 근본적인 원형이 되었다. 파두아(이탈리아), 파리(프랑스), 살라만카(스페인), 옥스포드(영국)와 같은 중세 최초 대학교들의 역사는 판태누스와 알렉산드리아의 클레멘트에 이르는 제2세기 아프리카 기독교에서 정제된 본문 검토, 교과 과정 형식, 철학적 명령의 방법을 따랐다. 클레멘트(Clement)의 저작인 『스트로마테이스』(*Stromateis*)와 『패다오구스』(*Paedaogus*)는 중세 대학교의 규범이 된 교육 방법과 내용의 많은 것을 보여 준다.

카시오도로스(Casiodorus)는 2세기전 알렉산드리아에서 시험을 거친 모델에 근거해서 제6세기 남(南)이탈리아의 비바리움(수도원)에 학자들의 문서실을 창설했는데 그 후에 그것이 콘스탄티노플에서 운영되었다. 콘스탄티노플의 학문 공동체는 아직도 오늘날 이스탄불대학교에 실존하는데 구레네(리비아), 알렉산드리아(이집트), 카르타고(튀니지), 히포(알제리)의 학문 공동체와 도서관을 본보기로 삼았다.

지성의 삶을 세상에서의 책임으로 연결시킨 아프리카 수도원 유형은 알퀸(Alcuin) 아래서 연구의 유형이 되었다. 카롤루스 대제(Charlemagne) 하의 그의 궁정아카데미는 원형유럽대학 교육 전체의 유형이 되었다.

기독교 학문은 고대세계의 주도적인 학문 중심인 알렉산드리아에서 탄생했다. 그 활발한 학문 용광로는 그 자체가 기독교에 의해 변화되고 로마, 로네 계곡(the Rhone Valley), 비잔티움, 안디옥으로 전달되었다. 그것은 아프리카 모판 가설을 푸는 데 있어 첫 단계일 뿐이다. 계속해서 다음 단계를 논하겠다.

2. 어떻게 기독교 성경 주해가 먼저 아프리카에서 성숙했는가?

대(大) 바실(Basil the Great), 나지안주스의 그레고리(Gregory of Nazianzus), 니사의 그레고리(Gregory of Nyssa; 모두 A.D. 4세기 인물)는 동방교회와 서방교회 모두에서 정통 기독교를 위해 성부 하나님, 성자 하나님, 성령 하나님에 관한 초기 기독 사상의 형성에 결정적이었다. 그러나 갑바도기아 교부들이 아프리카에서 유래한 광범위한 주해에 의해 결정적으로 형성되었다는 것을 잊기가 쉽다.

바실과 두 명의 그레고리는 『필로칼리아』(360년경)라고 불리는 초기 선집에서 성경 주해에 관한 오리겐의 초기 기본 가르침과 형태를 유럽과 아시아 모두에게 소개했다. 성경을 해석하는 규칙과 방법은 아프리카 최대의 과학적 성경 본문 연구가인 오리겐에 의해서뿐만 아니라 맹인 디디무스(Didymus the Blind), 티코니우스(Tyconius),

히포의 어거스틴과 같은 4,5세기 아프리카 주해가에 의해서도 형성되었다.

제롬 이전의 표준적인 초기 헬라어와 라틴어 성경(70인경과 구라틴어 성경 번역판)은 모두 아프리카의 산물이었다. 첫 3세기 아프리카 그리스도인들이 신구약 간의 복잡한 관계를 언어학적으로 매우 세심하게 연구했다. 이 해석 유형이 나중 시리아어, 헬라어, 라틴어와 훨씬 뒤 독일어, 불어, 영어 주해에 있어 결정적이 되었다.

드루대학교(Drew University)에서 29권의 『고대 기독교 성경주석』을 만든 편집자들은 교부들이 성경을 주해한 것 중에 많은 비율의 본문이 아프리카에서 왔거나 아프리카 저작가들에 의해 영향을 받은 것을 알고 놀랐다. 요한 크리소스톰, 시루스의 테오도레트, 암브로스의 널리 읽혀진 설교의 많은 주요 주제가 특정 세부 사항에 있어 오리겐, 디디무스, 알렉산드리아의 시릴을 따랐다. 이 주석 편집을 위해 필요해서 14년간 교부의 글을 연구하는 가운데 이것은 우리가 가장 예기치 않게 발견한 것 중 하나였다.

나중에 "오리겐주의"라고 부르며 다양한 전통의 어떤 면을 때때로 견제하면서 거부하거나 반대하지만, 오리겐과 맹인 디디무스를 따르는 사실상 모든 기독교 주해자는 대거 그들의 연구에서 빌어왔다. 오리겐이 죽은 후 생긴 운동으로 오리겐주의라는 이단은 확실히 왜곡된 어떤 오해석(예: 영혼 선재설, 영원한 창조, 별에 영혼이 있다) 때문에 전 교회적으로 정죄를 받았다. 그러나 그 잘못된 해석들은 오리겐 자신의 저작에서 발견되는 면밀한 변증법에서 조각난 것들의 주로 파편 문장들이었다.

따라서 동방과 서방교회에서 가장 위대한 4세기 기독교 주해(그레고리 나지안주스, 니사의 그레고리, 암브로스, 제롬, 어거스틴)는 모두 오리겐의 저작에서 깊이 영향을 받았다는 것이 과장이 아니다. 오리겐의 비난자들이 그의 지나친 면을 거부할 때도 그의 문헌학적, 언어학적, 역사적 연구에는 계속 의존했다. 이러한 자각은 현대 유럽 학계에 많이 깃들여 있는 편견, 즉 알렉산드리아와 안디옥 주해가 서로 반대되는 것으로 과장하는 편견에 정면으로 대치되는 것이다. 수십 년 동안 이 두 방법을 놓고 사실상 모든 초대 기독교 성경 해석자들이 상호 보완적으로 사용했음에도 불구하고, 양극단으로 반대되는 것처럼 간주했다.

3. 어떻게 아프리카의 원전들에 의해 초대 기독교 교리가 형성되었는가?

이 기독교 주해는 동방과 서방에서 정통 가르침을 교리적으로 형성하는 데 강력하게 영향을 미쳤다. 교리적 개념 정의는 아프리카 즉 마그레브강과 나일 계곡에서 주로 만들어진 본문 해석에서 나왔다.

그들이 수립한 기독론과 삼위일체 교리는 수십 년 전 터툴리안, 시프리안, 아타나시우스, 어거스틴, 시릴이 정의 내리고 구성한 것에 의해 깊이 영향을 받았다. 아프리카 기독교 교사들이 이미 그 기본 표현들을 만들어 낸지 몇 세대 후에야 레오 대제, 카시오도루스(Cassiodorus), 대(大) 그레고리의 신학적 지혜가 북 지중해 해안에 나타났다. 서구 기독교 교리는 전 세계적으로 일치되게 받아들여지기 전에 아프리카에서 정교하게 형성되었다.

나일 삼각주에 거주하는 디아스포라 유대인은 매우 큰 공동체였다. 콘스탄틴 이후 기독교에서 많은 기여를 한 갑바도기아 저작가들은 나일강의 성경 주해자가 없었다면 그들의 일을 할 수 없었다. 그들은 수 세대에 걸쳐 아프리카에서 완전히 토착화된 유대인과 유대 - 기독교 공동체에 특별히 의존했다.

많은 유대인이 아프리카 특히 알렉산드리아라는 위대한 국제 도시에서 기독교가 오기 전 2, 3세기 동안 여러 세대에 걸쳐서 살았다. 구약을 특별히 영향력이 있는 70인경으로 번역한 것을 보면 이 사실이 분명하다. 그 정점에 아프리카의 찬란한 유대 지성의 전통에 따라 필로(Philo)가 등장해 성경 사건과 수사법에 접근하는 새로운 방식을 고안해 냈다. 이 유대 공동체는 복음을 예비하는 모판이 되어 세계 기독교에 울림을 가져왔다.

세계교회가 일치해서 이단과의 주요 싸움의 결과를 받아들이기 전에 아프리카에서 그 싸움을 싸워 이겼다. 영지주의, 아리우스주의, 몬타누스주의, 마르시온주의, 마니주의와 관해 로네(Rhone), 라인(Rhine), 오론테스(Orontes) 계곡에서 토론하여 분명하게 규정하기 전에 아프리카에서 성경 해석의 문제로 이것들을 모두 철저하게 논의했다. 이레니우스와 로마의 히포리투스가 영지주의에 대해 아는 것은 주로 아프리카 자료(발렌티누스, 바실리데스, 셋인들)에서 배운 것이다. 마드제르다강과 나일강이라는 아프리카강 계곡의 조숙한 지적 발전에서 배워서 후에 아시아와 유럽 정통 교리도 지식을 갖추었다.

많은 교리 사학자가 이러한 통찰력을 (헤겔, 하르나크, 바우어 전통을 따라) 그토록 멍하게 왜곡했는데 크게 오판한 것이다.

요한복음을 아리우스식으로 해석하는 것에 반대해서 고전적 기독교를 결정적으로 방어한 것은 아타나시우스로부터라고 확인하는 것은 어렵지 않다. 어려운 것은 이 논쟁이 그 성격, 언어, 정신에 있어 아프리카 스타일이라는 것을 알아차리는 것이다. 아타나시우스가 제시한 기민한 추론은 사도적 기억과 전통에서 이미 오랫동안 조용히 자리를 잡아 왔지만, 또 다른 영향력 있는 리비아 고발자 아리우스에 반대하여 아프리카의 리더십이 있는 이 주교에 의해 분명하게 표현되었다.

'니케아신경'은 아타나시우스에 의해 면밀하게 다듬어져서, 논쟁이 되기는 하지만, 제1차 콘스탄티노플 공의회(381)와 150명 교부의 신경 이후에 교회연합 일치 정통 교리가 되었고 나머지는 교회연합의 역사다.

4. 어떻게 초대교회 일치적 결정이 아프리카 공의회 유형을 따랐는가?

초대 아프리카 공의회는 교회일치 토의와 결정을 위해 실제적인 모델이 되었다. 누가가 기록한 대로 예루살렘(45년경)에서 시작한 공의회 운동은 카르타고, 알렉산드리아, 히포, 밀레비스에서 아프리카 교회가 토의할 때 공식적인 성격을 띠면서 점차로 다른 곳에서도 교회가 일치하는 의견을 이루려고 할 때 방법들을 규정해 주었다.

시프리안의 지도로 북아프리카에서 교회연합 공의회 과정을 통해 주요한 결정을 내렸고 누미디아, 비자세나, 카르타고, 모레타니아의 주교는 일반 교회연합 공의회에서 긴밀하게 그 뒤를 따랐다. 아프리카는 성경 해석에 있어 의견이 다른 점에 관해 넓은 교회연합적 일치를 추구하기 위해 먼저 유형과 방법을 수립한 지역이었다.

제1회 니케아 공의회(325)의 1세기 전에, 이 아프리카교회들은 굳건하게 확립되고, 용기 있게 인도되고, 활발하게 성장하면서 생기가 넘치는 예배 공동체가 되어 배경에 엄청난 능력―생사의 능력―을 가진 시민 종교 우상의 교만스러운 질서를 과감하게 대항할 수 있었다. 아프리카교회들은 특별히 시프리안 아래 메드제르다 계곡에서, 기독교 지도자들을 공의회에 소집해 분쟁중인 질문에 대해 합의에 도달하기 위해 고도로 복잡한 의례와 절차를 발전시켰다. 철저하게 성경을 살피면서 분쟁의 소지가 있는 문제들을 의논했다.

일차적으로 철학적 언어에 관한 토론이 아니라 성경 본문에 관한 토론이었다. 상호동의에 근거해 개별적인 판단을 내렸다. 투표는 보고하고 토론은 요약하고 해서 교회법이 시작되었다. 이러한 행동은 공의회적 과정이라고 알려지고 시간이 지남에 따라 교회일치 운동이 되었다. 공의회는 분열된 신도들 사이에 분명한 리더십을 발휘하고 문화가 달라도 의견 합의에 이르도록 인도했다. 공의회는 니케아에서 첫 '교회일치 공의회'가 열리기 전에 아프리카 대회에서 널리 사용되었다. 초기 아프리카 공의회의 기록들은 카르타고, 알렉산드리아, 히포, 로마 그리고 나중에 콘스탄티노플에서 조심스럽게 지켜지고 유지되었다.

공의회 운동이 다른 곳에 널리 채택되기 전에 아프리카에서 잘 수립된 것은 순전한 우연이 아니다. 아그리피누스와 시프리안과 같은 아프리카 주교 그리고 아프리카 출생 교황 빅토르로부터 공의회 모임을 위한 추진력이 먼저 개발된 것을 확인하는 것은 어렵지 않다.

보다 어려운 것은 이러한 경향이 그 성격, 상황, 기질에 있어 완전히 아프리카 스타일이라는 것을 확인하는 것이다.

젊은 아프리카 학자들이 아프리카교회의 공의회적 전통에 특별한 관심을 쏟기 시작하고 있다. 공의회 운동의 최초 역사를 파고드는 사람은 모두 바로 아프리카 본문을 파고들게 된다. 가장 영향력 있는 교회일치 논의가 주로 카르타고, 히포, 멜비스, 알렉산드리아와 같은 아프리카 대도시에서 일어났다. 아리우스주의, 사벨리우스주의, 영지주의, 펠라기우스주의가 다른 곳에서 논의되기 전에 아프리카에서 논의되고 크게 결정되었다. 공의회적 혹은 교회일치적 기독교가 근본적으로 유럽 이전에 아프리카에서 이러한 고도로 변증법적이고, 상호적이고, 논의적인 공의회 과정을 통해 형성되었다는 것을 젊은 아프리카 학자들은 발견하고 있다.

지역적 성격의 아프리카 대회가 248년까지 거슬러 올라가 개최된 기록이 있지만, 훨씬 전에 카르타고와 알렉산드리아에서 그 초기 형태로 작용하고 있었을 것이다. 합의적인 기독교 정통 교리에 이르게 되는 숙의 과정은 주로 북아프리카에서 이루어졌다. 그러나 교회연합 운동의 역사 문헌은 이에 대해 거의 언급하지 않는다. 초대 아프리카 공의회가 내린 많은 실제 결정은 세계 기독교가 미친 광범위한 지역에서 교회법의 무게 있는 선례로서 여전히 준수된다.

니케아 이전의 로마 기독교는 참회자를 성찬에 재허가하는 데 관한 문제로 심각한 위기에 처한 결과 아프리카에서 일어나는 일에 대해 집중하였다. 여전히 (오늘날에도) 타당한 질문에 초점을 맞추어 씨름했다.

은혜로부터 떨어진 후에 진정으로 참회하는 자는 누구인가?

이것은 그때 완전히 아프리카의 질문이었고 오늘날에도 여전히 그렇다. 니케아에서 성자가 창조된 본성을 지녔다고 아리우스가 논쟁할 때 그 주장이 타당한가를 놓고 이전에 아프리카에서 있었던 논의에 대해 다시 관심이 쏠렸다.

동방과 서방에 의해 수용된 7개의 '교회연합 공의회'가 소아시아에서 개최되었다고 해서 그들이 합의했다고 선언한 결정들이 소아시아에서 유래했다는 것을 의미하지는 않는다. 그 최초의 단계들에 있어 이전에 형성되었으며 실로 대체로 아프리카에서 형성된 주해적 연구를 그저 확인했을 뿐이다.

이 점을 역사적으로 확립하기 위해서는 본문에 근거한 철저한 증거를 자세하게 제시할 필요가 있다. 사람들이 아직 이 의견에 공정하게 귀를 기울이지 않았다. 교회연합 공의회는 그 이전에 있었던 지역적 공의회에 기초해서 결정하고 있었다. 이 중 최초의 것들은 다른 어느 곳보다 아프리카의 로마 지방인 누미디아와 이집트에서 개최되었다. 아프리카에서 내린 이 결정들을 전 세계의 그리스도의 몸이 전반적으로 동의해서 받아들였다.

세계 기독교는 아프리카 주해와 도덕신학자들(주목할 만한 학자로 아타나시우스, 어거스틴, 시릴이 있다)로부터 막대한 혜택을 받았다. 그들의 토론을 통해 '교회일치(연합) 공의회들'은 먼저 아프리카에서 규정된 기독론과 삼위일체 토론의 유형을 전세계적으로 확증할 준비가 되어있었다. 초기 아프리카 지역의 공의회에서 전(全) 평신도를 대표했던 주로 익명의 아프리카 종교 지도자들은 세계교회연합체에서 정통으로 수용된 교리와 주해 공식을 규정했고, 아시아와 유럽에서 기독교를 규정했다. 많은 경우 그들의 이름 정도만 알 뿐이다.

   니케아 이전에 아프리카 공의회에서 먼저 해결된 분쟁들 가운데는 그리스도의 인격과 삼위일체 교리와 더불어 참회, 교구 경계, 감독권, 성직 안수와 같은 문제들이 있었다. 이 토론에 있어 주된 목소리는 아프리카 목소리였다. 그들은 사벨리우스, 터툴리안, 아리우스, 아타나시우스, 오리겐—모두 아프리카인—의 견해를 교회연합적으로 수용할 수 있는지에 대해 문제를 처리했다.

   알렉산드리아의 데메트리우스와 카르타고의 시프리안과 밀레비스의 옵타무스와 히포의 어거스틴에 의해 먼저 제기된 문제들과 함께 유럽에서 규범적이 된 교회론과 참회 형태가 아프리카에서 먼저 검토되었다. 오늘날의 광대한 아프리카교회는 다시 활기를 얻어 하나가 되고 새로운 통합체로 다시 빚어지도록 성령의 통일 역사가 일어나기를 여전히 기도한다.

5. 어떻게 아프리카 사막이 전세계 수도원 운동을 낳았는가?

   아프리카 순교자—알렉산드리아의 마가와 마그레브의 시릴—가 당한 고난은 다른 곳에 훨씬 앞서 아프리카에서 초기 수도원 운동의 유형이 되었다. 기도, 공부, 노동의 매일 순서와 희생과 철저한 제자도에 대한 아프리카 수도사의 이해가 나중에 유럽의 중세 기독교에서 꽃을 피우며 기독교 전통 전체의 중심으로 들어가게 되었다. 수도원 운동이 잉태된 모태는 이집트 사막이었고, 그 이후에 곧 리비아의 누미디아와 비자세나(지도 5를 보라)가 되었다.

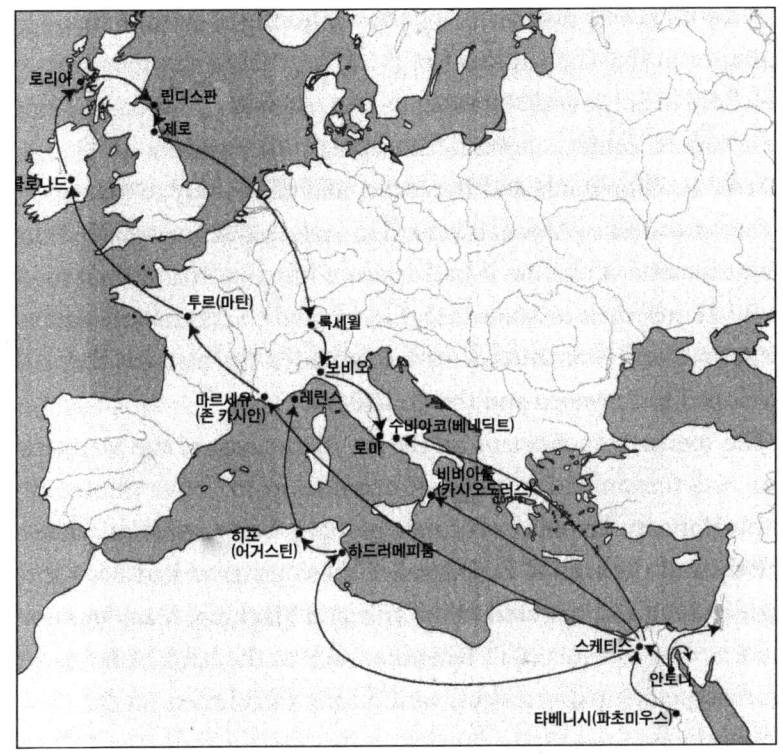

지도 5. 수도원 운동의 확장

아프리카에서 수도원 운동이 나아가는 방향은 유럽 수도원 운동의 주요 인물인 누르시아의 베네딕트(Benedict of Nursia, 480 - 550) 시기 오래 전에 잘 형성되었다. 어거스틴 이후에 그것은 베네딕트와 다른 수도단으로 흘러가서 중세 문화 전체에 영향을 미쳤다. 안토니, 파초미우스(Pachomius), 어거스틴이 시작한 아프리카 수도원 열매는 때가 되매 이탈리아와 프랑스에서 그리고 아일랜드와 노섬버랜드(Northumberland)에서 달마티아(Dalmatia)에 이르기까지 꽃피우게 되었다.

동방의 바실과 서방의 베네딕트는 모두 폰투스의 에바그리우스 (Evagrius of Pontus)와 요한 카시안(John Cassian), 호노리우스(Honorius)와 그밖의 사람들에 의해 남에서 북으로(아프리카에서 북 지중해로) 확산된 아프리카 수도원 형태를 따랐다. 아퀴테인의 프로스퍼(Prosper of Aquitaine), 루스페의 풀겐티우스(Fulgentius of Ruspe), 아를레스의 카에사리우스(Caesarius of Arles), 알퀸(Alcuin)은 유럽을 이집트의 파초미아인들과 마그레브의 어거스틴인들의 공동체 삶과 연결시켰다.

이 수도원 공동체 생활은 바실이나 베네딕트가 그들의 수도원 규칙을 쓰거나 카시오도루스가 남부 이탈리아 장화의 아취 부분에 그의 학문 공동체를 세우기 훨씬 전에, 아프리카에서 굳건하게 수립된 주해와 예전 전통 위에 확고하게 세워졌다.

수도원 운동의 활발한 수행은 아프리카 깊은 곳에서 시작되었다. 아프리카 해안가보다는 내지 사막과 험준한 산맥들에서, 니트리아(Nitria)의 소금 평지에서 그리고 더욱 남쪽의 묵상을 위해 고립된 테베 사막 황무지(the Theban desert wastes)에서 꽃을 피웠다.

수도승들은 방해를 받지 않는 바로 그곳을 찾아 사막 깊숙이 들어갔다. 나일강의 테베 사막 중심부에 수도원 공동체를 세운 이후에 파초미아수도원 생활은 아프리카의 그 양대 중심인 스케티스(Scetis)와 누미디아(Numidia)에 자리잡았다. 이 열정적인 중심으로부터 수도원 운동은 시레나이카(Cyrenaica), 트리폴리타니아(Tripolitania), 비자세나(Byzacena)를 통해, 아프리카 북서의 모레타니아(Mauretania)에 이르기까지 요원의 불처럼 번졌다. 먼저 아프리카에서 일어나 레린스(Lérins)의 섬, 마르세유(Marseilles), 리구리아(Liguria), 몬테카시노(Montecassino)로 퍼지기 전에는 유럽에서 수도원 운동이 생존한 경우가 없다.

아프리카의 안토니, 파초미우스, 마카리우스(Marcarius)는 프로방스와 포 계곡(Po Valles)에서 이후에 발전된 양식들을 앞섰다.

지중해 북해안에서의 수도원 운동은 수도승 호노라트(Honorat)를 통해 아프리카 사막으로부터 레린스로 전파되었다. 누르시아의 베네딕트는 베네딕트 유형이 나일과 마그레브에서 완벽하게 시험되고 성숙한 다음에 그것을 이탈리아와 그 밖의 유럽에 가져갔다. 시간 준수와 엄격한 참회 실천의 책과 같은 많은 수도원의 유형은 베네딕트의 공으로 돌리는데 그것은 베네딕트 한 세기 이전에 나일강에서 확고하게 수립되었다.

제5세기의 성숙해 가는 서구 기독교 신학은 안토니, 아타나시우스, 어거스틴의 앞선 수도원의 비전이 없었다면 레오(Leo)와 대(大) 그레고리의 높은 성숙도까지 이르지 못했다. 제롬은 디디무스와 같은 이집트 수도사로부터 배우기 위해 먼저 시리아로, 그리고 베들레헴으로, 그리고 계속해서 나일 계곡과 스케티스로 여행하면서 수도원의 부름에 대한 그의 입장을 가지게 되었다. 오리겐, 아타나시우스, 시릴로부터 영적 상승, '신화'(神化:theosis)의 성숙한 교리와 성경 정경의 규정이 나왔다.

지금까지 나는 아프리카가 다음 영역에 있어 미친 영향의 예를 약간 들었다. 대학교 사상의 형성, 성경의 철저한 연구, 특히 신구약의 통합, 초기 기독교 교리 형성, 기독교 성경의 비합의적 이해(이단) 거부, 논란이 되는 문제에 대한 교회 합의와 공의회적인 결정 격려, 사막에서 성화를 추구하는 수도승과 수녀들 가운데 우세한 영적인 형성의 심화가 그 예이다. 이 사항들에 덧붙여 이제 고전적인 기독교 성경 해석이 신플라톤 철학의 언어와 조건에 점차적으로 통합하려는 놀라운 증거를 보태려고 한다. 이것은 먼저 아프리카에서 사도적 증언을 어떤 식으로든 근본적으로 축소하지 않으면서 일어났다.

6. 어떻게 기독교 신플라톤주의가 아프리카에서 일어났는가?

신플라톤주의의 최초의 옹호자들이 그리스나 로마에 산 것이 아니라 아프리카에 거주했다는 사실을 철학 문헌에서 거의 언급하지 않는다. 필로, 아모니아스 사카스(Ammonias Saccas), 플로티누스(Plotinus)와 같은 신플라톤주의의 중심 주창자가 모두 아프리카인이라는 것은 헬라국수주의들에게는 놀라운 일이다. 나일 삼각주에서 확고하게 뿌리를 박은 후 때가 차매 북을 향해 로마와 아테네와 비잔티움으로 옮겨갔다.

예를 들어 마리우스 빅토리누스(Marius Victorinus)와 같은 아프리카 태생의 어떤 철학자들은 로마에 가서 머물기도 했고. 또 시네시우스(Synesius)와 같은 다른 철학자들은 구레네에 머물기도 했다. 알렉산드리아의 클레멘트와 같은 기독교 교사들은 로고스 철학과 기독교 신관 사이에 신중한 연결과 구분을 최초로 제시한 사람들 중의 하나이다. 초기 어거스틴에게 미친 신플라톤주의의 영향은 잘 알려져 있다. 그러나 이 영향들이 북으로 가기 전에 아프리카에서 최초로 나타났다는 사실은 거의 유의하지 않는다.

현대의 지성적인 역사가들은 아프리카가 배운 것이 있다면 그것은 모두 유럽에서 배웠다고 하는 안일한 가정에 너무 익숙해져 있다. 그러나 신플라톤주의의 경우 아프리카에서 유럽으로(남에서 북으로) 포

포물선을 그리며 이동해 간 것이 문헌적으로 분명하다.

이 포물선을 그토록 쉽게 잊거나 거부하는 이유는 무엇인가?

하르나크와과 바우어의 편향적인 전제가 여러 세대의 역사가들을 이 편견으로 물들였다. 잘못을 바로 잡는 현재의 아프리카 학문은 이제 문헌과 사실의 증거에 근거해서 이 북향(北向) 포물선을 재규정해야 할 의무를 가지고 있다.

7. 어떻게 수사학적이고 변증적인 기술이 아프리카에서 연마되어 유럽에서 사용되었는가?

신플라톤주의가 남에서 북으로 이동했고, 기독교 주해가 알렉산드리아에서 가이사랴와 안디옥으로 이동했던 것처럼, 수사학의 변증적인 고급 연구도 카르타고에서 이탈리아로 옮겨갔다. 어거스틴처럼 보다 유명한 사례 이전에 터툴리안, 시프리안, 락탄티우스와 같은 유수한 기독교 인물들도 그랬다.

아프리카 수사학자들은 흔히 아프리카 지역에서 유럽으로 이동하는 것을 본다. 그들은 아프리카의 소통 재능, 문학적 열정, 변증적 기술의 풍요한 정교함을 북 지중해로 도입했다. 이를 증명하기 위해서는 상당한 작업을 필요로 하는 기술적 문제가 있기는 하지만 어거스틴 한 사람만 들어도 좋은 예로 분석하기에 충분한 것으로 보인다. 티코니우스와 어거스틴에 도달할 때쯤 북 라틴 전통에서 표준이 된 많은 것보다 정교함에 있어 훨씬 진보한 수사학의 변증적 형태를 본다.

왜 락탄티우스가 디오클레티안에게 그렇게 유용했는가?

왜 마리우스 빅토리누스는 그 당시에 가장 기술적인 변증가라고 간주되었는가?

왜 시프리안은 교황 스테반과의 관계에 있어 자신의 것을 견지할 수 있었는가?

티코니우스는 대부분 아프리카 원천(sources)에서 가져온 것이 아니라면 그의 수사학 법칙을 어디에서 가져왔으며, 왜 이 법칙들이 주도적인 기독교 강해가들 사이에 두루 그토록 영향을 미쳤는가?

왜 주요 유럽의 학문 중심들이 아프리카의 수사학적 전통을 그토록 가치있게 보았는가?

이 질문들은 문헌 비평가들의 참신한 탐구를 기다린다. 로마와 콘스탄틴의 관점에서 볼 때, 어느 다른 곳보다도 더 예리하고 설득적이면서 섬세하게 변증적이어서 가장 강력한 문학 전통과 수사학자를 가졌다고 간주되는 곳이 마다우라, 시카, 카르타고, 구레네, 알렉산드리아였다.

8. 간주(間奏; INTERLUDE): 하르나크의 어리석음

아프리카에 대한 이런 편견이 어디서 만들어졌는가?

어떻게 이런 왜곡이 생겼는가?

어떻게 그렇게 광범위한 발전이 간과되었는가?

가장 혼란스러운 소리가 1890년대와 초기 1900년대의 주도적인 자유주의 독일 역사가인 아돌프 폰 하르나크의 목소리다. 그는 고대 기독교의 결정적인 실패는 그리스 철학적 언어와 가정들에 적응한 것이라고 주장했다. 하르나크와과 함께 19세기 독일자유주의전통의 핵심들―프리드리히 쉴라이어마허, 알브레히트 리츨, 에른스트 트뢸취―은 기독교를 헬라적인 추상화와 이원화로 퇴보시킨 것으로 그들이 간주하는 것과 투쟁했다.

가톨릭과 복음주의자들은 모두 유감스럽게도 이 편견이 폐기된 후에도 계속 이 편견에 찬 논쟁을 믿었다. 그 결과 구미신학의 주요 참여자들이 유럽의 원형과 기독교지성의 형성에 독특하게 아프리카 기독교적인 각인을 남긴 풍요한 문헌을 모두 놓치게 된 것 같다. 이 실수들은 대학원공부프로그램들이 모든 대륙의 학자들을 만들어내면서 무의식적으로 전달되었다. 슬프게도 이 의심스러운 전통이 여전히 아프리카에 존속한다.

이 오해 때문에 유럽의 역사주의는 초대 아프리카 기독교의 가르침이 첫 천년기 동안 주욱 북아프리카의 토착적이고 전통적이고 원시적인 아프리카 종교들과 긴밀하게 관련되었던 것을 충분히 분석하는 데 실패했다.

아프리카 내지(內地) 문화(특히 메드제르다와 나일 분지의 문화)는 기독교와 문화 사이의 초기기독교 변증적 유형들을 위해 주된 실험장이었다. 이 유형들은 시칠리아, 시리아, 아나톨리아, 그리고 마침내 유럽내지로 전달되기 전에 아프리카의 땅에서 만들어졌다. 편견을 가진 자유주의자들은 아프리카가 문화 충돌 해결을 이해하는 데 미경험이어서 그 불안을 해결하기 위해 유럽의 계몽이라는 약을 다량으로 투여해야 한다고 생각했다.

이 점을 놓치는 것이 '현대유럽의 아주 깊고 특징적인 편견'이 되었다. 지중해 근처에서 일어나면 지적으로 중요한 어떤 것이라도 실제로는 유럽의 것이고 따라서 아프리카에서 유래되었다고는 거의 상상도 할 수 없다고 가정하는 것이 헤겔적 이상주의의 특징적 편견이라고 서술하면 상당히 정확하다. 아프리카 기원은 명백히 배제된다. 바로 여기서 알렉산드리아는 유럽 지성이 뺏친 것이지 아프리카가 아니라고 부당하게 평판(評判)을 내린다.

헤겔의 보편 역사나 트뢸치의 알렉산드리아 교사의 분석이나 하르나크의 『교리사』(History of Dogma)나 보다 불길하게도 니체의 초인간(Übermensch)를 읽으면 이런 편견이 바로 확인된다. 어느 정도 아프리카가 영향을 미친 곳이라도 그것은 유럽에서 흘러나온 역사 속의 긍정적 이성발전과 비교하면 열등하고 후진적이라고 일반화했다.

이와 단짝인 전제는 아프리카에서 좋은 생각이 나왔더라도 그것은 유럽에서 기인한 것이 틀림없다는 것이다. 이 기괴한 습관에 따라 알렉산드리아와 이집트 그리스도인은 아프리카 방식으로부터는 전적으로 단절되었다고 집요하게 보았다. 알렉산드리아에서 아프리카를 제거하는 것은 꽃이 기후와 관계없이 피었다고 말하는 것이다.

카르타고와 히포의 주변적 기여에 대해서도 유사하게 일반화했다. 터툴리안으로부터 트리니타스(trinitas-'삼위일체'의 라틴어; 역주)라는 정식 라틴어가 왔고 시프리안으로부터 공의회의 방법이 왔고 어거스틴에게서 초대교회 후기에서 가장 찬란한 형태의 내적 심리분석이 왔다. 이것은 공통된 지식이다. 아프리카 토착의 예배 공동체에서 그들의 삶이 형성된 그리스도인들이 아프리카에서 이 업적을 이루었다는 사실을 못 보고 있다.

9. 개관

나는 지적인 능력과 창의성이 아프리카에서 유럽으로 의미있게 전달된 7개의 예를 들었다: 학문, 강해, 교리학, 교회연합, 수도원 공동체, 철학, 변증학이 그것이다. 새로운 세대의 균형잡힌 학문으로 더 연구해야 하겠지만 토론의 방향은 분명하다.

목록은 계속될 수 있고 그래야만 한다. 어떻게 서구의 참회 행습이 밀레비스의 옵타투스에 이해 깊이 형성되고 칭의 교리가 마리우스 빅토리누스에 의해 형성되었는지 더욱 자세하게 보여줄 수 있겠다. 미누시우스 펠릭스가 변증학, 락탄티우스가 보편 역사, 프리마시우스가 묵시적 해석, 아타나시우스가 시민 불복종, 시프리안이 교회론, 터툴리안이 신학 방법, 페르페투아와 펠리치타스와 같은 아프리카 여성이 종말론적 용기, 어거스틴이 나중에 유럽의 정수라고 간주되는 거의 모든 것에 대해서 한 것과 같이 아프리카 사람들이 미친 영향에 관해 추적할 수 있다.

에바그리우스, 카시안, 아타나시우스, 어거스틴, 오리겐, 파초미우스, 베네딕트의 전기는 남에서 북으로 전통이 전달된 것에 관한 이러한 이야기의 일부다. 아프리카 기독교 전기는 그 자체로서 부분적으로만 탐색된 영역이다. 그 과업을 완성하기 위해 수십 명의 전문적으로 훈련된 학자와 언어학자가 필요할 것이다.

성경 정경이 기독교에서 대부분 규범이 되도록 합의적 방법으로 분명하게 규정되었던 것은 아프리카(아타나우스의 『축제편지』와 히포의 공의회)에서였다. 최초의 위대한 기독교 심리학은 아프리카에서 쓰여졌다. 그리고 아프리카는 기독교가 영지주의와 조로아스터교와 가장 결정적인 논쟁에 들어가서 이후 모든 기독교역사의 페이지에 반향을 일으킨 곳이다. 위의 가설 어느 것도 충분히 토론되거나 완벽하게 변호되지 못했다. 이 모든 것을 완벽하게 조사할 필요가 있다.

아프리카는 죄, 은혜, 창조, 섭리, 구속, 종말론, 세례, 기도의 삶에 관해 기본적인 라틴 및 그리스의 견해를 만들어 내는 데 중요한 기여를 했다. 부상하는 아프리카 학계는 이 문제를 의제로 삼아 계속 연구해야 한다.

초기 아프리카 기독교를 규정하기 위해 내가 사용하는 조건들에 모두가 동의하리라고는 생각하지 않는다. 그러나 증거에 대해 공평하게 청문해 주기를 기대한다. 이 견해들을 논쟁적인 방식으로가 아니라 검토할 수 있게 사실과 본문에 근거한 관찰로서 서술했지만 그것들에 도전을 가할 수 있다.

로마 국가당국에 대한 아프리카의 영향이 최고조에 달한 것은 193-211년경인데 아프리카 태생 셉티미우스 세베루스가 로마의 황제였던 때이다. 그는 리비아 트리폴리타니아의 렙티스 마그나에서 태어났다. 세베루스의 통치 동안 교황은 역시 아프리카인(빅토르 1세, 186-197)이었다. 그때 교회연합적 치리 특히 부활절 축제, 출교, 양자 기독론과 같은 문제들과 관련해 교구의 정책이 주교라는 개인을 중심으로 결정(結晶)되었다.

이 일들이 디오클레티안과 콘스탄틴보다 100년 전에 일어났다. 이 기간 동안 아프리카 기독교는 초기 기독교 사상의 지적인 발전소 역할을 하고 있었다. 초대 교회연합적인 기독교가 형성되는 동안 아프리카는 굽신거리는 아첨꾼보다는 창조적인 지적 발전소 같았다.

제3장

아프리카 개념 정의

이집트에서 자란 아타나시우스가 얼마나 아프리카의 모습을 가졌는가?

이상하지만 이해할 만한 질문이다.

누미디아에서 자란 어거스틴이 얼마나 아프리카의 모습을 보이는가?

시프리안이 아프리카인이라고 하는 것이 사실에 근거해서 바른 말인가?

이들이 서구 사상에 기여한 것이 가치가 있기는 하지만, 그들이 진정으로 아프리카인(人)인가라는 지위 문제는 이상하게도 구름에 가려 있고 이 질문을 정직하게 직시하기까지는 더욱 그럴 것이다.

그저 지리적 의미에서가 아니라 정신과 정서에 있어서 임시적으로 당일치기 여행자가 아니라 아프리카에서 태어나고 자라서 여러 세대의 아프리카 생활을 겪은 가정 안에서 토착화되어야 하는 이유로, 이 위대한 지성인들이 진정으로 아프리카인이라는 것을 보여 주기까지는 회복해야 할 논쟁이 쉽게 진행될 수 없다. 그들의 아프리카 기독교 정체성에 거짓이 없다고 나는 믿는다. 많은 사람이 그 정체성을 위해 기꺼이 죽기를 원했다.

1. 초대 아프리카 기독교의 토착적 깊이를 수립하기

이 위대한 인물들이 전혀 아프리카인이 아니라며 품위를 떨어뜨리는 편견이 역사적 전승에 스며들어 갔다. 단지 변장한 유럽인이라는 것이다. 이것은 꽤 최근에 생긴 서구의 지적 편견이다. 특히 말이 정연하고 통용되는 일반적인 국제적, 학문적, 상업적, 정치적 언어로 충분히 민첩하게 말함에도 불구하고, 자신이 낳은 자녀도 아프리카 지적 정통에서는 내 자식이라고 부를 수 없다. 그러한 편견에 의하면, 그와 같은 능력이 클수록 아프리카인이 덜 될 것이다.

더 시골티가 날수록, 더 정말 아프리카인이 되는가?

더 국제적일수록 덜 아프리카인인가?

아프리카에는 가고 싶어 하지 않는다. 그렇다면, 아프리카 대륙은 맹인 디디무스, 위대한 사막의 교모(mother) 사라, 와디 알-나트룬의 키다리 형제를 자신의 자식으로 포용하지 못할 것이다. 훨씬 우스운 것은 아프리카 대륙이 테베 태생의 파초미우스나 누미디아 태생의 옵타투스를 포함할 수 없다는 주장이다.

터툴리안, 시프리안, 어거스틴이 모든 것을 로마로부터 배웠는지는 편견 없는 본문 분석에 근거해서 쉽게 답할 수 있다. 이 아프리카인들이 로마에게 적절하고 유용하게 가르치고 광범위한 유럽 정서를 깨우치기 때문에 이들의 글은 그들이 아프리카에 사는 동안 그들의 생애 중에 로마에서 진지하게 읽혔다. 어거스틴 자신의 『고백록』(8.6.14)에 의하면 그가 이탈리아에서 가장 결정적으로 배운 것 중에는 아프리카 총대 주교 아타나시우가 쓴 책인 아프리카 사막의 안토니의 거룩한 생애에 관해 폰티니아누스로부터 듣고 감화를 받은 것이 있다.

이집트 지도를 보고 아타나시우스가 목회하며 책임진 지역의 범위(지도 6을 보라)를 검토하라.

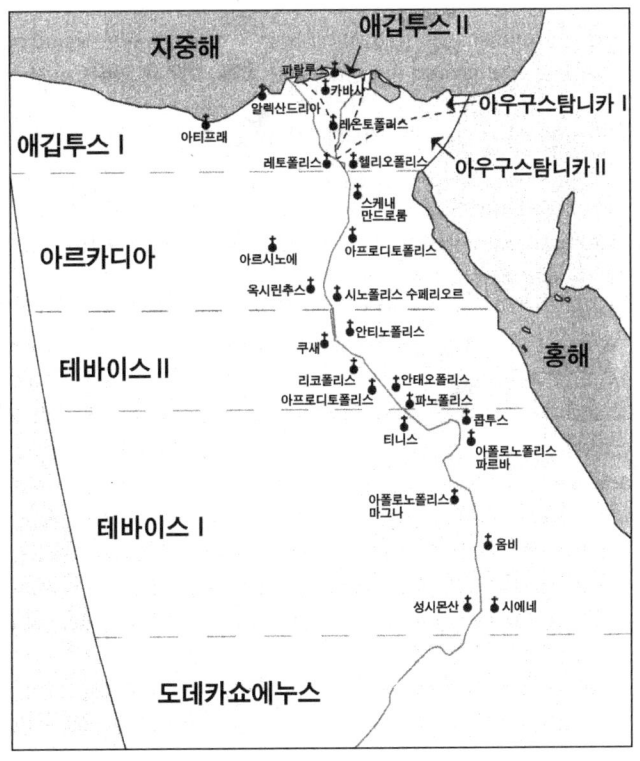

지도 6. 아타나시우스의 목회적 책임의 지형학적 범위

하부 삼각주와 중부 나일 계곡 전체로서 그 교구 책임이 제1폭포들을 넘어가서 광범위하고 다양한 종속 문화와 언어를 포함한다. 그의 책임은 그리스어를 말하는 알렉산드리아인만이 아니다. 어쨌든 인구학적 증거를 보면, 알렉산드리아인의 큰 비율이 이집트 종족인

제1부 제3장 아프리카 개념 정의 75

으로 그들 중 많은 사람이 국제항구 중 최대인 그곳에서 상업 행위를 위해 의심할 바 없이 여러 언어(시리아어, 원시 아랍어, 아람어, 닐로트어의 변종 등)를 말했다는 것을 알 수 있다.

사막의 안토니는 그의 100여 년(251-356년경!)의 생애를 그리스어를 말하는 어떤 도시에서도 여러 날 여행을 해야 하는 매우 멀리 떨어진 곳인 이집트의 동쪽 사막 안에서 살았다. 안토니가 은둔 수도원 운동을 창설한 산악 동굴을 기억하지 않고 그를 그저 알렉산드리아인이라고 하는 것은 정확하지 않다. 아타나시우스는 오랜 기간을 숨어서 지내거나 강제 망명으로 이집트의 사막에서 보냈다. 고질적인 편견 때문이 아니라면 그 위대한 지도자들이 진짜 아프리카인이 아니라고 경솔하게 주장하지 않을 것이다.

유럽인은 그들의 지적 DNA에 타고난 우월성이 내장되어 있다는 전제를 하고 있다면, 아프리카 기독교 역사는 거의 모든 고비 때마다 그릇 판단된다. 이 서투른 전제로는 콥트 기독교가 아랍 정복 후 수 세기 동안 내지 아프리카에서 분투한 사실의 중요성을 잘못 읽게 된다. 그 고정 관념으로는 또한 초기 아프리카 기독교가 토착 퓨닉(Punic) 및 베르베르(Berber) 문화와 깊이 조우했던 것을 잘못 판단하게 된다.

기독교가 나일강 남쪽 지역에서 닐로트 언어를 말하는 전통 아프리카 종교와 갖는 관계를 잘못 읽게 된다. 그 관계는 오늘날의 수단과 우간다까지 뻗친다. 그 전제로는 기독교와 아프리카 문화 사이에 수 세기 동안 위험도 나누고 서로 배우면서 점차적으로 진행된 미묘한 변증적 형태의 문화 교류를 무시해도 좋다고 생각한다.

기독교 이전 전통 아프리카 종교 역사가 기독교 첫 천년기 내내 아프리카 북부에서 지속되었다. 파라오(바로), 원시 - 누비아, 리비아, 캅시아, 가나 종교는 아프리카 선사시대까지 거슬러 올라간다. 그것은 식민 통치의 복합적 압제에 적응하도록 군사적으로 강요를 받았는데도 토착 아프리카의 모습으로 남아 있다.

초대 기독교는 그레코-로마의 민간 종교와 관계해야 했을 뿐 아니라 마그레브와 나일의 고립된 마을에서 깊이 새겨진 아프리카 전통과도 관계해야 했다.

우상인 로마 시민 종교에 대해 우뚝 서 있던 것이 기독교에 의해 변화된 전통 아프리카 종교의 힘이었다. 은유를 비교 연구하면 어떻게 고대 파라오 종교의 모티브(예를 들어 영적 승귀와 영생)가 오리겐, 아타나시우스, 파초미우스의 저작에 반향을 일으키고 포함되었는지가 분명해진다.

2. 아프리카 헬레니즘이 비아프리카적이라는 고정 관념화

알렉산드리아를 외래인이 아프리카 해안에 심은 작은 올리브 나무 구획이라고 보는 고정 관념은 데메트리우스 주교(231년에 죽음) 이후 세기마다 점점 사실과 멀어졌다. 알렉산드리아를 완전히 그리스 도시라고 보는 고정 관념은 필로 시대에 벌써 거대한 아프리카 도시로 얼마나 국제화가 되었는지를 잊는 것이다.

다민족 무역 이해 관계 때문에 알렉산드리아를 향하거나 떠나는 넓은 상업 루트가 만들어졌는데 그래서 삼각주 훨씬 남쪽의 나일과 멀리 서쪽으로 마그레브의 문화들이 통합되고 소중히 여겨졌다. 어떤 아프리카인이 그리스어를 말한다고 해서 조금도 덜 아프리카적인 것은 아니다. 마찬가지로 리비아의 항구 도시에서 라틴어를 말한다고 해서 종족적으로 베르베르어를 말하는 사브라타 사람이 덜 아프리카적인 것은 아니다.

테베와 파초미아 수도원 운동이 근본적으로 그리스(Greece)적이라고 규정 내리는 것은 그 언어, 세계관, 사회적 위치를 오해하는 것이다. 그 지도자들이 공적으로는 그리스어로 글을 썼지만, 계속 닐로트적인 은유로 닐로트 문화를 향해 말했다. 알렉산드리아의 지도자들조차도 나일 삼각주 및 계곡과 상업적으로 관여해야 했는데 이 지역은 알렉산드리아보다 천 년이 앞선 문화를 가지고 있다.

따라서 어떤 마술로 알렉산드리아를 그 대륙적 배경과 실체로부터 끊을 수 있겠는가?

고대 아프리카교회가 연합해서 가르치는 교리에 현대 아프리카 기독교가 더 잘 기초하고 있다면, 그 자체의 아프리카 전통 속에 있는 헬라적 목소리에 대해 강박감을 느껴 방어적이 될 필요가 결코 없었을 것이다. 아프리카의 헬레니즘은 오리겐 이전 약 20세대의 매우 긴 기간에 걸쳐 깊이 아프리카화 되었다. 현대의 아프리카 그리스도인은 아프리카인으로서 그들의 실제적인 역사적 정체성을 회복하기 위해 이를 바로 잡을 필요가 있다. 그렇지 않으면 아프리카는 애꿎게 자신의 유산을 스스로 박탈하는 것이다.

3. 초기 아프리카 기독교 저술가의 종족성에 관한 과학적 탐구

이 문제들이 논해질 때마다, 터툴리안, 옵타투스, 베레쿤두스, 어거스틴과 같은 저술가의 종족 정체성과 심지어는 피부 색깔에 관해 추측하는 질문을 한다. 이 영역에서 장례 비문과 가족 이름에 관한 최근 고문서 탐구 연구에 의하면 이 문제에 관해 적절하면서 흥미로운 세부 사항들이 드러낸다. 베르베르, 리비아, 퓨닉 가족 이름이 기독교가 성장하기 전과 성장하는 수 세기 동안 라틴어와 그리스어의 해당 이름으로 변화했다는 증거가 드러난다. 그렇다고 종족성이나 피부 색깔이 변한 것이 아니고 이름만 변했다. 따라서 토착 아프리카 역사를 거슬러서 수천 년 올라가는 종족 및 가족 관계가 있는 사람이 라틴어처럼 들리는 이름을 가졌더라고 이상한 것이 아니다.

어거스틴은 354년 출생하기 전 적어도 한 세대 전에 기독교로 회심한 가족에 속한 베르베르 배경의 어머니를 가졌던 것 같다. 모니카가 로마인처럼 들리는 이름을 가진 장교와 결혼했다고 해서 종족적으로 조금도 덜 아프리카인이 된 것은 아니었다. 어거스틴은 혼합 인종으로 구성된 먼 내지의 누미디아 촌(타가스테)에서 태어나고 자랐다. 누미디아의 신석기시대에서 유래한 바위 조각을 보면 1만 년 전에 사람이 살았던 것을 알 수 있다. 어거스틴의 알려진 가족과 친구 중에는 베르베르, 퓨닉, 누미디아, 로마, 심지어는 리비아 이름을 가진 사람들이 있다.

아타나시우스 전에 살던 그리스도인들은 멀리 남쪽으로 옥시린추스(Oxyrhynchus)와 파윰(Fayyum)까지 이르는 중간 나일(middle Nile)까지 오랫동안 거주했다. 아타나시우스는 그 자신의 진술에 의하면 검소한 환경의 출신이었지 외국 엘리트 출신이 아니었다. 초기 전설에 의하면 알렉산드리아의 주교였던 알렉산더는 그가 해안에서 노는 것을 주목해서 보았고 사실상 그를 고아처럼 입양했다.

이 사실에도 위대한 지도자의 유전학은 침묵이나, 그가 원시 콥트어나 같은 어족의 닐로트 언어를 말하는 중간 나일의 많은 종족과 밀접하고 활발한 관계를 유지했다는 징후는 많이 있다. 그가 망명을 해야 했을 때 알렉산드리아는 대도시이고 그리스어를 사용하는 도회적인 정서로부터 멀리 떨어진 사막 지역에서 피난처를 찾았다.

오리겐은 아프리카에서 자랐고, 많은 저작을 했다. 그리고 나서 그의 광범위한 서적들과 가르침을 가이사랴 팔레스티나로 옮긴 것에 의심의 여지가 없다. 오리겐이 많은 언어에 능통했기 때문에 그저 아프리카인이 아니라고 어색한 가정을 오리겐에게 적용하는 것은 이상하고 품위를 떨어뜨리는 척도다. 은유법을 통해, 이 초대 기독교의 가장 위대한 해석가는 그의 특정 종족성과 관계없이 토착적으로 아프리카인이라는 표지들을 많이 보여 주었다.

이렇게 학자들은 초대 아프리카 기독교에 가장 중요한 기여를 한 사람들과 관련된 가족 이름과 장소 이름의 변화를 연구하는 데 복잡한 의문으로 도전을 받는다. 고문서, 고고학, 언어학 증거가 더 밝혀지면 점차로 이 추론들에 대해 더 통찰이 생길 것이다. DNA, 미토콘드리아 유전자, 이동 패턴에 관한 과학적 연구가 정교하게 되고 있고 때가 이르면 더욱 분별력을 가져다줄 것이다.

필로, 시네시우스, 비타의 빅토르, 아트리페의 세누테의 저작들이 프랑스에서 쓰였다면, 유럽작이라고 불리울 것이다. 그러나 유럽 저작이 아니다. 그것들은 아프리카에서 쓰였다.

따라서 아프리카의 것이라고 부르지 못할 이유가 무엇인가?

여기에 편견이 작용한다. 아프리카 대륙에서 유래해서 지적인 가치가 있는 것은 어떤 것이라도 은밀한 유럽 기원의 어떤 것으로 의심하는 것이다.

그것이 아프리카의 것이라는 것을 부정하기 위해 어떤 확증적인 논증을 제시했는가?

북아프리카의 그리스도인들은 얼마나 검은가?

검다는 것이 세대 간 고난과 탄압으로 이해된다면 아주 검다. 검다는 것이 색깔로 규정된다면, 누미디아, 누비아, 에티오피아로 여행해 보면 염색체 논쟁은 해결된다.

그러나 정통 그리스도인들은 기독교 진리를 판단하는 척도로 피부 색깔을 인정하지 않는다. 결코 인정한 적이 없었다. 앞으로도 결코 인정하지 않을 것이다. 아프리카 기독교는 근본적으로 인종 이야기가 아니고 순교자의 이야기이자 사랑으로 행동하는 믿음으로 살았던 삶에 관한 고백적인 이야기다. 진리를 인종으로 판단하는 그 자체가 이단 사설이다. 그 진리는 교회연합 기독교에서 예루살렘 공의회와 에티오피아 내시의 이른 세례와 그 뒤를 따른 것들에서 먼저 공식화되었다. 그리고 그 진리 자체는 초대 아프리카 기독교의 표준 가정이 되었다.

따라서 본(本) 토론을 위해서는 본문이 아프리카에서 쓰였으면 아프리카의 것이 된 것이라고 취급한다. 그것은 간단하고 분명한 척도이다. 그것이 아프리카성(性)의 결정적인 척도로 종족성이나 피부색에 관한 추측보다 훨씬 분명하다. 특정 피부색을 가져야 아프리카 그리스도인이 된다면, 그런 비정통적이고 반성경적인 요구 조건을 즉

각 부정하는 모든 피부색의 정통 그리스도인 모두를 배척하는 것이 된다.

4. 근시적인 안목의 유포자

왜 그렇게 간단한 관점이 저항을 받았는가?

비참하고 우스꽝스러운 이유가 있다. 많은 현대의 아프리카 해석자들이 구미의 학적인 추측으로 편향되게 틀이 잡혔기 때문이다. 고등교육에서 기대되는 정당성을 추구하는 가운데, 독립을 위해 투쟁하는 기간 중의 아프리카 학자들은 서구 현대 전통에 그토록 친숙한 모티브를 이상화하고 낭만화하고 자유화하는 덫에 너무 쉽게 걸려들었다. 그들이 주어진 최선의 교육을 추구한 것에 대해서는 비난할 수 없다.

그러나 그들에게 주어진 교육은 근대성(modernity)의 실패 요소들이라는 모든 제한을 지닌 채 여전히 고도로 불완전했다. 그 요소로는 즉, 자율개인주의, 쾌락적 나르시스주의, 도덕적 상대주의, 환원적 자연주의 등이 있다. 그 어느 것도 아프리카 정신의 특징이 아니다.

19세기 특히 프랑스 계몽주의, 독일 관념주의, 영국 경험주의 전까지는 기독교 역사 그 어디에서도 아프리카에 대한 이런 편견을 발견하기가 힘이 든다. 헤겔, 트륄춰, 하르나크, 바우어에 이르러 이 편견들이 표준적이 되어 교육받은 서구인―그리고 서구에서 교육받은 아프리카인―에 의해 받아들여졌다.

이러한 주 촉매제가 서구 자유주의자뿐만 아니라 이상하게도 역사적 학문을 하는 가톨릭과 복음주의의 전통에서도 추종 되었다. 현대 아프리카신학에서 유행하는 주된 왜곡은 바우어, 불트만, 틸리히의 가정들에 깊숙이 침투한, 헤겔로부터 하르나크에 이르는 유럽중심적 전통에 뿌리가 있다.

이 독일 신학자들의 광범위한 역사 연구가 영국이나 미국의 역사신학자들에 의해 고쳐지지 않았다. 그것이 유감스럽게도 많은 자유주의자, 복음주의자, 가톨릭교도에게 표준적인 것이 되었다. 도중에 현대신학은 성인, 순교자, 고백자들에 대해 초기 아프리카가 존경스럽게 내린 평가의 자취를 잃어버렸다. 아프리카 조상들이 가치 있는 사회적, 공동체적 실체가 아니라 탈신화화해야 할 신화로 간주하였다.

왜 이런 역학 관계를 더 잘 이해하지 못했는가?

역사적 해답은 구미 지성인들이 이러한 생각들을 아프리카에 전했다는 것이다. 아프리카에서는 이러한 편견을 가지면서도 그 자체가 진정으로 아프리카적인 것으로 생각하도록 위장했었다는 것이다.

여기에 시험해 볼 수 있는 결정적인 질문이 있다. 이 두 명단을 비교해 보라.

① 루소, 니체, 마르크스, 프로이드
② 터툴리안, 시프리안, 아타나시우스, 어거스틴

이제 어떤 것이 더 아프리카의 모습을 갖고 있는지 물어보라.
어떤 명단이 아프리카 안에서와 주위에서 지난 한 세대의 아프리카 지성인과 학자에게, 그리고 아프리카신학 대부분에 있어서 더욱 더 깊은 영향을 주었는지 물어보라. 그들의 책에서 언급한 것을 살펴보면 아프리카 명단이 유럽 명단보다 압도적으로 인용빈도가 낮다. 이로써 아프리카 해석자들이 아프리카 감수성, 은유, 전제에 대한 공감은 최소화하면서 유럽 사상가들에게 적응하는 데는 얼마나 나아갔는지 분명하다.

아프리카신학이라고 주장하는 현대 저작을 읽으면, 이런 이유로 루소, 니체, 마르크스, 프로이드가 터툴리안, 시프리안, 아타나시우스, 어거스틴보다 훨씬 더 자주 인용된다. 처음 명단은 민족주의 비판자로 하여금 아프리카 기독교에 대해 화와 분노를 내도록 부추킨 1960년대의 "평화와 정의 운동" 동안 점차적으로 영향력을 가지게 된 주요 이름들을 포함한다. 유감스럽게도, 고대 교회연합(에큐메니칼) 지도자들이 현대의 교회연합(에큐메니칼) 운동이 사도적 증언의 합의가 아니라 계몽주의 이후 근대주의(modernism)에 근거해야 하는 것으로 허세를 부렸다.

이 사이비연합주의자들은 아프리카 마을들에서 이미 약화된 자유주의화 주류 개신교회 선교를 더욱 훼손시켰다. 그래서 어떤 사람들은 사도적 증언들을 강박감에 부끄러워 하면서 현대 구미(歐美)의 변덕스러운 열광주의(faddism)에 적극적으로 수용적이 되었다. 그들의 변호에 있어, 더욱 고전적으로 아프리카답고(기독교적으로 말하고) 유럽풍으로 편협한 것이 덜했다면, 그들이 아프리카에서 교회연합적 목적을 위해 그 이전보다 더 낫게 기여했을 것이다.

5. 아프리카 모판 가설은 문헌적인 증명이 필요하다

새로운 의무가 부상하는 아프리카 기독교에 이제 부과되어 있다. 자체의 찬란한 지적 유산을 포용하는 것과 정당하게 자신의 것인 것을 되찾는 것이 새로운 의무다. 비판적인 분석을 통해 어떻게 이러한 망각이 일어났는지 보여주고, 확실한 증거를 통해 어떻게 사실들에 의해 초기 아프리카 신도들의 비상한 지적 생산력이 확증되는지 보여줌으로써만 이 과업을 적절하게 수행할 수 있다.

변명은 필요 없고 사실을 명료하게 밝혀서 증명해야 한다. 자료가 편견을 압도하기를 바란다. 그러나 이 증거를 아직 전 세계 청중에게 설득력 있게 말하지 못했다.

나의 핵심 가정은 많은 지적 역사가 남에서 북으로, 즉 누미디아에서 시칠리아와 프랑스와 이탈리아로 흘러갔다는 것이다. 나일강에서 유프라테스강과 다뉴브강으로 흘러갔다. 펠루시움에서 가자와 갑바도기아로 흘러갔다. 아직은 미완성으로 아프리카 학문이 오는 시대에 이루어야 할 과업은 매개 증거를 문헌적으로, 고고학적으로, 고문서적으로 제시하는 것이다.

아프리카 정통의 씨앗이 높은 바람에 실려 먼 북쪽 나라까지 날아갔다는 데 대해서는 충분한 증거가 있다. 한참 후에야 서구의 스타일로 변장해서 돌아왔다. 이 통로를 문헌적으로 추적해야 한다.

유럽이 아프리카에 미친 영향에 대해서는 수 세기의 연구가 이루어졌지만, 지적 운동이 아프리카에서 유럽에 미친 영향에 대해서는 연구가 부족하다. 이것은 오랫동안 놀려 두고 있는 질문이다. 이 문제는 앞으로 10년은 걸릴 수 있겠지만 궁극적으로 착수될 것이다.

증거는 이미 존재하지만 집요하게 과소평가되었다. 부지런히 추구하면 훨씬 많은 것이 드러날 것이다. 아프리카신학 정체성의 위기가 바로 이런 회복에 계기를 주는 촉매제가 될 것이다.

이 증거는 아프리카 학자가 제시하면 더욱 확신을 줄 것이다. 서구 세력의 도구로 이용하려는 의도가 보인다면 단순히 기각하는 것이 정당하다. 증거를 누구나 파낼 수 있지만, 공적인 제시는 아프리카 목소리를 요구한다. 증거는 전 세계 기독교에 속한다. 그 전달자는 왜곡되거나 성급하게 무시되지 않도록 증거를 보호해야 한다.

6. 적절한 사례: 아프리카에서 아일랜드와 유럽으로 그리고 아프리카로 돌아온 순회길

북아프리카 전역에서 한때 토착적으로 존재하던 기독교는 반달과 아랍 침입으로부터 피신해야 했다. 이 난민들은 망명해서 7, 8, 9세기 스페인, 갈리아, 사르디니아, 시칠리아, 이탈리아, 브리튼에 정착했다. 그들의 영향은 파초미아와 어거스틴 통치시 이집트와 누미디아에서 형성된, 조용하고 드러나지 않고 학적인 수도원 공동체를 통해 주로 퍼졌다.

가장 좋은 예가 천 년의 주기로 아프리카에서 아일랜드와 영국으로 그리고 다시 아프리카로 그린 수도원 운동의 예기치 않은 궤적이다. 이것이 우리가 이제 조사해야 할 놀라운 단계이다. 어떻게 아프리카가 아일랜드에 영향을 미치고, 어떻게 아일랜드는 중세 유럽에 영향을 미쳤나 하는 것이다.

아프리카 수도원 운동이 아일랜드에 이식된 역사는 문명 보전의 모든 이야기 중 가장 놀라운 것 중 하나다. 아프리카에서 시칠리아와 레린스 섬과 아일랜드로 나아가면서 궤적을 남겼다. 이 이동은 아랍 정복 이전에 일어났으나 그 결과는 아랍 정복 이후에야 위기가 되었다.

남프랑스 해안에서 바로 떨어진 작은 레린스 섬은 결정적인 역할을 했다. 거기서 벌써 에베소 공의회(431) 때에 아프리카의 영향을 받은 수도승들이 아프리카에서 유럽으로 파초미아 유형의 수도원을 퍼뜨렸다. 이 수도승들은 호노라투스(Honoratus), 아를레스의 카에사리우스(Caesarius of Arles), 마르세이유의 살바만(Salvian of Marseilles), 레린스의 빈센트(Vincent of Lérins)였다. 그들은 아일랜드 수도승이 유럽에 오는 발판을 놓았다. 고대 전통이 암시하는 대로 아일랜드의 패트릭은 레린스에서 공부한 수도승들 중에 있었던 것 같다-이 가설은 철저하게 재조사해야 한다.

어떻게 아일랜드인이 이 운동을 주도하게 되었는가는 그 자체로서 여기서 말할 수 있기에는 긴 얘기다. 토마스 카힐(Thomas Cahill)이 『어떻게 아일랜드인은 문명을 구했나』(How the Irish Saved Civilization)라는 책에서 잘 서술해 놓았다. 아프리카가 예전과 주해에 있어 아일랜드에 미친 영향의 실마리는 해당 언어(콥틱, 갈릭, 라틴, 불어)를 알고 지중해, 아일랜드, 영국, 유럽의 대학과 수도원에 흩어져 있는 문서 보관소 소장물에 접근할 수 있는 기민한 역사가들에 의해 면밀하게 풀어져야 한다. 이것은 제1차 자료 문서를 역사적으로 탐구하는 힘겨운 과업이다.

이 일을 젊은 아프리카 학자가 수행한다면 아프리카인에게 더 심오한 타당성을 가진 것으로 받아들여질 것이다. 북반구 탐구자들에 의해서만 수행된다면, 계몽주의 후기 역사 편찬 방식의 자국들로 얼룩질 가능성이 크다. 이상적으로 학자들의 국제적 컨소시엄이 형성되어야 한다. 바로 이 컨소시엄을 위해서 '초대 아프리카 기독교 웹사이트'(earlyAfricanchristianity.com)를 만들어 격려도 하고 활발한 연구 정보도 꾸준하게 제공해 흐르도록 하고 있다.

제5-10세기가 매우 활기는 있었지만, 여전히 암흑시대라고 불린다. 이 이름은 당시 일어난 사건보다 '우리의' 어두움을 말해 준다. 이 시기 동안 서구 문화 위에는 어두움의 장막이 드리워있다. 이 세기들은 서구 역사의 어느 때보다 공감도 덜하고 문헌적 정보도 적어서 가장 연구가 적게 되었다. 에드워드 기본(Edward Gibbon) 이후로 수십 년 동안 이 세기를 거대한 문화적 퇴보의 기간이라고 틀에 넣어 왜곡시켰다.

증거 작업의 핵심은 수도원 경건과 아프리카 학문이 나일과 메드제르다 계곡으로부터 북쪽 사르디니아, 시칠리아, 유럽과 특히 아일랜드로 옮겨간 경로를 보여 주는 것이다.

아일랜드인 외에 누가 이 놀라운 탐구를 맡겠는가?

아프리카 사람이 하면 안 되겠는가?

콜롬보(Colombo)와 피니안(Finnian) 시대에 이르자 수도원의 배움의 중심은 아프리카에서 아일랜드로 옮겨갔고 그곳으로부터 라인 계곡, 보비오수도원(이탈리아), 성(聖) 골(Gall)수도원(스위스) 그리고 마침내 이탈리아 포(Po)와 로네(Rhone) 계곡과 남부 프랑코(Franco)로 거대한 시계 방향 원을 그리며 옮겨갔다.

그러나 이 이야기의 가장 놀라운 장(章)은 고전 기독교가 아프리카로 복귀했다는 것이다. 즉 매우 일찍이 아프리카에서 그토록 잘 형성된 것과 동일한 초기 연합 기독교가 복귀했다는 것이다. 이때에 이르자 유럽에서 변이가 일어나서 그것이 원래 아프리카 것이었다는 것을 인지할 수가 없었다.

아프리카에서 처음으로 정제된 강해와 신학과 예전이 기도서와 참회 의식으로 마침내 아프리카로 되돌아갔으나 아프리카 것이라고 인식할 수 없는 형태로 돌아갔다. 참으로 그것이 돌아갔을 때는 오디세우스가 그의 침대를 되차지 하는 것처럼 아프리카에는 낯설게 보였다.

이 경로를 문헌적으로 아일랜드로부터 정립하기는 쉽다. 더욱 정립하기 힘든 것은 메드제르다수도원으로부터 반달 아프리카와 근처 시칠리아, 사르디아, 프로벤스, 나바레의 안식처까지 가고 때가 되어 패트릭과 함께 아일랜드 해안에 도착하는 경로이다.

먼저는 비참함을 가져다준 아리안 반달족을 피하고, 다음으로 망명, 죽음, 노예 중 하나를 선택하도록 한 아랍인을 피하면서 주로 수도사들이 여행한 위험한 경로다. 이 예상하지 않은 궤적이 중세 기독교, 서양법(西洋法), 궁극적으로 민주주의와 인간 존엄성의 가르침을 씨뿌리는 과정이 되었다. 특별 섭리의 모든 표지가 고전적 기독교 신학자에게는 이 이상하고 놀라운 궤적 속에 새겨져 있는 것으로 보인다.

아일랜드 기독교가 그 경건, 성인전, 정서 속에 강한 아프리카와 수도원 모티브를 간직했다는 데는 의심의 여지가 없다. 문자적으로는 시, 노래, 설교에서 보듯이 가시적으로는 십자가, 장례 물품, 장식, 달력, 예술 형태에서 이것을 볼 수 있다. 그러나 이것을 문헌적으로 수립하기 위해서는 알려져 있기는 하지만 아직 충분히 그 계보와 기원에 관해 비평적으로 충분히 검토되지 않은 채 주어진 본문을 완벽하게 재평가할 필요가 있다.

이 모든 것이 기다린다. 부상하는 아프리카 학자들이 역사에 있어 고급 연구를 위해 고려할 좋은 장소로 아일랜드에서 이 많은 것을 해야만 한다. 그래서 점들을 잇기 위해 용기 있는 헌신된 학자들의 세대가 필요하다. 설득력 있게 연결이 보이면 남에서 북으로의 가설이 더욱 개연성을 가지고 살아 튀어 오르게 된다. 그렇다면 아프리카 정체성과 아프리카가 유럽에 미친 영향의 많은 관련 문제들을 재평가할 필요가 있다.

아프리카 지성사는 방어적이 되거나 뒤로 물러나 있을 필요가 없다. 유럽이 아프리카를 가르칠 준비가 되기 전에 아프리카가 유럽에 대해 가르쳤다는 것을 우리는 배우고 있다. 유럽은 그 생기 넘치는 지적 원천이 아프리카였다는 것을 충분히 인식하지 못하고 많은 세기 동안 잠을 잤다.

7. 아프리카 중심적인 과장에 대한 경고

아프리카신학이 고대 연합 기독교의 모든 양상에 대해 규범적이었다고 주장하는 것은 막대한 과장일 것이다. 그러나 구약을 해석하는 데 있어 아프리카의 주해 기술과 능력이 유형을 제공했다고 말하는 것은 과장이 아니다. 그 유형으로 아프리카인 특히 오리겐, 어거스틴, 시실은 갑바도기안인(대 바실, 나지안주의의 그레고리, 니사의 그레고리)에서부터 그레고리 대제까지 전 세계의 교리 작업을 위해 성경적 기초를 제공했다. 초대교회연합신학에 있어 아프리카의 주해가 관련되지 않은 양상이 거의 없을 정도로 이 해석적인 업적은 크다.

그래서 어떤 대륙에서 교회연합적 정통의 위대한 교부가 성경 해석의 핵심을 갖게 되었는가 하고 물으면 (유럽의 남단이 트라세와 보스포루스라는 전제하에) 유럽보다는 아프리카에서 왔다고 대답해야 할 것이다.

어디서 다마스커스의 요한은 정통 비전을 갖게 되었는가?

어떤 유럽인보다도 아타나시우스와 시릴에게서 왔다.

어디서 레오 대제는 칼세돈 공식을 갖게 되었는가?

뿌리는 대부분 아프리카, 나일과 메드제르다의 주해자로부터 왔다.

모든 학문에는 과장의 유혹이 깃들여 있다. 자신의 주제가 극히 중요하다고 생각하지 않는 학자는 드물다. 역사적 영향은 증명하기보다 주장하기가 훨씬 쉽다. 역사 연구는 겸손하고 참회하는 마음을 기다린다. 이러한 탐구를 오염시키는 아프리카 중심적인 과장은 증거로 극복되어야 한다. 젊은 아프리카 학자에게 주어진 도전은 증거라는 측면에서 방어할 수 있는지 진정으로 보기 위해 이 영역을 파고 들어가는 것이고 위에서 제시한 가정을 검토하는 것이다.

제4장

한 믿음, 두 아프리카

아프리카 모든 지역의 그리스도인에게 오늘날 초대 아프리카 기독교의 유산에 대해 합당한 권리를 주장할 수 있는 특권이 있다. 이 유산은 아프리카 기독교 역사의 최초 지층에서 유래한, 특별히 풍요한 지혜의 보고이다.

초대 아프리카 기독교가 모든 아프리카와 세계 기독교의 문화와 역사에 기여한 사실이 충분히 인정되지 않았다. 이 유산은 곳곳의 성도들의 미래를 위해 계속해서 중요한 영적 자원을 제공해 준다.

1. 다리 놓기의 위험

초대 아프리카 기독교 연구에 중심적인 것은 두 아프리카, 북과 남, 콥트와 사하라 이남 사이에 열매를 많이 맺도록 소통을 격려하는 것이다.

그들 사이의 대화가 정치적으로 중요하나 아직 이념적인 경향과 혼동으로 불필요하게 구름에 쌓여 있다. 여기 적절한 때에 합리적인 토론을 통해 의논하고 바라건대 정립해야 할 몇 가지 특정한 목표나 논지가 있다.

① 모든 아프리카 그리스도인은 아프리카 기독교 전통을 물려받은 합법적인 상속자이다. 어떤 지역이나 역사적 교회 회상(回想)도 절대적인 우위를 가진 것처럼 가장할 수 없다.
② 북아프리카는 사하라 이남만큼이나 아프리카적이다.
③ 초대 아프리카 기독교의 회복에 중심이 되는 것은 남쪽 아프리카인에게 북아프리카에서 온 자신들의 초대 아프리카 뿌리가 실제로 얼마나 값진 것인지 보여 주는 것이다.
④ 기독교의 초인종적, 연합적, 공의회적, 국제적 성격은 진정한 기독교를 인종적이나 지역적으로 규정을 지으려는 시도를 넘어선다. 북아프리카 기독교를 남쪽 아프리카 기독교와는 내재적으로 낯선 것이라고 보는 것은 기독교의 국제적이고 인종 초월적 성격에 합당하지 않다.
⑤ 정통적인 전통과 은사적인 전통은 서로를 필요로 한다. 각자는 상대에게서 부분적으로 관찰되지 않는 경향이 있는 것을 보강해 준다. 어느 것도 열등하다고 간주할 수는 없다. 그 둘 다 다른 목소리를 들을 때 그리스도 안에서 더욱 깊이 하나가 된다.
⑥ 북아프리카의 그리스도인들―콥트, 베르베르, 에티오피아, 아랍, 무어 그리스도인들―은 아프리카 기독교 전체 다문화 모체의 소중한 부분이다. 전(全) 아프리카는 희망을 가지고 이런 인식을 열망하나 그 인식은 천천히 오고 있다.
⑦ 아프리카 기독교 연구에 있어 떠오르는 과제는 아프리카 전역의 현대 그리스도인이 자신들의 초대 아프리카 역사를 훨씬 더

많이 친숙하게 익히는 것이다. 리비아, 튀니지, 알제리에 5세기 동안 기독교가 존재했다는 사실이 특별히 무시되어 왔다.

이 도전들을 순서대로 각각 재고하지는 않을 것이나 이제 이 책의 나머지 부분에서 기술하면서 충분히 취급하게 되기를 희망한다.

1. 검은 아프리카와 북아프리카 간 화해의 도전

'사하라 이남 아프리카'는 지리학에 속한 용어이다. '검은 아프리카'는 인종 차별의 비극적 사실에 근거한 색채적 명칭이다. '북아프리카'는 위치이다. '아프리카'는 대륙이다. 이 명칭 어느 것도 더 혹은 덜 아프리카적이지 않다. 모두 아프리카에 있다. 모두 아프리카이다.

아프리카 남부의 그리스도인들은 아프리카 북부의 그리스도인들이 아프리카 전체를 위해 기독교 성경, 조상의 전통, 예전 행습을 보존하고 많은 세대에 걸쳐 치른 희생에 대해 인정하고 감사하는 것이 적절하지 않은가?

지금은 검은 아프리카인들을 격려해서 자신들의 더 큰 아프리카 역사의 더없이 귀중한 가치를 이해하도록 격려하기에 적절한 때이다. 그들의 활발한 공감이 북쪽의 용기 있고 인내심 있는 그리스도인들에게 미칠 수 있다.

범아프리카 그리스도인의 더 큰 목표는 과거와 현재를 비추어 아프리카가 세계 기독교에 더욱 기여하는 것이다. 아프리카 내에서 화해하면 아프리카가 세계에 주는 선물이 기하급수적으로 늘게 될 것이다.

이를 위해 검은 아프리카와 북아프리카 사이에, 모든 현대 아프리카인과 모든 시대를 초월한 세계 그리스도 신자 사이에 더욱 돈독하게 연결할 필요가 있다. 이 관계가 취약하고 불확실성에 휩싸여 있지만, 그것이 긴급하고 필요하다는 데는 대부분 동의할 것이다. 나이지리아, 차드, 수단, 에티오피아와 같은 나라들은 이 화해의 선한 일에 있어 리더십을 발휘해야 할 결정적인 지리적 위치에 놓여있다.

나는 여기서 두 개의 기독교를 상정하는 것이 아니다. 그리스도의 살아있는 몸은 하나다. 아프리카의 복합 세계관과 복합 언어 및 문화를 포괄하면서 하나가 되게 하는 은혜를 표현하려고 추구하는, 하나의 교회연합의 기독교에 대해 말하고 있다. 그러나 고전을 중심으로 삼는 방식은 최근 많은 아프리카신학 특히 교부적 최심층부에 있어서 충분히 고려되지 않았다.

2. '아프리카'라는 용어의 뿌리

대륙 전체를 일컫는 가장 일반적 이름은 아득한 옛날부터 단순히 '아프리카'였다. 대치할 말이 없다. 대안을 제시했지만 모두 미흡하다. 아프리카는 전 대륙의 다양한 문화를 포괄한다.

그러나 '아프리카'는 말은 어디서 유래했는가?

그 해답은 도전적이고 예시적이다.

작고 초라한 지역이었는데 전 대륙의 이름으로 발전했다. 아프리카라고 전 세계적으로 인정된 현대의 이름은 지중해 아프리카 해안의 작고, 특정한 위치와 부족으로부터 유래했다. 고대시대에 아프리카라는 용어는 현대의 북동 튀니지 해안 지중해 아프리카에 사는 토착민을 가리켰다.

고대에 아프리카라는 용어가 처음에는 오늘날 튀니지라고 부르는 반도를 가리켰으나 점차 이집트 서쪽 지중해 아프리카 전체에 적용되기 시작했다. 첫 천년기 동안 '아프리카'는 지방 이름으로 트리폴리타니아(현 서부 아프리카)에서 대서양(모로코)까지, 트리폴리(오에아)에서 탄지에(탕기스)까지 이르는 모든 땅을 지칭했다. 때가 이르자 아프리카 전 대륙이 튀니지 반도의 장소와 부족으로부터 유래한 이름을 가지게 되었다. 여러 세기 동안 아프리카가 지도상 이집트로부터 구분되었으나 시간이 지나면서 더 큰 대륙을 더욱 충분하게 탐험하게 되자 전 대륙에 적용되었다. 어떤 지도 제작자가 나일 계곡을 아프리카에서 뺀다면 제정신이 아니라고 할 것이다.

로마가 정치적으로 분할되기 오래 전, 토착민인 베르베르, 캅시아, 리비아, 무어 사람들은 사하라 북쪽 이 땅들을 다양한 이름으로 불렀다. 첫 천년기 동안 지리적, 정치적, 지방적 개념과 경계는 놀랍게도 지속되었다. 이 로마 경계는 기독교가 영향을 미치던 기간 동안 대체로 교회 교구 구분에서 그대로 따랐다.

대륙의 어느 부분도 다른 곳에 못지 않게 아프리카다. 아프리카 지리 개념은 한 대륙에 다양한 문화를 포괄한다. 이것이 정확히 범아프리카 정신이 직면하는 도전이다.

3. 고질적인 인식 부족을 극복하기

장애물이 있다. 콥트와 에티오피아 기독교를 제외하고는 부상하는 아프리카의 거의 5억에 이르는 대부분 그리스도인은 초기 아프리카 교부들이 남긴 지적 유산에 진지하게 관여하거나 연구하지 않았다. 그들의 사례를 아프리카 전역에서 새롭게 청취할 가치가 있다.

콥트 그리스도인들이 남쪽에서 봉사 사역을 더 많이 실행한다면 어떨까?

개신교 그리스도인들이 북쪽에서 봉사 사역을 더 많이 실행한다면 어떨까?

봉사 사역이란 기존의 문화를 섬기려고 추구하는 것이지 자신의 문화 관점으로 바꾸려고 하는 것이 아니다.

초대 아프리카 기독교 유산은 모든 기독교 역사에, 참으로 세계사에, 거대하게 잠재 의식적인 영향을 미쳤다. 그러나 이미 깊이 새겨졌음에도 불구하고 그 유산은 의식적으로 인정되지 않았다. 그 영향에 대한 증거가 제대로 발굴되고 아프리카 어린이들에게 이해되기 위해서는 수십 년이 필요할 것이다. 젊은 아프리카 학자는 모든 세계 기독교를 위해 이 사랑의 노고에 종사하도록 부름을 받았다.

교부들의 자료로 들어가는 가장 쉬운 통로는 성경 본문을 깊이 연구하는 것을 통해서다. 한 절 한 절 초대 아프리카 자료는 이제 성경 해석을 통해 추적할 수 있다. 『고대 기독교 성경주석』 29권은 이제 이 목적을 위해 완성이 되어 사용할 수 있게 되었다. 성경 구절에 대해 설교를 준비하는 어느 아프리카 마을의 어느 목사도 특정 구절에 관해 고대 아프리카와 다른 저술가들이 뭐라고 말했는지 이제 찾아

볼 수 있고 그것이 적절한지 스스로 판단을 내릴 수 있다.

성경을 읽는 사람은 누구라도 역사 속으로 이 여행을 할 수 있다. 모두 이 여행에서 혜택을 받을 것이나 아프리카 기독 청년들이 가장 큰 혜택을 받을 것이다. 첫 결심은 이 여행을 하겠다고 결심하는 것이다. 남이 동행할 수도 있으나 각자가 스스로 첫걸음을 내디뎌야 한다.

4. 북아프리카를 출교하기(excommunication)

고대로부터 아프리카는 언제나 멀리 남쪽까지 미치는 거대한 통일체로 하나의 대륙이라고 간주하였다. 얼마나 남하할지는 아무도 몰랐다.

아프리카 남부가 북부에 알려지지 않은 것은 별로 이상하지 않다. 8세기 바이킹 전에는 스칸디나비아인이 남부 유럽에 거의 알려지지 않았다는 것을 기억하라. 북쪽 끝의 사람이 남쪽 끝의 사람과 서로 떨어져 있는 것은 아프리카와 같이 유럽과 아시아에서도 특징이었다. 탐험하고 무역하는 데 시간이 걸렸다-여러 세기가 걸렸다.

남쪽이 북쪽에 알려지지 않은 것을 부당하다고 해석하는 것은 평상적인 인간의 유한성에 불필요하게 절망하는 것이다. 그런 절망은 자부심과 사실에 도움이 되지 않는다. 금세기에는 모르던 것이 후기 세기에는 이해하게 된 것이 많다. 그런 제한은 유한한 역사적 인간 존재에 속한 것이다.

북아프리카를 "진짜 아프리카"로부터 분리하려는 부질없는 노력은 실패했다. 대륙의 지리 그 자체를 보면 모든 편협한 논란이 극복된다. 아프리카는 현재 그저 하나의 대륙이고 언제나 그래왔다. 그러나 초대 아프리카 기독교를 이해하는 데 집요한 장애물은 북아프리카가 아프리카에 실제로 속하지 않다는 최근의 생각이다.

초대 아프리카 기독교는 아프리카의 모든 영역에서 우세하지는 않았으나 알려진 대륙 전체에서 궁극적으로 영향을 미쳤다. 북아프리카의 많은 지역에서 첫 천년기에 살아남지 못했으나 몇 세기 동안에 그 영향력은 세계 기독교 전체에 파급되었다.

5. 아프리카의 하나됨을 위한 토론

오늘날 사하라 이남 아프리카가, 유럽과 전체 서구 문명의 기초에 크게 영향을 미쳤던 명예롭고 훌륭한 역사와의 관계를 기각하거나 부정할 타당한 이유가 없다. 인류 역사에 주어진 이 선물은 현대 선교와 식민 통치가 훨씬 뒤에 나머지 아프리카에 여러 형태의 기독교를 가져다주기 오래전에 확보되었다. 사하라 이남의 기독교가 중요하기는 하지만 전체 아프리카는 아니다. 그 목소리가 아무리 강력해도 진정한 아프리카에 대한 유일한 권한자는 아니다.

초대 아프리카 기독교 정통이 아프리카 역사의 나머지로부터 배제나 출교 당하거나 진정한 아프리카의 개념으로부터 단절을 당한다는 것은 합리적으로 있을 수 없다. 북아프리카 그리스도인을 일종의 준(準) 아프리카 변방으로 강등시키는 것은 몰상식한 일이다. 사하라 이남의 그리스도인은 고대 교회연합 기독교의 진정한 상속자가 아닌 것처럼 모독하는 것도 마찬가지로 부당하다. 남과 북 모두 다른 쪽에게 무시당하기에는 너무나 큰 희생을 치렀다.

수 세기 동안 활발한 무역이 나일강 전장(全長)에 걸쳐 일어났다. 이는 우간다와 케냐의 경계까지 들어가고 확실하게는 에티오피아와 수단 전역에서 이루어진 것을 의미한다. 이 땅들은 매우 오래된 기독교 역사가 있다. 일반적으로 인정을 받는 것보다 더 오래된 역사이다. 기독교는 5, 6, 7세기에 나일강을 따라 상류와 하류에 존재했고 아랍 정복 이후에도 끊이지 않고 계속되었다.

어떤 사하라 이남 아프리카인이 심리학적 전기의 창시자인 어거스틴을 자신들보다 덜 아프리카인이라고 하거나, 세계를 걸쳐 초대 기독교의 가장 영향력 있는 성경 해석자인 오리겐을 마찬가지로 무시하는 것이 분별력 있는 일이라고 할 수 없다. 그것은 자기 기만에 해당한다. 어떤 북아프리카 그리스도인이 사하라 이남의 기독교 신앙을 무시하는 것도 마찬가지로 비이성적인 일이다.

6. 역사시대의 서술적인 범주로 "초대 아프리카 기독교"를 정의하기

어떤 이집트인은 아프리카인으로 간주되는 데 예민하다는 것을 인정한다. 다른 한편으로 많은 검은 아프리카인이, 콥트인으로부터가 아니라 할지라도 북으로부터 수세기간 끊임없이 노예 무역이 내려온 것으로 보면서 분노하는 것도 이해한다.

이집트인의 우려는 헤아릴 수 없이 위대한 5천 년 된 문화로서 독립된 정체성을 가진 오래되고 자랑스러운 역사에서 유래했다. 그러나 최근 몇십 년간 남부 아프리카에서 기독교 증언이 증대해서 북쪽의 그것을 훨씬 앞섰다.

범아프리카 정신으로 한 대륙에서 모든 사람이 기본으로 하나되고 이해관계를 공유한다는 것을 확인함으로써 이 차이들을 메우려는 시도가 있었다. 초대 아프리카 기독교를 회복하려는 시도는 현대 범아프리카 정치 열망과 우연히 유사성을 띠게 되었다. 그러나 본질적으로 유사하지 않다.

역사시대의 서술로 "초대 아프리카 기독교"라는 범주를 명확히 하려고 시도하면서 나는 이 이름을 충분히 대체할 어떤 것이 있는지 알아보기 위해 많은 아프리카 학자와 상의했다. 이 원고의 초고를 아프리카 전역의 36명의 학자(북쪽 콥트, 남, 서, 동아프리카의 로마 가톨릭 비평가와 개신교도 포함)에게 열람시켰다. 결국 원고는 이 예민한 명칭 문제의 결과로 정교하고 복잡하면서 때로는 에두르고 뒤얽힌 개정을 거쳤다. 그러나 주제 영역을 간편하게 서술하기 위한 용어로 초대 아프리카 기독교보다 더 나은 것은 나타나지 않았다.

어떻게 개정해도 내가 들은 모든 우려를 만족시킬 수 없다는 것을 의식하지만 공감하고 감사한 마음으로 우려를 개선하고 그 각각에 대답을 하려고 진지하게 노력했다.

이러한 이유로 착상한 대로 본 연구를 추구하면서 간단하게 아프리카를 대륙이라는 지리적 개념으로 계속 사용할 것이다. 논쟁을 끝내는 설득력 있는 이유가 제시되기까지 웹사이트 earlyafricanchristianity.com은 계속될 것이다.

예를 들어 주제 영역을 "어떻게 이집트가 기독교 지성을 형성했는가"라고 바꾸면, 누구도 이집트 일부라고 보지 않는 마그레브의 놀라운 기여를 무시함으로써, 용납할 수 없는 범주 상 과오를 범하게 될 것이다. 나의 목적은 이집트인의 명예를 손상하는 것이 아니라 현대 아프리카인이 고대 아프리카 전통을 보다 진지하게 받아드리도록 확신시키는 것이다. 나의 의도는 그저 서구 그리스도인이 이집트 그리스도인에게 빚지고 있다는 것을 인식시키는 것뿐만 아니라 이집트 그리스도인으로 하여금 마그레브과 나일 상부에 빚지고 있다는 것을 인식하도록 하는 것이다.

마찬가지로 연구 주제를 "어떻게 사하라 이남 아프리카가 고대 아프리카 지성을 형성했는가"로 바꾼다면 진정으로 아프리카가 세계 지성사에 놀랍게 미친 영향을 보여 주는 첫 천년기의 주요 본문 모두를 연구에서 제외하는 것이 될 것이다. 나의 목적은 사하라 이남을 비하하거나 무시하는 것이 아니라 전 세계그리스도인이 아프리카와 세계 기독교 전체가 정당하게 기뻐할 수 있는 초대 아프리카 저술가의 저작을 읽도록 하는 것이다.

북이나 남의 어떤 그리스도인들이 아프리카라는 용어에 대해 퉁명스럽게 저항하는 것은 신뢰성이 결여된 헛된 생각이다. 신중하게 서술하지 않으면 나와 남에게 무례한 인상을 줄 뿐 아니라 심지어는 다소간 인종차별처럼 들린다.

7. 나일 계곡은 얼마나 아프리카인가?

닐로트어, 암하릭어, 게에즈어를 사용하던 문화들은 첫 천년기의 여러 세기 동안 기독교적이었다. 451년부터 이 문화들은 그들의 전통을 내지(內地) 아프리카에 전하기 위해 그리스어에서 서서히 벗어나 한층 더 닐로트 언어들에 의존했다.

초대 기독교는 "전통 아프리카 종교"의 장르에서 제외될 수 없다. 나일이 아프리카에 속했다면 닐로트 언어도 아프리카에 속했고, 풀뿌리 닐로트 문화들도 아프리카에 속했다. 나일이 "진정으로 아프리카에 속했는가"라고 묻는 것이 이상하다면, 남부 아프리카에 사는 어떤 사람들에게는 이것이 무시할 만한 질문이 아니라는 사실을 경시하는 것도 이상한 일이다. 필요하다면, 정확하게 지리적인 서술과 개념 정의의 문제로서 그것을 공정하고 객관적으로 검토해 보도록 하자.

더욱 더 진지한 가설은 기독교의 가르침과 문화가 첫 천년기에 있어서도 나일강 상류를 주욱 거슬러 올라가 적도의 근원지들까지 미쳤다는 것이다. 나일은 세계 최장의 강으로서 우간다와 콩고로부터 이집트 삼각주까지 이르는 매우 긴 거리를 뻗쳐 나간 생태학적 단일 체제이다.

많은 문화 간에 무역을 하면서 부족 간에 이해할 수 있는 핵심 무역 언어를 가지고 나일의 적도 근원지들에서 삼각주까지 여행하는 방법을 찾아냈다. 이 사람들은 그들의 문화에 있어 완벽하게 내지 아프리카의 모습을 갖추었다. 이런 환경에서 내지 닐로트 기독교가 여러 세기를 통해 발전되고 계속되었다. 그 다양성들 때문에 언어학적으로 그것이 콥트 스타일이라기보다 닐로트 스타일이라고 판정을 내리는 것이 더욱 정확하다. 그 활력이 북쪽 끝에서 오는 것 못지않게 나일의 중심에서도 온다.

콥트교회가 상징적으로 고대 세계의 통치권을 대표한다는 것이 사실이지만 그 총대 주교가 중부 나일의 중심부에서 일어나는 일을 무시할 수 있었던 것은 아니다.

중부에서 상부 나일까지 많은 본문이 슬프게도 수 세기의 전쟁으로 파괴되었지만 그렇다고 본문이 없다는 것이 증거가 되는 것은 아니다. 그것은 침묵으로부터의 논쟁일 뿐이다.

에티오피아에서 사도 전통은 약 1650년이 된다. 어떻게 왕이 나일 삼각주로 여행을 했고 아타나시우스 아래 앉았고 그 자신이 첫 에티오피아 주교가 되었는지 전하는 전통까지 역사는 거슬러 올라간다. 에티오피아 전통 구전 역사를 구미인(區美人)들이 연구했던 것보다 이제 아프리카인이 훨씬 더 이해하고 연구해야 한다.

초대 기독교가 얼마나 멀리 누비아와 수단으로 퍼졌는지 더욱 알아야 할 필요가 있다. 북수단에서는 잘 자리 잡은 것이 입증된다.

처음 천 년 동안 남쪽으로는 얼마나 깊숙이 들어가 자리 잡았는가?

이 문제들은 열린 마음을 가진 젊은 아프리카 학자의 세대에 의해 철저하게 경험적이고 문헌적인 근거에서 조사되기를 기다린다. 어떤 이는 암하릭 사용 지역, 어떤 이는 아랍어 사용 지역, 많은 이는 사하라 이남 지역들에서 나올 것이다.

이 지역들은 고고학과 문헌적 연구와 구전의 전달에 관한 연구에 있어 더 큰 노력을 요구하는 곳들이다. 그렇게 노력하면 풍요한 보상이 따를 것이다. 초대 이집트 기독교의 많은 고고학적 장소들이 조사되지 않은 채로 남아 있다. 그러나 그와 비교해 마그레브강은 훨씬 더 무시되고 있다. 적어도 6백만 명의 콥트 그리스도인과 그보다 더 많은 에티오피아 그리스도인이 초대 기독교의 전통을 계속 회상하며 실천하고 있다. 그러나 아랍 정복의 광포 때문에 마그레브의 그리스도인은 그보다 훨씬 적다.

제5장

유혹들

1. 편향된 역사적 경향들

유럽의 역사 학문은 우리에게 양식사 비평을 가져다 주었다. 그것은 어떻게 구전이 기록된 본문의 전승 역사를 형성했는가 보여 주려고 의도한다. 아시아에서 유럽으로 신앙이 전승되는 이야기에 관해서 집중적인 상상력을 적용했다. 그러나 바로 그 양식사 비평이 아프리카 구전의 생명력을 거의 모두 지워버리는 데 사용되었다. 이러므로 양식사 비평의 정치적인 사용과 편견을 이제 조심스럽게 분석해야 할 필요가 있다.

마가와 에티오피아 구전은 역사가에 의해 거의 전적으로 무시되었다. 그러나 동일한 역사가들이 신약 연구를 하면서 양식사적 척도를 적용할 때는 기록된 본문을 요구하지 않는다. 거기서 그들은 집중적으로 구전에 관심을 가진다. 아프리카에서 갑자기 게임 법칙은 바뀌고 구전은 배제된다. 유럽 양식사 학문은 그레코-로마 세계에서는 구전의 상상 가능한 모든 사색적인 양상을 파고 들면서도 아프리카 구전에 대해서는 체계적으로 눈을 감았다는 것은 역설적이다. 의심의 해석학을 아직 해석자들 자신들에게는 적용하지 않았다.

이 심오한 아프리카 구전 기억들이, 여전히 본문은 없지만 유효한 고고학, 문헌학, 고문서학의 상관 관계들의 발견에서 혜택을 받고 있다는 것은 당혹스러운 사실이다. 이 전통들은 단순히 헬라적인 것이 아니다. 그것들은 언어와 문화에 있어 분명하게 달라 콥트적이다. 그것들은 중부와 상부 나일의 전역에 뻗쳐서 아프리카 토양에 뿌리를 내리면서 정통적, 교회연합적, 합의적 기독교가 되었다.

유사한 공동체들이 리비아의 골짜기와 사막에서, 마그레브와 누미디아와 [탄지어스에 이르기까지 장대하게 펼쳐진] 모레타니아의 산속에서 뿌리를 내렸다. 북아프리카를 가로 질러 기독교는 매우 급속하게 확산된 것으로 보인다. 3세기 시작부터 터툴리안은 모레타니아에서 그리스도인이 핍박당하는 것을 인지했다. 모레타니아 주교들은 카르타고에서 열리는 일반 아프리카 공의회에 적극적으로 참여했다. 퀸타스(Quintas)주교는 명백하게 모레타니아인이라고 불리웠다.

3세기에 이르러 카에사레아 모레타니아(체르첼)에 기독교 공동체가 있었는데 그 묘지가 셉티미우스 세베루스의 핍박까지 거슬러 올라간다. 서부 알제리 해안에 위치한 티파사에는 콘스탄틴 이전 시대에 기독교가 존재한 것을 보여 주는 공동묘지의 증거와 3세기 봉헌 비문이 있다.

상부 나일 계곡의 아프리카 구전 전통은, 이단적 영지주의 본문을 제외하고는 유럽에서도 미주에서도 진지하게 탐구되지 않았다. 이 도전들을 재검토해야 하는 문이 아프리카의 학문에 개방되어 있다. 이 연구들은 편협한 아프리카 중심주의 방식이 아니라 역사와 고대 문서 탐구에서 가장 최선의 증거에 근거해서 진행되어야 한다.

초기 기독교 유럽에는 큰 비중을 주면서 초기 기독교 아프리카에 대해서는 구전 전통의 확증적인 증거에 타당성을 부여하기를 주저하는 유럽 역사회의주의에 아첨하면서 굽실거리는 때는 지났다. 초대 교회에 있어 지성사가 남에서 북으로 흘렀다면, 서구 역사의 많은 질문들을 재검토할 필요가 있다.

초대 아프리카 본문과 주해 전통은, 철학적, 교리 문답적, 예전적 지혜와 함께, 중세 유럽 교리의 표준적인 가정들로 받아들여졌다. 이 생각들이 먼저 아프리카에서 정제되고 발전되었다는 것을 아프리카인이 잊으면, 자신을 불필요하게 불리한 조건에 놓는 것이다.

아프리카는 항상 지적 강인함에 있어 조금 모자라고 서구의 업적을 깨우치는 데 느린 것처럼 아프리카를 세계에 묘사하는 것은 올바르지 않다. 유럽의 업적 자체가 흔히 유럽 안에서 받아들여지기 전에 아프리카에 깊이 빚을 졌다는 것은 역설적이다. 아프리카가 세계사에 기여한 것을 편견적으로 보고하는 데 잔인한 속임수가 사용되었다. 고대 기독교 본문과 주해가 아프리카가 기여한 것이 되지 않도록 완전히 제외시켰다.

2. 아프리카 중심주의의 공의회적(Catholic) 한계

개신교도는 '가톨릭'이라는 용어를 사용할 때마다 좀 긴장한다. 수십 년 전보다는 덜 그렇다. 그래서 '가톨릭'(catholic)이라고 영어로 쓸 때 대문자로 시작할 필요가 없다는 사실에 신중하게 주목하기 바란다. 모든 시간과 장소에 걸쳐 모든 성도가 보편적으로 공유하는 신앙을 말한다.

아프리카에 초점을 맞추는 것은 먼저 '교회연합 운동,' 진리의 보편적 범위, 교회의 공교회성, 세계 기독교의 통전성에 간접적으로 어떤 위반을 범하는 것처럼 보일 수 있다.

모든 시기와 언어에 걸쳐 모든 기독교의 합의적 가르침의 유일한 원천이 아프리카인 것으로 취급하는 것은 공교회성에 반하는 것이 될 것이다. 이렇게 되면 불행하고 가식적인 결과를 가진 편협한 아프리카 중심주의로 빠질 것이다. 아프리카 중심주의는 신앙의 공교회성에 반대되는 이념적 편견으로 거절해야 한다. 그러나 중요한 기여를 정확히 무지나 편견된 가정 때문에 놓쳤다면, 그것들은 어떤 균형 잡힌 교정이 필요하다. 따라서 기독교 가르침의 명백하게 아프리카적인 열매가 제외되었다면, 원래의 씨앗—아프리카 문화에서 탄생하고 그것에 몰두한 초대 아프리카 기독교 저작자들—으로부터 새롭게 다시 심고 재배해야 한다.

모든 기독교 진리가 본질적으로 아프리카에서 나오고 따라서 아프리카 뿌리로부터 고찰돼야 한다고 주장한다면, 이러한 계열의 논쟁이 쉽게 열광적인 아프리카 중심주의로 빠질 수 있다는 것을 인정한다. 증거를 신중하게 제시해서 그러한 유혹이나 과장에 빠지지 않도록 주장을 보호해야 한다. 아프리카 주해의 성취가 사도적 가르침의 해석이고, 그것들이 초대에 아프리카에서 있었다는 것은 도덕적으로 순수했기 때문이 아니라 모든 것이 은혜에 근거한다는 것을 끊임없이 상기함으로 그렇게 할 수 있다. 이것은 우리가 위대한 아프리카신학자들에게서 배운 그대로다.

기독교 가르침에 있어 공교회성이 추구하는 목표는 전 세계에 대한 사도적 진리의 통전성을 고찰하는 것이다. 척도는 진리의 정확한 확증이지, 모든 목소리를 동일하게 만드는 평등주의적 목표가 아니다. 모든 문화에 주어진 언어로 기독교 진리를 선포하는 것을 의미한다면 포괄주의는 공교회성에 필수적이다. 포괄성은 잘못된 주장을 포용하고 어리석음을 축복하는 한 신중하지 못하다. 초대 아프리카 자료에 몰두한다고 해서 교회연합적 자료의 완전한 사용을 잊거나 부인하는 것은 아니다.

고전적 기독교 사상에서 공교회성을 조금도 본질에서 상실하지 않고 한 민족이나 문화로부터 온 본문을 사용하는 것은 드물지 않았다. 선택한 부분이 합리적으로 교회연합적 전체—모든 시간과 장소의 전 세계에 걸친 기독교의 공통된 고백—를 반영하고 존중하는 한 전체를 망라해야 할 필요가 없다. 고전적 아프리카 기독교는 다른 어느 곳에서 대표되는 것보다 제4세기에 교회연합적 기독교를 더 잘 반영했고 그것의 증거는 역사적이다. 그 판단은 교회연합적 합의에 의해 널리 받아들여졌고 여전히 그렇다. 그것은 현저한 역사적 증거로 남아 있다.

많은 아프리카 그리스도인은 오늘날 고유한 아프리카의 모습대로 생각해야 한다는 깊은 확신이 있다. 이것이 가장 무시되어 왔기 때문이다. 이것은 유효한 우려이다. 기독교는 토착적이거나 전통적인 아프리카 종교의 척도를 만난다. 그것이 아프리카에 20세기를 지속해서 존재해 왔기 때문이다. 그러나 기간이 길었다고 하는 것이 아프리카 기독교 정통 교리를 회복해야 하는 동기의 중심은 아니다. 사실 정통 교리는 믿음의 전체 중 부분에 고정해서 전체 계시 역사를 무시하는 것은 잘못된 가르침이라는 것을 안다. 이것이 정확히 이단 사설의 정의다.

갑바도기아 교사의 탁월성이 엉성하게 탐구되었거나 그들의 위대한 영향이 아직도 인정되지 않았다면, 그들도 지금 아프리카에서 요구되는 것처럼 대대적으로 증거를 재연구하는 것이 필요했을 것이다. 그러나 갑바도기아 가르침은 참으로 연구가 잘되었다. 이제 아프리카를 연구할 차례이다.

고대와 현대의 기독교 비전을 재결합시키려는 열망은 아프리카에서 커가고 있다. 이것은 정통 교리의 핵심 그 자체에서 온다. 정통 교리를 수립하려면 고대 사도적 진리를 오늘날 다시 찾아야 한다. 아프리카 기독교가 회복되기 위해서는 그 독특한 정체성을 견고히 하고 동시에 세계 기독교 전체에 동참해야 한다. 고대 아프리카 본문을 회복시키기를 새롭게 열망한다면 아프리카 기독교 정체성의 위기를 초래했던 불균형을 수정해야 한다. 교회연합 전체에 역사적으로 참가하기를 피하지 않으면서 독특한 아프리카성을 확증할 수 있도록 자료와 토론을 제공해야 한다.

아프리카인이 그들의 출처가 아프리카에서만 오고 다른 곳에서는 오기를 원치 않는다고 말한다면 그것은 공교회적 정신이 결여된 것이다. 그러나 이것은 아프리카가 기대하는 방향이 아니다. 그들은 증거에 근거해 유효하게 진행되는 토론이 공정하게 청취되기를 원한다.

아프리카 지성사는 기독교 지성에 최초로 중요하게 꽃피운 대표적인 예이다. 식물 없이 꽃이 만개할 수 없다. 아프리카라는 시간과 장소에서 꽃이 활짝 피었다. 서서히 성장하는 식물이 눈부시게 개화하면, 그 순간 유기체 전체의 아름다움을 드러내는 데 그것이 연합 일치의 기독교이다. 개화는 아프리카의 지성적 광채이다. 개화는 그 뿌리와 분리될 수 없다. 분리되면 죽는다. 그 뿌리는 아프리카의 사도적 증거다. 민족들과 언약 백성의 이전 준비 단계가 없었다면 개화는 없었을 것이다. 생태계 속에서의 식물 성장의 타이밍을 존중해야 한다. 아름다운 꽃이 천천히 핀다고 그것을 저주하는 것은 어리석은 일이다. 그것은 식물보다 방해 환경 요소에 더 신경 쓰는 것이다. 아프리카로부터 이집트와 누미디아 기독교를 분리하는 것은 초대 기독교가 꽃 피우는 그 자체를 그 상황으로부터 분리하는 것이다.

3. 아프리카 출처를 무시하기

지성인도 흔히 습관적으로 이 초대 아프리카 저작이 진정으로 아프리카의 것이 아니라는 근거에서 그것을 버린다. 그것은 헬라의 것이다. 그것은 로마의 것이다. 그것은 수입품이다. 아프리카인도 이런 망각에 결탁해서 자신에게 해를 끼쳤다. 두 개의 주요한 문제가 이 습관과 함께 간다. 첫째는 시간이 지남에 따라 아프리카 자료를 체계적으로 무시함으로 거의 인종차별주의자가 되는 경향이 있다는 것이다. 둘째는 진정한 지성사 중 최선의 것을 보여 주는 가장 진정한 목소리를 아프리카로부터 빼앗는 것이다.

몇몇 사람은 특정 피부 색깔이 없으면 아프리카 목소리를 가질 수 없다고 말할 것이다. 북쪽 콥트에서 왔건 사하라 남쪽에서 왔건 대부분의 아프리카 그리스도인은 그런 방향으로 가기를 원치 않는다. 진리를 피부 색깔로 평가하는 것은 위험스럽다. 그렇게 오래 학대해 온 역사가 있다.

멈추고 생각하라.

기독교가 그다지 아프리카의 것이 아니고 결코 아프리카에서 유래한 적이 없다고 암시하는 사람들에게 해 줄 합리적인 해답은 무엇인가?

성급하게 이 비난을 기각하기 전에, 흔히 "아프리카 전통 종교"라고 불리는 것이 기독교와 상응하지 않는다고 주장하는 것에 대해 호되게 야단치는 범아프리카주의의 아버지인 에드워드 블라이든(Edward Blyden, 1832 - 1912)의 문헌 전집이 있다는 것을 기억하는 것이 지혜롭다.

그러나 아프리카 기독교 선교가 급속하게 확산된 것을 보면 활발한 성경적 기독교가 현대 자본주의나 마르크스주의나 세속주의보다 실은 훨씬 더 긴 기간 동안 아프리카에서 깊숙하게 진정으로 자리를 잡았다는 충분한 증거가 된다. 증거가 모든 모호함을 압도한다.

아프리카 전통 종교와 기독교 사이에 근본적으로 양립될 수 없다는 가정은 문자 그대로 수백만 명의 살아있는 아프리카 그리스도인이 있다는 사실에서 틀렸다는 것이 증명된다. 천 년 이상 계속된 종교는 확실히 전통적이라고 불려야 한다고 가정하면서, 기독교와 이슬람을 모두 포함해서 "아프리카 전통 종교"를 재개념화하여 정의하는 것이 더욱 필요하다.

4. 망각의 대가

제1세기부터 아프리카인은 기독교의 복음에 수용적이었다. 2천 년 동안 기독교는 아프리카에서 열정적으로 환영을 받았다. 이렇게 열렬하게 환영하는 것은 아프리카 공동체 생활과 아프리카 기독교의 독특한 특징이다.

콘스탄틴 이전 기독교 지성을 위해 분명히 다른 곳보다 아프리카에서 더 풍요로운 사상 환경이 조성되었다. 유럽에서 지성 중심을 세우기 이전에 아프리카의 지성 중심에서 사상 환경이 형성되었다. 마침내 지중해 북쪽의 문화에 그 풍요로운 지혜를 제공했으나 지혜는 먼저 아프리카에서 태동하고 양성되고 훈육되었다.

충분한 역사적 연구와 토대가 없어서, 현대 아프리카 기독교의 연구는 불구가 되었다. 주요 본문이 좋은 번역으로 되어 있지 않고 원격 조정하는 지적 제국주의 때문에 손상을 입었다. 전통 아프리카 종교에 대한 문헌이 역사적으로 고대 아프리카 정통 생각에 더 굳건하게 근거했다면, 근대성의 유혹과 탈선에 그렇게 상처를 입지는 않았을 것이다.

아프리카교회 지도자는 현재 아프리카신학에서 가장 부족한 요인들에 초점을 맞추는 것이 좋겠다. 아프리카 대륙을 훨씬 벗어나서 생긴 경향, 특히 유럽 역사에서 일어난 경향들 때문에 이런 제한들이 생겼다. 그것들은 피할 수 있었는데, 그렇게 하기 위해서는 지난 세기에 유럽에서 우세했던 것과는 다른 본문 및 구전 역사 평가 표준을 수립하는 것이 필요했다. 무시되어 왔던 것에 바로 초대 아프리카 기독교는 동기(이니셔티브)를 가지고 초점을 맞추었다.

아프리카 교부 주해에 대해 더 기억했더라면, 지금에 와서 아프리카 기독교 정체성을 찾으려고 거의 광적으로 소란 피우는 일은 훨씬 덜 했을 것이다. 대신 그 정체성을 19세기 유럽 현대의 철학, 역사주의, 심리학, 사회학에 다시 뿌리를 박았다. 아프리카 기독교가 주욱 이미 교회연합적 가르침의 생명력 있는 전통을 가졌음에도 불구하고, 이 역사적 정체성을 상실했기 때문에 그 대가로 현대 아프리카 기독교에서 아프리카 전통과 관련을 맺기 위해 어떤 다른 방법을 절실하게 찾아야 했다.

성령께서 아프리카 전통 종교를 통해 복음을 위해 수행하신 준비 작업에 관하여는 그 자체의 경험을 통해서 이미 가르침을 받을 수 있었다. 그 다양성에도 불구하고 기독교 가르침에 통일된 중심이 있다는 것을 또한 깨달을 수 있었을 것이다. 원시 아프리카 세례 고백이 그 중심으로 시간이 되자 교회가 연합해서 확증했다.

5. 성경에서 아프리카 목소리를 간과하다

초대 기독교는 요셉에서 모세로 출애굽으로 예수 가족의 이집트로의 피난, 에티오피아 내시에 이르기까지, 처음부터 깊이 아프리카와 관련된 역사 이야기를 말한다. 이것들은 기독교적인 관점으로 후속 구원사 이야기 전체를 규정짓는 아프리카 사건들이다.

첫 복음 이야기는 마가에 의해 쓰였는데 아프리카 전통에 의하면 개인적으로 그는 첫 사도적 목소리를 가지고 아프리카 대륙에 가서 전했다.

1960년 이래로 많은 아프리카신학에서 진정으로 아프리카적인 어떤 것을 새롭게 발명한다면서 막상 오래된 표준들을 모두 강박감에서 모욕하거나 거절했다. 그런 유의 혁명적인 기만은 토착적인 아프리카 출처에서 기인하지 않았다. 그것은 20세기 아프리카보다 18세기 프랑스에서 자리 잡은 현대 계몽주의에서 왔다. 어떤 아프리카인 들은 속아서 자신의 유산을 신랄하게 반대했고 그래서 유럽 기독교에 대한 초대 아프리카의 영향도 무시하게 되었다. 이러한 영향들이 아프리카와는 낯선 것이라고 잘못 가정하게 되었다.

유럽 기독교의 하부 구조의 많은 것이 아프리카에서 온 것을 모르고, 고대 교회연합의 기억 유산의 많은 것들이 비신화화되어 사라졌다. 정확하게 이것이 어떻게 일어났는가는 젊은 아프리카 학자들이 더욱 탐구해야 할 필요가 있는 역설 중의 하나이다.

6. 어떻게 개신교도는 콥트 교도의 사도적 은사를 경축할 수 있는가?

역사적으로 볼 때, 2천 년 동안 계속 증거를 유지해 온 아프리카 기독교의 핵심 전통이 하나 남아있다. 이집트와 상부 나일의 콥트정통교회가 그것이다. 2천 년 동안 그 교회는 그리스도는 주님이시며, 하나님은 창조주이시며, 성령은 쓰여진 말씀을 통해 하나님의 목적을 계시하기 위해 일하신다고 가르쳐 왔다. 로마 가톨릭, 개신교, 오순절 교인들도 모두 이 위대한 고백에 동참할 수 있다. 그 고백은 사하라 이남 복음주의자들과 가톨릭 교도들이 가르치는 것과 본질에서 다르지 않으나 정서적으로, 언어적으로 남은 북과 떨어져 있었다. 콥트교의 역사의 의미, 그 안정성과 연속성으로부터 받을 수 있었던 것보다 훨씬 적은 혜택을 받았다.

콥트 정통이 이 유대(維帶) 관계를 2천 년 동안 유지해 왔는데 아프리카에서 이에 대한 인식이 불충분했다. 콥트 기독교와 기타 아프리카 기독교 사이에 충분히 작동하는 협력이 거의 시작되지도 않았다. 그 거리를 극복하기 위해 사랑, 인내, 공감이 필요하다. 거리를 극복할 의지는 있다. 거리는 극복될 수 있다. 이미 몇몇 장소에서는 극복되고 있다. 그러나 대체로 알아차리지 못하고 지내왔다.

고쳐지기 시작했다. 콥트 전통의 중심 고백, 예전, 기도, 성경은 한때 아프리카의 비잔틴과 라틴 전통, 알렉산드리아와 카르타고 교구 모두와 긴밀하게 공유되었다. 이 교회연합적 핵심은 지난 20개의 세기 동안 아프리카에서 결코 전적으로 결여된 적은 없다. 이 핵심은 대체로 합의적 초대 아프리카 기독교와 일치한다. 세계 기독교에서 손대지 않고 있었고 이제 단계적으로 아프리카에서 완전한 활력을 가지고 다시 깨어나고 있다.

콥트 교도와는 별도로 고전적 기독교 증언은 16세기와 그 이후에 반종교개혁 포르투갈과 프랑스의 선교사에게서 다른 형태로 그리고 16세기와 그 후 세기에 개신교 선교에 다른 의상으로 나타났다. 그 두 경우 모두 재출현했지만, 전적으로 새로운 어떤 것이 아프리카에 처음으로 소개된 것은 아니다. 그 성경적 및 교부적 하부 구조에 있어 이미 심오하게 아프리카적이었기 때문이다. 그 전제를 철저하게 풀어 내용물을 꺼내야 한다. 검은 아프리카를 콥트 기독교의 역사적 중심으로 다시 연결하는 것이 아프리카 기독교를 다시 중심에 맞추는 데 결정적이다.

7. 아프리카의 기독교 조상

이 초대 기독교 조상들은 막강한 나일강처럼 아프리카의 모습이다. 그들의 은유법은 종종 구약의 양식과 매우 밀접하므로 사하라 이남 아프리카인은 구약 연구를 하면서 구약시대에 직접 존재하던 영의 세계 및 의식적(儀式的) 행동과 직접 접촉한다.

아프리카에서 부상하는 은사파와 오순절 에너지는 지적보다는 정서적으로 더 강하다. 엄격한 변증학으로 강화되지 않으면, 이슬람 도전을 받을 때 그 에너지만 가지고는 아프리카 그리스도인들이 충분히 견제하지 못할지도 모른다. 그 도전은 역사적 의식에 근거한 지적인 성실함으로 대처해야 한다. 사하라 이남 아프리카의 그리스도인은 제7세기에 아프리카 기독교의 그 많은 부분을 무력으로 압도했던 종교 이념에 대응해서 어떻게 생각해야 할지를 배울 필요가 있다. 이것은 "꼭 배워야 할" 도전이다.

아무도 북아프리카를 기독교가 재점령하자고 요청하고 있지 않다—공정한 경기장에서 진리에 대해 증거할 종교적 자유를 요청하는 것이다. 이를 위해 다른 것이 아니라 종교적 양심을 변호하고 또한 인간 존엄을 지성적으로 변호해야 할 필요가 있다. 이 가치들은 아프리카에서만이 아니라 기독교 역사 전체 안에서 연마되었다. 이슬람과 기독교 모두 그 가치들의 연구를 통해 혜택을 받을 것이다.

초대 아프리카의 세계 역사관은 명석한 저술가—락타니우스, 오리겐, 아타나시우스, 시릴, 어거스틴, 반달 이후 수도적 디아스포라—에 의해 형성되었다. 이들은 구미 학자들에 의해 무시되어 왔던 역사가들이다. 오직 그들의 광활한 보편 역사관을 검토함으로써 초대 아프리카 기독교의 놀라운 지적 깊이를 깨닫게 된다.

제2부
아프리카 정통 교리의 회복

제6장 회복의 기회

제7장 어떻게 아프리카 순교자의 피가 유럽 기독교의 씨앗이 되었는가?

제8장 바른 회상

제9장 역사적 통찰을 통한 기독교와 이슬람 사이의 화해 추구

아프리카 그리스도인들이 고전적인 아프리카의 과거를 회복하기 위한 기회의 창이 잠시 열려있는 것 같다.

왜 지금인가?

그러한 주요한 발의를 하기 위해 마침내 모든 여건이 형성된 것 같기 때문이다.

(1) 기독교가 수적으로 급격하게 확장되었다.
(2) 지적인 깊이에 대해 새로운 굶주림이 있다.
(3) 현대 서구의 지성적 대안의 소진과 결부해서 이슬람 세계의 힘이 감지되기 때문이다.

왜 잠시라고 하는가?

역사의 조건들은 이 기회를 잡지 않으면 극적으로 변화할 수 있기 때문이다.

얼마나 오래인가?

인간의 반응에 달려 있다. 우리 자녀들의 세대에 완전하게 열려있을지는 이 세대에 달려 있다. 여러 세기 동안 무시되었지만 이제 이 이야기들을 다시 해 주고 이 본문과 생각을 다시 연구하는 것이 전적으로 가능하다. 이를 할 수 있는 시간이 지금이다. 오랫동안 또다시 기회가 오지 않을지도 모른다.

제6장

회복의 기회

정통 아프리카 신앙의 씨앗이 너무 오랫동안 아프리카 토양에 묻혀있었다. 그 씨앗이 탈식민주의적인(Postcolonial) 선교사 기독교의 자취로만 남아 있는 것이 아니다. 그것은 초대 아프리카 역사에서 베일 속에 가려있다.

우리가 아직도 이 잠재적 선물을 어떻게 받아야 할지 모르나, 이 독특한 역사적 순간에 이제 창문이 열려있는 것은 안다. 성령이 인도하시는 교회는 결코 만회할 수 없도록 진리로부터 떨어지지 않는다는 것을 세계 기독교는 정확히 고대 아프리카 자료들로부터 다시 배울 수 있게 된다.

성경에 알려진 계시의 말씀이 성령에 의해 보존되었기 때문에 그렇다. 성령은 우주 역사에서 계시 된 한 하나님을 믿는 신앙을 깨우치기 위해 활발하게 현존하신다. 이 역사는 성경의 본문에 기록되어 상기된다. 성령이 인도하심에 따라 기록된 말씀을 연구할 때마다 말씀은 약속대로 헛되이 되돌아오지 않는다.

우세한 정치적 이념들과 특정 교회 구조가 취약할 때에라도 성령은 믿는 자와 함께 하면서 모든 진리로 인도하신다.

교회의 미래는 은혜의 손에 있고 궁극적으로 인간의 영특함이나 전략에 있지 않다. 아프리카의 정교, 에큐메니칼, 복음주의가 회복하는 통로에는 성령의 섭리적인 안내를 통해 은혜로 충분히 보호 담장이 쳐쳤다.

받지 못한 선물이 있다. 아프리카 기독교가 자신의 역사적 천재성(천부의 재능)을 마음껏 재발견하는 것이다. 그 선물은 단서와 함께 주어졌다. 지체하거나, 희석하거나, 피하면, 독특한 기회를 박탈당한다는 것이다.

기회의 시간 틀은 알지 못하지만, 디모데후서 2:19에 확증된 약속은 안다.

그러나 하나님의 견고한 터는 섰으니 인침이 있어 일렀으되 주께서 자기 백성을 아신다 하며(딤후 2:19).

아프리카 그리스도인의 긴 역사에 어떤 일이 있었든지, 초대 아프리카 기독교가 애써 이룬 성장에 아랍 정복이 어떻게 영향을 미쳤든지, 하나님은 아프리카―그 골짜기 하나라도―를 버리지 않으셨다. 사도 전통에서 주어진 기초는 아직도 확실하다. 7세기나 17세기에 어떤 일이 일어났어도 그 기초이신 예수 그리스도는 확실히 서 계시고 누가 주님에게 속한지 아신다. 최근에 아프리카에서 세워진 수백만의 새로운 성도들은 더욱 완전한 진리를 기다리는데 그들은 주님의 백성이다. 이슬람 정복을 신실하게 극복한 주님의 백성이다.

1. 근대성에서 살아남기

기독교 가르침, 묵상, 예배, 섬김이 아프리카에서 그냥 생존하는 것이 아니라 기대를 넘어 번성하고 있다. 아프리카교회가 무위로 끝나리라고 상상하는 것은 모든 가설 중 가장 가능성이 희박한 것이다. 고전적 아프리카 정통 교리와 영적 형성은 사실 근대 이념들의 자만과 위험을 넘어 계속되고 있다. 오히려 근대 이념들이 이미 급격한 해체 과정에 빠져들었다.

하나님께서 아프리카 역사에서 행하시는 것에 눈이 열린 사람이라면 다음 세기에 기독교 후기 암흑시대가 아프리카에 드리웠다고 합리적으로 주장할 수가 없다. 젊은 아프리카인에게 필요한 것은 아프리카에서 은혜로 거주하는 것, 확신 있게 살고, 오랫동안 성경적 지혜를 담은 초대 아프리카 전통 속에서 사는 것이다. 그러면 하나님은 첫 세기 동안 아프리카인들이 그 속에 거주하면서 그리스도 안에서 영광의 소망을 살고 그것을 유럽과 세계에 전한 것처럼, 아프리카 역사에서 독특한 신적 목적을 다시 파악하는 은혜를 그들에게 주실 것이다.

아프리카 그리스도인들이 그들의 자녀를 기독교에 맡기려 한다면 기독교는 신뢰할 만하며, 기독교는 진실하고 진정으로 아프리카에 적합하며, 근본적으로 아프리카 정신에 낯설지 않다고 확신해야 한다. 기진맥진한 근대성이나 와하브주의자 이슬람(Wahhabist Islam)에 위협을 느낄 필요가 없다. 그들은 위협을 느낄 만한 너무도 많은 위기 가운데서 살아남았다.

수단의 기독교 믿음 공동체는, 나이지리아, 우간다, 앙골라의 그리스도 믿음 공동체가 그랬던 것처럼, 어려운 경험을 통해 말씀의 권위 아래 살기를 배웠다. 이 지역들의 교회는 이미 현대 생활의 최악의 위험에서 살아남았고 여전히 은혜로 조용히 번성한다.

근대 세속화가 고전 기독교 영성의 모든 잔재를 압도하리라고 한때 가정하던 자들이 한 예언에 완전히 반해 이런 일이 일어났다. 그런 예언들은 이제 받아들일 수 없는 것으로 밝혀졌다. 실제 역사에서 그런 사실이 분명해졌다.

젊은 아프리카인은 고전적 기독교 신앙의 능력을 발견하고 있다. 어떤 이들은 최근에야 첫 천년기의 고전적 문헌을 발견하고 있다. 너무도 많은 것이 내지 아프리카 문화라는 모루에서 두들겨져 만들어졌다는 사실에 그들은 놀란다.

2. 아프리카 정통 교리의 견고성

아프리카 정통 교리가 최근에 잉태되거나 태어난 것이 아니다. 그것은 여느 대륙의 여느 기독교 전통처럼 오래 살아왔다. 예루살렘, 안디옥, 로마의 사도적 증언과 동일한 연속선상에 놓여있다. 이 사실은 최초 교회연합 공의회 이래 전(全) 교회가 두루 인정했다. 고대 연합 기독교에서 알렉산드리아 주교가 주도적인 위치를 차지하는 식으로 해서 전 아프리카 평신도 사도직이 존중되었다.

아프리카 기독교는 성숙 단계에 들어가고 있다. 이 결정적인 단계에서 고대 아프리카 기독교라는 단단한 고기를 먹어야 할 굶주림에 놓여 있다. 젊은이가 독립하기 위해 모험을 통해 도전이 필요하듯이, 교회는 건강한 영양분과 지혜로운 지도가 필요하다. 영양분은 은혜의 복음이고 지도는 사랑의 법칙이다.

　이 소중한 성장은 전쟁, HIV/AIDS, 배교로부터 보호되어야 한다. 이 보호받는 발전은 아프리카 가족, 마을, 학교의 미래를 위해 하나님의 부르심을 이해하는 젊은 아프리카인 중에 지금 일어나고 있다. 그들은 정의로운 정치 질서, 사회적 결속력, 경제적 정의, 신체적 건강의 필요성을 파악하고 있다. 경험 많은 고대 아프리카 사도직에 의해 아프리카 토양에서 거듭해서 시험 된 역사적 믿음 공동체 내에서 굳건하게 섬으로써 이 모든 도전을 더 잘 극복할 수 있다.

　정치적인 이념들은 역사를 권력 부여의 기회로 읽는다. 고전적 기독교는 역사를 역사 속에 드러난 진리를 살아가는 기회로 읽는다. 시간을 초월하는 진리가 성육신과 부활을 통해 시간 속에 계시되었다. 기독교 진리는 그리스도 안에 보호받는 인간의 삶 속에서 구현된다.

　이것은 권력을 교묘하게 사용하거나 교활한 새 전략을 발견하는 문제가 아니다. 기록된 말씀을 통해 부상하는 실제 인간 상황 속에서 말씀하시는 하나님의 살아있는 말씀을 듣기 위해 성령에 의해 형성되고 능력을 받는 사람에 관한 것이다. 우리가 시간과 공간에 있어 떨어져 살지만, 우리의 복음적인 고대 교부 아프리카 조상들로부터 이것을 배운다. 현대 서구에 있는 우리가 초대 아프리카 기독교 교사 중 최고인 아타나시우스와 어거스틴의 발치에 앉아 배우는 데 그 거리 때문에 방해를 받지는 않았다.

3. 새로운 아프리카 연합일치 운동

아프리카 그리스도인들은 다시 한번 그리스도 몸의 하나됨을 위협하는 주요한 잠재적 분열과 싸우고 있다. 그들은 이제 그들의 고대 아프리카 멘토들로부터 분쟁 해결에 관해 배우는 혜택이 있다. 그 역사로부터 모든 의견차가 악마적인 것도 아니고, 모든 연합이 하나님에게서 온 것도 아니라는 것을 배운다. 하나님은 우리보다 인내하신다는 것을 배운다.

아프리카 기독교 역사에 종횡으로 큰 분쟁과 결렬이 있었다. 아리우스주의, 사벨리우스주의, 도나투스주의, 펠라기우스주의와 정통교리 사이의 오랜 싸움을 보면 이 사실이 증명된다. 다른 곳에서 의논되고 있을 때조차도 아프리카 토양에서는 이 모든 것이 그런 형성기를 거치며 교리상으로 이미 규정이 내려졌다. 그 해결을 위한 공식이 거의 전 세계적으로 받아들여지기 전에 모든 것이 기본적으로 아프리카에서 해결되었다. 이 분쟁을 정직하게 대면했기 때문에 초대 아프리카교회는 더욱 강해지고 지혜롭게 되었다.

따라서 아프리카 정통그리스도인들은 의견이 심각하게 나누어졌다고 두려워할 필요가 없다. 성령께서 그 차이들을 통해서 활발하게 창조하시는 변증적 하나됨을 힘껏 경청할 필요가 있다. 성령충만한 삶이 부활하신 주님 안에서 그리스도의 몸이 누리고 소유한 하나됨을 회복하는 기초이다. 로마 가톨릭, 개신교, 콥트교, 은사주의 중에 어느 견해를 가졌든, 신자들은 고전적 의견 일치를 이루는 아프리카 기독교의 하나 되게 하는 목소리에 경청할 준비가 되어 있다. 성령의 하나 되게 하는 사역—기도, 학문, 설교, 가르침, 제자도의 활기찬 공동체—으로부터 나오는 새로운 에너지를 보는 것은 놀라운 일이다.

이미 이것이 일어나고 있지만, 아직 보도되고 있지는 않다. 언론이 그것에 관해 거의 듣지 못한 것에 대해 하나님께 감사드린다. 언론은 그것을 자아내서 냉소주의를 만든다. 성령은 뉴스 보도보다 훨씬 앞선다. 이제 과업 중 일부는 이 정통 회복이 이미 굳건하게 형태를 이루고 있는 믿음 공동체 안에서 어떤 증거의 단층들을 제시하는 것이다.

사회학적 증거, 본문 연구, 고고학적 발굴, 언어학적 연구, 인구통계학, 여론 평가 외에도 개인 회심의 광범위한 수확물들로부터 증거들을 수집한다. 그것을 확신있게 전달하는 데 한 세대가 필요할 것이다.

이러한 반전이 이미 일어나고 있다는 것은 역사적 사실이다. 그것은 세계 기독교를 위해 잠재적으로 거대한 결과를 가져다주는 교회연합적 사건이다. 그렇게 해서 생명을 구한다. 가족들이 그것을 살아가고 있다. 해로운 충동적 행동들이 반전된다. 사회 과정들이 변화되고 있다.

자기 과신하는 관료제도를 가진 구(舊, 20세기) 형태의 교회연합기관은 교회연합 실체의 고동을 전유하지 않는다는 것을 정통 아프리카인들은 발견하고 있다. 최근 교회연합 운동을 많이 시도했지만, 비성경적이고 천한 환상으로 물들었다. 후기 20세기 교회연합 운동의 이념적인 추진력은 이미 후원, 자신감, 기력에 있어 급격하게 내리막길을 가고 있다. 그것은 너무 오랫동안 그 고대 교회연합 원천으로부터 분리되어 있었다.

더욱 깊은 성경의 샘은 성령의 새로운 아프리카 교회연합 운동에 의해 이제 회복되고 있다. 실제적인 삶, 즉 그리스도 안에서 성도 공동체의 유기적 하나됨은 관료주의적 교회연합 운동의 가식적인 하나됨보다 더 위대하다.

4. 절도 없는 과잉을 가지치기

하나님은 열매 맺지 않는 모든 가지를 제거하시는 데 그것은 검증된 역사다(요 15:2). 포도나무가 더 열매를 맺도록 가지를 친다. 가지 치는 과정이 아프리카에서 일어나고 있다. 상처가 깊지만 적절한 때에 가지를 치면 놀랍게 성장한다.

슐라이어마허, 리츨, 하르나크, 틸리히, 불트만의 신학 전통으로으로 왜곡된 서구 교단학교들은 20세기의 몇십 년 동안 어떤 형태의 활기를 띠기는 했으나 그 활기가 대체로 소멸되었다. 하나님께서 세상에서 행하시는 화해를 위해 생산적인 것이 되도록 이제 가지를 쳐야 한다.

이 가지를 치고 새롭게 하는 일이 아프리카 로마 가톨릭, 콥트교, 개신교 정통에서 일어나고 있다. 그 정통은 공동체들이 성경 연구, 영적 형성, 복음화, 기도를 긍휼, 치유, 급식의 실천적인 사역과 결합시키는 새로운 표현들이다. 아프리카 정통은 그 역사적 종파들을 버리지 않고 최초 사도직에다 그것들을 다시 정립하고 있다. 초대 아프리카 기독교 본문들과 증언들의 눈부신 교훈과 지도가 재정립에 영양분을 공급하기 위해 준비되어 있다.

합의적인 아프리카 정통은 친히 십자가에 못 박히셨으나 부활로 영광을 입으신 예수 그리스도의 독특한 구원 사역의 의미에 관해 매우 분명하게 이해했다. 비합의적 분파들(가현설, 영지주의, 아리우스주의, 마르시온, 불가지론)에서만 그 명료성이 흐려졌다. 아프리카 사회의 미래는 신실한 기독교 고백자들의 통일된 목소리를 필요로 한다. 소비주의, 물질주의, 쾌락주의, 개인주의와 같은 분열적인 서구의 병폐는 현대 유토피아가 실패하자 이 고백을 침묵시키려다 남긴 공백을 메우려고 했다.

협소한 정치적 조작과 인류에게 주신 하나님의 계시 된 말씀을 혼동해서는 안 된다는 것을 현대 실험을 통한 혹독한 고통을 통해 아프리카 그리스도인들은 배웠다. 복음이 어떤 특정 정당이나 이데올로기를 위한 변명으로 몰락할 수는 없다. 복음은 단번에 이루신 구원 사건에 대한 소식이다. 핍박이 오더라도 하나님의 신실하심에 동참한다는 확신 가운데 은혜로 그들이 당면하는 시험을 큰 기쁨으로 여기는 것을 정통 아프리카 성도들은 성경으로부터 배웠다.

성령께서 오늘날 아프리카에서 하시는 것은 협상이나 전략적 계획을 통해 기구적인 합병을 꾀하는 것과는 매우 다르다. 그보다는 성령은 은혜를 통해 조용하게 믿음을 불러 일으키신다. 그 믿음은 사랑의 행위 가운데 확실하게 나타난다. 사랑은 행동하는 믿음이기 때문이다. 개신교, 로마 가톨릭, 정교, 오순절교, 은사파를 불문하고 사랑으로 행동하는 믿음을 가진 자는 야고보서에 변호된 대로 진정한 종교와 함께 살아간다. 그들은 다른 계파로 나누인 기억도 있고 유전적으로 변형하기도 했지만 하나님의 한 가족으로서 구체적으로 통합을 이룬다.

점점 구현되는 하나됨을 인지하는 것, 그 자체가 성령이 새로운 아프리카 교회연합 운동을 가능케 하시는 것이다. 즉 남과 북, 교리와 실천, 예전과 교리를 초월해 그리스도 안에서 더욱 깊이 하나 된 것을 확인할 수 있도록 하시는 역사이다. 기구상의 통일을 이루기 위해 협상하거나 대화하는 일이 아니다. 그것이 아니라, 성령께서 가능케 하시는 하나됨에 동참하는 것이다. 그리스도가 우리를 사랑하셨듯이 우리도 예수 그리스도에 대한 개인적인 믿음에서 행동의 변화를 받아 이웃을 사랑하는 것이 우리에게 주어진 도전이다.

5. 도덕적 상대주의의 산(酸)을 태워 없애기

고전적 아프리카 정통 신앙은 절대적 도덕 상대주의의 현대적인 도전에 대해 납득을 할 수 없다. 도덕적인 동등성에 대한 환상은 다음을 의미한다. 즉, 누가 어떤 진리 주장을 하더라도 이미 동등한 합리성이라는 명예가 부여되었다는 것이다. 따라서 수세대에 걸친 공동체의 역사적인 지혜라도 검증되지 않는 수많은 기만이나 가짜보다 더 합리적이라고 볼 수 없다는 것이다. 모든 진리 주장이 내재적으로 동등한 신뢰성과 타당성을 가지고 있다고 상상한다. 이런 생각은 80세대에 걸쳐 어렵게 획득한 사도적, 공의회적 경험을 근거없이 버리는 역할을 하는 것이다.

극도적인 근대성에서는 어떤 주장도 상대적이라고 간주하는데 무엇과 관련해서 상대적인가?

어느 것도 지속적이지 않고, 모든 존재가 존재를 주신 분이 없는 것처럼 가식적으로 살아가고, 자비와 정의에 있어 아무런 기준이 없다면, 침묵만이 답한다. 상대주의에 의하면 상대주의를 평가할 기준이 없다. 이 불안정한 바다에서 포스트모던의 태풍 후에 남은 배가 없다. 모든 것이 오물 속에 잠긴다.

모든 진리 선언이 절대적으로 도덕적 동등성을 가진다는 가설은 고전 아프리카 기독교 가르침의 대체라고 주장한 현대 이데올로기를 부패시킨 태도이다. 이렇게 되면 비신앙이 신앙과 거짓이 진리와 배교가 사도성과 동일한 권위를 가지게 되는 혼잡한 가정에 이르게 된다. 이렇게 해서 진리를 위한 추구는 시작되기 전에 포기한다. 고전 아프리카 기독교 의미에서 진리에 대한 추구는 보편 역사에 나타난 진리를 확증하기 위해 이유를 비판적으로 검토하는 모든 것이지, 모든 진리 주장을 상대적으로 동등한 합리적 주장의 혼합물이라고 만들어 버리는 전적인 평준화 작업이 아니다.

거짓말쟁이를 진리를 말하는 사람과 이유 없이 동등한 지위로 법정에 세우면, 진리는 용납할 수 없는 위험에 빠진다. 이런 일은 정의로운 법정이나 공정한 시장에서는 일어나지 않는다. 진리에 대한 추구가 포기되거나, 절대적 상대주의가 우세하거나, 아무리 기만적이라 하더라도 모든 주장이 신뢰할 만하다는 가정에서 출발하는 병들고 확신이라고는 결코 없는 도덕적 정서에서만 그런 일이 일어난다. 거짓이 진리와 동등하게 평가되는 곳에서 진리의 문제는 인류의 미래에 적절한 것이라고 진지하게 인정되지 않는다.

이것이 때때로 너그럽게 포스트모던이라고 불리지만, 사실은 더 정확하게 표현하면 '절망적으로 극단적인 현대'(desperately ultramodern)

다. 그것은 결론적으로 어떤 진리에 이르기 위한 어떤 암시에조차도 결코 도달할 수 없으므로 절망적이다. 현대 의식(意識)의 나쁜 습관을 과장하기 때문에 '극단적'이다.

정통 아프리카 신자들은 그리스도 안에서 그들이 하나이라는 것이 진리에 근거한다고 이해한다. 진리를 온전하게 보전하는 것이 거짓된 가식으로 절대적인 무비판의 자세로 관용하는 것보다 더욱 가치가 있는 일이다. 정통 아프리카인은 진리 안에서 하나됨을 추구하지 진리를 회피하거나 도피하는 하나됨을 추구하는 것이 아니다.

아프리카는 포스트모던적인 책임 유기를 많이 경험했다. 대화가 진리 문제를 회피하는 수준까지 내려가면, 정통 기독교 신자에게는 더 이상 그것을 존중하는 시늉을 할 도덕적 의무가 없다. 절대적 상대주의를 시도하면, 이 역겨운 가식을 부단히 정당화하려는 것이 된다.

정통 아프리카 그리스도인에게는 정치적인 정의가 순전히 이타적이라고 주장하려는 유혹을 예민하게 인식하는 진지한 죄 교리가 있다. 최선의 의도에도 불구하고, 모호한 정치적 결정이 죄의 역사 안에서 이루어진다. 죄는 이상적인 의도와 실제 사이의 미묘한 차이에서 보인다. 회개하지 않으면 권력과 자기 기만에 있어서 죄는 증식한다.

6. 정통 교리: 세계적이고도 아프리카적인

세계 기독교 정통 교리는 세계적인 것이기 때문에 내재적으로 초문화적이다. 아프리카 정통 교리는 아프리카 자체가 문화적 다양성으로 가득차 있으므로 내재적으로 초 문화적이다. 오직 하나의 응집된 문화가 있는 것처럼 아프리카를 동질적인 단일 문화라고 묘사하면, 명료해야 할 서술에 안개가 내려 흐리게 된다. 광대한 아프리카 대륙에서 우리는 거대하게 다양한 문화들을 취급하는 것이지 단일적이거나 정적인 문화 실체를 취급하는 것이 아니다.

우리는 오늘날 문화를 변혁시키는 실제적이고 신중한 아프리카 정통 교리를 목도하고 있다. 아프리카 문화 가치의 다양성과 창조 시 주어지고 타락한 창조로부터 구속된 인간의 하나됨을 역사적으로 의식하고 있다. 하나님의 창조 이야기로부터 문화적인 다양성에 대해 공정하면서 균형있게 용납하는 윤리적 관심이 일어난다.

정통 교리의 결속력이 아프리카 실체의 문화적 성격과 만나면 어떤 일이 일어나는가?

둘 다 혜택을 받는다. 다문화주의는 다세대주의에 의해 강화된다. 진리는 상황에 적용이 된다. 풍요하고 오랜 역사적 경험에서 깊이 살도록 자유로움을 받는다.

7. 역사적 기독교 다문화주의

고전적 아프리카 정통 교리는 희석된 세속적 인본주의 형태의 다문화주의에서 주어지는 것보다 사회적 변혁과 분배적 정의를 위해 더 위대한 활력을 준다. 20개의 세기 동안 세대를 넘어서 광대한 사회적 경험을 한 고전 기독교와 비교해 세속화된 다문화주의는 그 기억이 더욱 제한되어 있다. 다양성에 대한 현대적 개념은, 인간 경험의 넓은 기억으로 복을 받은 고전 기독교보다 역사 안의 인간 문화의 다양성에 대한 의식이 부족하다.

최근의 세속적인 다양성 및 다문화주의 모델들은 역사적 경험을 멸시하는 경향이 있다. 그것들은 과거 다양성의 경험에 관심이 없다. 그것들은 '현재의' 구성 요소에 제한적으로 초점을 맞춘다. 기독교는 현재의 경험뿐만 아니라 "역사의" 경험을 그 다양한 모습대로 이해하고 가치 있게 여긴다. 근대성은 약하고, 산술적이고, 단순하고, 평등한 분배 정의를 인식하는 것과 함께 작용한다. 기독교는 역사적 공동체를 통해 중재되는 정의를 유기적으로 이해하는 것과 함께 작용한다.

따라서 그것은 극도 관용이라는 최근 세속 모델보다 아프리카의 정치적 실체에 더욱 적합하다. 고대 아프리카에서 깎아 만들어진 다문화적 다양성의 고전 정통 모델이 그리스도의 몸의 하나됨 안에서 기념된다.

현대의 아프리카가 고전 기독교 아프리카를 발견함에 따라 정의를 추구하고 자비를 즐길 보다 신중한 기초를 깨닫고 있다. 예를 들어 마약 치료에서 인격화된 믿음 공동체가 비인격화된 정부 프로그램보다 더 효과적이라는 것이 분명하다. 사랑하는 1차 공동체, 이웃, 장소, 개인 얼굴, 종 메시아 선교를 구현하는 결속력에 의존하는 사람은 약으로 치료하려는 정부의 계획에 따라 관료적으로 약을 나누기만 하는 사람보다 훨씬 높은 비율로 신뢰할 만하게 치료받고 변화한다. 마약을 마약으로 싸우는 것과 공동체를 회복하기 위해 공동체를 제공하는 것과 매우 다르다.

믿음으로 네트워크를 운영해 구제하면 비인격적인 네트워크를 통해서는 할 수 없는 인간적인 관심을 보이게 된다. 평등주의적인 정부가 그들의 서비스로 인격화하는 방법을 모색하기 시작할 때 공감적인 돌봄이라는 더욱 높은 수준에 도달하기 위해 도덕과 종교 전통으로부터 빌리게 될 가능성이 있다. 그런 그룹은 행동 변화를 실천하는 데 있어서 변호사가 구성하고 세력 축적에 기술을 쏟아붓는 정치가와 관료들이 집행하는 엄청나게 많은 백만 문장으로 된 행정법으로 일하는 위압적인 관료 정부 구조보다 더 효과적이다.

초대 아프리카 그리스도인은 섬김 공동체에 기초해서 자비 행위를 하면서 다음의 간단한 성경 요점을 파악했다. 복음과 율법 사이에는 현격한 차이가 있다.

모든 문제를 계층 정체성의 정치로 화살을 돌리는 굳어버린 현대 습관은 가난의 생산자가 되었다. 가난과 싸우는 것처럼 가장하지만, 가난을 강화하는 의존 상황을 만들어내는 경향이 있다. 계층 정체성 정치는 사람이 특정 계층, 문제, 경제 지위에 속하면, 이미 어떤 신념을 가지게 될지 예언할 수 있다. 그러나 아무리 가슴이 사회 위치와 계층 지위에 의해 왜곡되었을지라도 사람이 믿는 것이 그들의 가슴에서 오지 사회 위치나 계층 지위에서 오지 않는다.

8. 현대 교회연합을 고전 교회연합 속에 재구성하기

현대 교회연합 운동은 1948년에 시작되었다. 세계 공의회가 아프리카에서 마지막으로 모인 때인 1998년에 벌써 침울해졌다. 50년간 기침(起枕)의 주기 동안 돌고 돌았다. 1966년까지 서서히 부상했고 1966년 이후 급격히 쇠퇴했다. 그러자 이념적인 교회연합 운동은 최근 교회사에서 가장 분리적인 반(反)교회연합 운동의 하나로 변했다.

현대의 교회연합 형태는 다소 덜 알려진 이전의 복음주의적 교회연합 형태에서 발전했다. 1966년까지 복음주의 교회연합 동기는 슬프게도 현대 사회행동주의에 따라 거부당하고 부인당했다. WCC는 직접적으로 복음주의 선교 운동에서 나와 자랐다. 이 복음주의 선교 운동은 현대 자유주의 교회연합 운동 오래전 1846년에 '세계복음주의연맹'(World Evangelical Alliance)으로 최초의 모습을 드러냈다. 초기 복음주의 교회연합 운동은 고전 교회연합 운동에 더 가깝다.

1960년대 이후에야 자유주의적 교회연합 운동은 관료주의적 합병 의식으로 빠져들어 간다. 그때 방어적 관료주의들 사이에 피상적인 거짓 대화로 희석되는 경향을 보였다. 마침내 절대적인 도덕적 상대주의의 기괴한 형태에 의해 강화된 극단적인 정치화의 비전형적인 형태로 망가져 갔다.

도덕적 상대주의가 절대적으로 진실한 것처럼 보이는 가면을 썼을 때, 역설적이게도 그것이 진실되지도 않고 절대적이지도 않았다. 성육신을 신화라고 버렸다. 십자가 위에서 하나님이 이루신 구속 사역은 상황 윤리 속에서 망각되었다. 악을 관용하는 것이 덕이 되었다.

아프리카 정통 교리는 이제 고전 주해의 샘으로 돌아간다. 이것이 기독교 회상의 광대하게 다양한 전통들—콥틱, 은사주의, 진보, 보수—속에서 똑같이 일어나고 있다. 그들은 성경과 사도적 진리의 고전 전통 이해에 의해 생긴 친절한 혜택을 맛본다.

이념적 편견을 가지고 정치적 세력에 집착하는 데 오랫동안 익숙해지고 지나가는 문화적 변덕에 부합하려는 현대교회 관료주의에 따라 때때로 배반당했다는 것을 그들은 그럴 때 발견하고 있다. 그래서 방임적인 교회연합 운동은 더 이상 고전 교회연합 교훈의 독점적인 담지자가 되는 것처럼 가장할 수가 없다. 그것은 참회와 겸손이 결여되어 있다.

HOW AFRICA SHAPED
THE CHRISTIAN MIND:

제7장

어떻게 아프리카 순교자의 피가 유럽 기독교의 씨앗이 되었는가?

초대 아프리카 기독교의 빠른 성장이 부분적으로 가슴 아픈 아프리카 순교사에 기인한다. 이것이 아프리카 토양에 흘린 아프리카 피의 역사이다.

아프리카 성도에게 순교자들은 성도의 교제의 연속성을 가리킨다. 그들은 아프리카에서 십자가를 졌다. 그들은 존경하는 조상들과 그들의 관계에 대해 명료한 의식을 불러일으켰다. 그것은 매우 직관적으로 아프리카적이다. 이 사회적 가치―조상 경애(敬愛)―가 그저 중부나 남부 아프리카에서만 분명한 것은 아니라는 것에 유의하라. 아프리카 대륙에서 핍박받는 종교로서 기독교가 부상할 때 즉 첫 4백 년 동안 토착적인 뿌리를 가진 아프리카 문화 바로 그것에 이 가치가 밀착되어 있다.

누구에게 핍박을 받았는가?

3세기에는 로마인에게, 7세기에는 아랍인에게, 19세기에는 식민 세력에게 핍박을 받았다. 이제 그 핍박자는 수단, 나이지리아, 소말리아와 중부 아프리카 분쟁의 적도띠 전역의 지하드주의자들이다. 그리스도인들은 먼저 공적인 증인으로 나타났다. 로마와 아랍의 정복자의 옹호자가 아니라 고난을 겪는 사람으로 등장했다. 그때에도 그들은 그 이전의 히브리-기독교의 희생, 순교, 핍박에서 온 깊이 뿌리박힌 전통에서 살고 있었다. 깊이 원시 기독교적이며 아프리카적인 동기(모티브)는 기독교 이전 역사 안에서 큰 힘을 가지고 기독교 고백자들을 위해 아프리카를 준비시켰다.

1. 고전적 기독교 가르침이 권력에 의해 규정되었는가?

'정통 교리'가 그저 맨주먹으로 진리 따위는 차치하고 이념적인 싸움에서 이긴 승자에게 주는 딱지(label)인가?

세상 권력이 정통을 결정하는가?

'이단'이나 '거짓 교사'가 단순히 패자에게 주는 딱지인가?

정통이 정치적이고 경제적인 강압의 결과인가?

어떤 사람은 정통이 승자가 왜곡시킨 역사에 불과하다고 주장한다. 구미에서 널리 보급된 생각이다. 그렇다면, 정통은 진리와는 상관이 없고 권력과 관련되어 있다. 정통의 역사는 진리의 역사가 아니라 지속적인 권력에 침투한 냉소적인 것으로 막강한 다수자의 역사이다. 이러한 설명은 검토하고 해답을 찾아야 한다.

이러한 논쟁의 가장 평범한 형태(정통은 마지막 압제자로 선 승자의 것이라는 논쟁)는 오늘날 주로 진부한 마르크스주의적 형태로 발견되는데, 어떤 사회에서라도 "진리"라고 불리는 것은 단순히 경제적 권력의 표현이라고 주장한다. 따라서 경제적인 권력을 가진 자는 누구라도 진리를 규정할 수 있는 능력을 갖춘다.

이 검토되지 않고 판단력이 없는 주장에 대한 최선의 반론은 아프리카 순교의 역사를 회상하는 것이다. 순교자들이 맞선 것은 세상의 권력이 아니었다. 세상의 권력을 위해서가 아니라 모든 정치적 권력을 넘어선 진리의 능력을 위해서 목숨을 바친 것이다. 그들은 하나님의 계시가 지닌 능력에 대해 증거했는데, 그 능력은 인간적인 승리, 더군다나 불의한 인간적 승리로 규정되지 않았다.

온유함은 부드럽게 강하며 상처받는 것을 두려워하지 않는다. 온유함의 궁극적인 형태는 순교다. 진리를 증거할 다른 길이 없을 때 그렇다. 마르크스주의가 진리를 권력으로 축소할 때 기독교는 그러한 주장을 거부하며 진리를 온유함, 십자가, 하나님의 어린 양으로 이해했다.

이러한 주장의 증거는 순교자가 죽었다는 단순한 사실이다. 그들은 누구도 죽이려고 하지 않았다. 대신 진리를 위해 기꺼이 죽임을 당하기를 원했다. 이것은 기꺼이 남을 죽이기를 선택하거나 자살 학살자가 되기를 선택한 자들과 완전히 다르다. 후자는 순교자가 아니며 혜택과 정치적 증언으로서 죽기를 원한 살인자들이다.

제3세기에 아프리카 증인들이 기독교의 진리를 증언한 법정 기록이 있다. 그들의 증언은 세속 권력에 대해 경멸한다. 펠리치타스나 페르페투아나 시프리안을 세속적인 의미에서 정치적인 승자이거나 경제적인 승자로 볼 이유는 없다. 그들은 그렇지 않다. 권력에 의해 규정된 엄격한 범주에 따르면 순진한 패자였다. 정확히 세상 권력은 없으면서 진리를 위해 기꺼이 죽는다는 의미에서만 그들은 승자이다. 이 예리한 차이를 이해해야 기독교 순교 정신은 성전주의자(jihadist)를 지혜롭게 대면할 준비가 될 것이다. [도덕적 진리를 표현하기 위해 필연적으로 그렇게 선택할 수밖에 없어 자기 방어가 필요하기도 하겠지만] 기독교와 이슬람 세력 간의 싸움은 마침내 군사력이 아니라 진리의 싸움이 될 것이다.

진리를 위해 기꺼이 죽을 준비가 된 것은 세례 신앙에 내재한다. 사실 영광의 주님의 죽음과 부활에 동참하는 것으로 그것은 세례의 핵심 의미다.

단기간의 역사적인 싸움에서 이겼기 때문에 일종의 일시적인 정당화를 주장할 수 있다. 그러나 예수와 마가를 이어서 수 세대 간의 증인들의 믿음을 그렇게 설명할 수는 없다. 아프리카 정통은 장기간 산 역사를 통해 확증된 항구적인 진리의 내구력을 제시하고 평가한다. 이 역사는 아프리카에서 콥트인와 에티오피아인들 가운데 구현되었다. 예수 그리스도에 대한 믿음이 그렇게도 많은 세기에 걸쳐 유지된 것은 오직 인간의 힘 때문만이 아니다.

정통 지성은 매우 큰 장애물들을 넘어서서 지속성이 성령의 능력으로 유지된다고 믿는 이유를 제시한다. 정통 역사는 이를 '섭리'라고 부른다.

2. 어떻게 아프리카 순교사가 기독교의 보편 역사관을 형성했는가?

초대 아프리카 순교자들이 감당한 싸움의 의미를 현대 아프리카에서 절실히 이해해야 한다. 그것은 압도적인 정치 세력에 직면해서 온전성을 지키기 위한 반문화적이고, 모험에 가득차 있고, 희생적인 콘스탄틴 이전의 투쟁이었다. 그 후에 주해와 엄격한 훈련으로 변화한

성인전과 순교의 역사다.

순교의 기간에 아프리카 정통의 가르침은 결정적으로 정제되었다. 이러한 상황에서 아프리카는 창조, 섭리, 죄, 구속, 부활, 교회에 관해 교회가 합의한 지속적인 교리들을 탄생시켰다. 예전, 성례전 삶, 가르침, 제자도 등이 아프리카 경험의 불 속에서 정련되었다.

죽음을 통해 영생에 이르는 삶은 기독교 복음을 아프리카 용어로 번역하는 데 경험적인 기초가 되었다. 그 용어는 다른 곳 어디에서보다도 더 훨씬 정교하게 작성되었고 콘스탄틴 이전의 아프리카에서 생긴 초기 왜곡으로부터 지켜졌다.

초대 기독교의 보편 역사관이 유럽에서보다 아프리카 기독교 역사에서 더욱 직접적으로 발생했다. 인류 역사의 의미에 관한 서구 문헌에서 이것이 기록되었다. 아프리카는 보편사의 의미에 관해 초대 기독교에서 가장 위대한 문헌들을 생산해 냈다. 아프리카 저술가들은 그것을 매우 일찍부터 체계적이고도 철저하게 제기했다.

인류 역사의 전 과정에 관한 주요 아프리카 연구는 미누시우스 펠릭스(Minucius Felix), 아르노비우스(Arnobius), 락탄티우스(Lactantius), 터툴리안, 오리겐의 초기 아프리카 저작에 보인다. 유세비우스가 종합하는 역사 저작을 하기 전에 이 모든 일이 일어났다. 그는 그들의 원전을 취해서 아시아와 유럽의 동과 북의 교회들에 연결해 주었다. 아프리카 없이는 유세비우스의 저작이 빈곤했을 것이다.

아프리카 역사 관찰자들이 이룬 이 콘스탄틴 이전 전통이 한층 영향력 있는 어거스틴의 보편사 이해의 선행(先行)이 되었다. 어거스틴은 그의 웅장한 『하나님의 도성』 작품에서 가장 정교하고 완벽하게 아프리카와 지중해 원전들을 함께 모았다. 오로시우스(Orosius), 프로스퍼(Prosper), 살비안(Salvian)을 통해서 어거스틴의 보편사 이해는 초기 지중해 유럽에 펴졌다.

오늘날 아프리카 독립 기독교[1]가 더욱 활발해지는데 단순히 성령의 개인 감정적, 은사적 혹은 여기서-지금(here-and-now)의 역사가 아니다. 그것은 또한 아프리카에서 수천 년에 걸쳐 역사(役事)한 '성령의 역사(歷史)'를 포괄한다. 아프리카 기독교는 이 구체적이고 가촉적(可觸的)인 구속적 고난이 역사에 주는 의미에 근거한다. 성자의 성육신에서처럼 성령은 육체 속에서 육체를 통해 역사하신다.

거대한 나일 계곡과 마그레브 전역을 통해서 이 역사의 이야기를 듣는 사람과 믿는 사람들이 있었다. 그것은 아랍 정복으로 끝나지 않고 오늘까지도 계속된다. 아프리카 기독교의 전 범위는 엄격하게 현대 사건으로 보면 거의 포착되지 않는다. 성령에 의해 형성된 광범위한 역사적 운동이기 때문에 엄격하게 현재의 형태로는 충분히 규정되지 않는다. 이런 관점에서 현대 아프리카 역사 의식은 고대 아프리카 역사 의식에 훨씬 미치지 못한다. 시작부터 종말까지의 역사 연구 분야는 히브리나 그리스의 업적인 것처럼 아프리카 업적이기도 하다.

3. 아프리카 사건으로서의 출애굽을 회상하기

출애굽 사건은 아프리카에서 일어났다. 출애굽 기억은 고통당하는 백성과 함께 거하고 인도하시는 한 분 하나님에 관해 아프리카를 지

---

[1] 역주-서구 기독교의 영향 없이 혹은 그에 반하여 아프리카 자생적으로 생긴 기독교.

도하기 위해 되돌아오곤 했다. 그리고 아프리카는 부활한 주님의 기억을 역사 전반을 바라보는 관점으로 변모시켰다. 이 관점은 핍박의 때에 아프리카에 적합한 것으로 증명되었다.

십자가상에서의 예수 그리스도의 고난 사역이 출애굽과 세례를 다루는 성경 구절에 대한 아프리카 주해의 모델이 된 것은 우연이 아니다. 출애굽과 세례 사이의 유비는 아프리카 도상(圖像)과 신학에 퍼져있다. 출애굽은 하나님 백성의 거듭남에 관한 이야기로 원래 아프리카에서 경험된 이후 예수의 구속적 고난에서 다시 경험된 유비이다. 출애굽은 하나님의 은혜로 노예 생활로부터 새 생명으로 나오는 하나님 백성의 이야기가 중심이다.

요셉의 노예 역사는 그 자체를 넘어 십자가상에서 일어나서 죄의 노예로부터 구속된 것을 가리킨다. 출애굽이 세례를 가리키듯, 시내산은 산상수훈을 가리킨다. 성지(聖地)의 의미는 아프리카에서 먼저 일어난 것과 관련하기 전까지는 파악이 되지 않는다. 아프리카로부터 출애굽은 하나님께서 희생양을 넘어 가는 행위이다. 성경 전체를 통하는 그 사건의 해석은 먼저 아프리카에서 파악되었다.

4. 증거 수집

콥트 달력은 순교자의 시대로부터 시작하는데 콥트 계산에 의하면 284년 8월 29일로 아프리카에서 디오클레시안의 핍박이 시작된 날이다. 이것이 이집트 기독교에서 제1일이다.

순교자의 행렬에서 사막 교부와 교모가 뒤따랐다. 이들은 아프리카에서 수도원을 구체화했고, 그런 다음 팔레스타인, 시리아, 갑바도기아, 프랑스, 그리스, 아일랜드까지 그것을 제공했다. 디오클레시안이 오기 훨씬 전에 알렉산드리아에서 마가가 당한 순교와 같은 심오한 흔적으로 스킬리에서 남성 7명, 여성 5명 그리고 카르타고에서 페르페투아, 펠리치타스, 시프리안도 순교했다.

고난의 실제 역사에서 고대 아프리카 기독교의 핵심인 생사 경험이 온다. 순교자가 증언을 위해 죽을 준비가 된 것을 기념하는 처소로 기도실과 순교 기념 처소를 구별해 놓은 것에서 이런 회고를 한다. 이렇게 아프리카 기독교는 뿌리를 내렸다. 쉬운 일이 아니었다.

공포스러웠고 예측할 수 없는 핍박 속에서 증거를 했다. 은혜의 믿음을 통해 영생으로 부활한 순교자들을 성도들은 기억했다. 성례전을 축하하는 기도와 함께 그들을 기억하기 위해 순교 장소로 갈 때 겸손한 기도로 그들을 기념했다.

북아프리카 전역에 산재한 순교 기념 처소의 고고학적 증거는 한 세대의 학자들이 소화하고 이해해야 하는 도전을 준다. 하드루메툼(Hadrumetum)과 알렉산드리아 지하 매장 장소에서 여전히 볼 수 있듯이 카타콤에서 성찬을 실시했다. 이 은유들—성만찬, 죽기까지 충성, 순교, 금욕 수행—은 초기 아프리카 성경 주해에서 끊임없이 엮어져 있다.

이 역사적인 수고(작업)를 철저하게 해야 하는 데 아직 착수한 아프리카인이 많지 않다. 필수적인 고대 언어(콥트어, 게에즈어, 그리스어, 라틴어, 초기 아랍어)를 현대 아프리카에서 널리 공부하지 않았다. 그러나 이제 아프리카가 참여해서 그것을 연구해야 할 때가 되었다. 유럽 계몽주의에 크게 신세를 지고 있는 아프리카신학자들은 이 문제를 희미하게 인식하고 있을 뿐이다.

확신을 주는 토론은 증거에 근거한다. 이 증거는 아직 완전하게 풀어지고 설명되지 않았다. 초대 아프리카 기독교는 세계 기독교에 영구적인 선물을 주었다. 그 선물은 피와 고문 없이 주어지지 않았다. 증거를 바르게 소화하면, 그것이 아직 일어나지 않았지만, 그것은 다시 아프리카 기독교 정체성과 동기를 재형성할 것이다. 그 모든 것은 고난의 역사 속에 나타난 하나님의 목적, 즉 어떻게 아프리카에서 고난이 다루어지고 어떻게 남들이 아프리카의 경험을 통해 혜택을 입었는가에 달려 있다.

성경으로는 들어가는 길은 찾았으나, 아직 초대 아프리카 성인과 순교자와 지도자에게 가는 길을 찾지 못한 아프리카 성도의 거대한 집단을 성령은 깨우치고 계신다. 그들은 더 이상 등불을 켜서 말 아래 둘 필요가 없다. 그 빛을 민족들 앞에 비출 때가 곧 올 것이다.

아프리카는 이제 그 자체의 역사, 그 심오한 정체성, 세계사 안에서의 새로워진 소명을 재발견해야 할 준비가 되어있다. 문학과 경험의 자료를 다시 한번 그 지혜를 생산한 초대 아프리카 목소리와 그 본문에서 캐내야 한다.

5. 젊은 아프리카를 향한 도전

우리는 지금 초기 아프리카 기독교에서 젊음의 활기가 있던 시대와 어떻게 그것을 다시 차지하는지를 이야기하고 있다. 아프리카는 다른 어느 곳보다 더 광범위하고 무거운 핍박과 고문과 참수와 순교를 겪었다. 고대 전통의 언어적 틀은 닐로트, 베르베르, 그리스, 라틴어의 다문화적 배열 속에서 전달되었다.

이런 의미에서 "젊은 아프리카"를 말하는 것은 동시에 다음과 같다.

① 아프리카 기독교 역사의 이른 시기.
② 그리고 즉각 극단 현대주의에 충분히 물든 젊은 현대 아프리카인을 향한 적합성(관련성에 대한 연구)을 가리킴.

젊은 아프리카인이란 한편으로 과거를, 다른 한편으로 미래를 가리킨다. 초대 아프리카 그리스도인은 마음이 젊었다. 오늘날의 아프리카인은 그들 조상의 젊은 아프리카의 발치에 앉아 있어 더욱 지혜롭게 되었다. 기독교 이전의 아프리카 전통 종교들은 이미 조상의 존재와 고조된 종말론적 기대에 관한 강한 의식을 개발시켰다. 이러한 특징들이 아프리카 기독교에 최초부터 새겨졌다.

그리스도인들은 어거스틴과 시릴에서 정점에 이르기 전 많은 세기 동안 아프리카 문화와 함께 아프리카 토양에서 아프리카 삶을 경험했다. 이 전통은 넓게 잡아 42-692년 사이에 일어나고 성숙했다. 그것은 아랍 정복 전 아프리카 기독교 660년을 의미한다.

기독교는 오순절에 선포되자마자 곧 아프리카로 갔다. 에티오피아 내시가 어디로 갔는지 기억하라. 40, 50, 60년대에 알려진 세계 민족들에게 초원의 불처럼 급속하게 퍼졌다. 초기 수십 년간 아프리카는 기독교 증거의 주목표였다. 많은 디아스포라 유대인이 오랫동안 거기에 거주해 왔기 때문이다.

얼마나 신속히 이 운동이 북으로 갔는지는 바울의 서신을 보면 된다. 그러나 마가, 구레네 시몬, 에티오피아의 전통과 순교 역사를 보다 자세히 살피기 전까지는, 얼마나 빨리 남으로 갔는지 보여 주는 그에 상응한 확립된 문헌적인 전통은 없다. 확실히 남아 있는 것은 마가 전통과 관련된 고고학과 본문적 증거가 유럽 양식사적 관심과 추론에 도움을 준 것 외에는 현대 유럽 역사학에서 대체로 무시되어 왔다는 사실이다.

히포의 어거스틴과 알렉산드리아의 시릴은 5세기 초까지 숙성한 모든 것을 가장 잘 꽃피운 아프리카신학의 두 거장들이다. 그들은 마가 전통에 따라 1세기부터 아프리카에 일찌감치 심겨진 후 숙성 하는 과정에서 결실을 맺도록 했다.

HOW AFRICA SHAPED
THE CHRISTIAN MIND:

제8장

바른 회상

아프리카 정통은 지성적으로 '비판적'(critical)임을 스스로 입증하는 증명된 역사를 가지고 있다. 초기 사도적 증거의 통일된 진리 실체 전체와 연결되지 않는 조각난 진리의 개념을 부단히 비판한다는 의미에서 그렇다. 고대 아프리카 정통은, 엄격한 표준을 적용해서—현대의 경험적 표준만으로가 아니라 본문 자체에 의해 증거되는 결정적 진리에 의해서—성문서를 평가하고 비교한다는 의미에서 깊이 있게 비판적인 것으로 이해할 수 있는 것이 맞다.

편협한 계몽주의의 환원주의적 역사관에 맹종적으로 따르는 현대 성경 비평가에게는 그 한계가 있어 입장이 약화되는데 그런 부담이 고대 주해에는 없다. 정통적인 역사 읽기는 현대 역사주의의 제한된 견해보다 역사 전체에 대해 균형 잡힌 견해를 추구한다. 현대 역사주의는 초월성이 조금이라도 있으면 성급하게 제거하면서 역사 사건의 지식을 평상적으로 관찰하는 가정에 제한을 둔다. 정통적인 역사 탐구는 결코 창조와 역사에 있어 기적이나 초자연적인 목적과 의미를 배제함으로 시작하지 않는다.

아프리카 정통은 소수의 제외가 있지만 모든 여기-지금(here and now)의 도덕적 결정의 결과를 종말론적으로 진지하게 받아드림으로

써 '도덕적으로 비판적'이다. 아시아와 유럽 기독교가 아프리카에서 물려받은 도덕적 엄격함의 대부분은 핍박의 상황에서 우상에 대해 구체적인 결정을 내린 경험에서 왔다. 이래서 매일 은혜와 용서 가운데 사는 거듭난 이의 삶에 도덕적 진지함이 강하게 풍기게 되었다.

1. 성령을 통해 성경을 바르게 기억하기

고전적인 기독교의 의미에서 정통은 사도들의 가르침과 일치해서 바르게 기억하는 것이다. 정통은, 교회연합적으로 합의적인 주해에 비추어 신뢰성이 있게 '신약 증거'를 신자가 기억하도록 도와 성령의 계속되는 역사로 생기를 얻게 된다고 이해한다. 하나님 자신의 영은 우리의 제한성과 우리의 의식과 우리 기억 속에서 사도적인 가르침의 진리와 통일성을 바르게 기억하도록 교정하고 유지하도록 역사하시고 계신다.

종교적 전통을 우리 자녀들에게 전하는 단순한 과정 그 자체는 성령의 역사와 은혜의 선물의 역사이지 은혜 없이 인간만이 이룬 선행은 아니라고 정통 기독교에서는 간주한다. 사도의 저작, 사도의 기억, 그리고 우리의 바른 사도 기억 - 이것은 진정으로 인간의 행위로서 그 속으로 성령이 들어와 동참하면서 영감을 주고 용기를 북돋으며 계시된 말씀이 신뢰할 만하게 전달되도록 보장하신다. 성육신하신 주님의 진정한 인성과 진정한 신성이라는 신비는, 기록된 문서의 방법으로 역사를 통해 전달된 성령의 진리라는 신비와 유사하다.

진지한 성경 독자는 분명한 구절에서 덜 분명한 구절로 유추함으로써 적절하게 추론하도록 끊임없이 기도한다. 명료한 성경 본문의 빛은 덜 명료한 본문을 조명한다. 이런 방식으로 성령은 하나님의 계시된 말씀이신 주님이 성경의 기록된 말씀을 통해 우리에게 분명하게 말씀하시는 것을 독자가 충분히 들을 수 있도록 능력을 주신다. 이것이 초기 아프리카에서 '믿음의 유추'라고 종종 부르던 것이다. 즉, 분명한 말씀에서 불분명한 성경으로 유추해서 추론하는 것이다. 교회는 성경을 수호하고 성령은 성경에 증거된 진리를 수호하신다.

당대에 있어 믿음 공동체는 성경의 수호자이다. 그 실제적인 예로 아프리카에서 최초로 순교한 사람들 중에 성경을 비하할 것을 염려해 정부 당국자들에게 성경을 내놓기를 거절한 평범한 성도들이 있었다.

성령은 믿음과 사랑의 법칙으로 형성된 마음을 가지고 성경을 면밀하게 기꺼이 읽으려고 하는 만큼 더 많이 충성된 자를 가르치신다. '믿음의 법칙'은 믿는 자가 세례를 받을 때 배우는 세례고백으로 성부 하나님이 성령을 통해 성자 안에 자신을 계시하신다는 삼위일체 교리를 기본으로 추론해 낸다. '사랑의 법칙'은 자비, 너그러움, 온유의 행위로 하나님 사랑을 이웃 사랑을 통해 전하는 신자의 결과적인 삶이다.

성경에 반해 전통을 내세우거나 사랑에 거슬러 믿음을 내세우는 자는, 성령은 성경을 바르게 기억하고 늘 새로운 역사적 상황 가운데 신실하게 그 말씀을 읽도록 성도를 도움으로 용기를 주신다는 균형 잡힌 정통성과 이미 접촉을 상실했다.

2. 아프리카 정통의 핵심

초대 아프리카 기독교의 핵심에는 전 세계 믿음 공동체가 합의적으로 받아들이게 된 성경을 기억하는 방법이 있다. 그 성취는 주해적이고 교리적이기도 하다. 이 믿음은 기독교 세계 전역에서 가르치는 동일한 세례적인 믿음이다. 그 믿음으로 모든 세계 그리스도인들과 같이 동일한 시편을 노래하고 동일한 성경을 읽고 동일한 주를 고백한다. 그것의 보편성은 그것이 설득력이 있고 유용한 것을 실증하는 증거가 된다.

이 증거 즉, 사랑으로 행동하는 믿음의 열매로 교회가 연합해서 고백하는 진리에 대해 평신도도 자유롭게 동의한다. 기독교 진리의 그 중심 선언에 대한 교회의 역사적 증언이 사실상 일치했기 때문에 신자는 그것이 진리인 것을 안다.

성령은 진리를 보호하시나, 그렇다고 진리에 대한 제한된 증거가 절대 확실한 것은 아니다. 아프리카 정통에 의하면, 성령은 성자 하나님을 영화롭게 하나, 그 아들됨을 증언하는 사람의 피부 색깔에 편견적이지는 않다. 사도적 증언을 증거하는 것에 비해 누미디아인인지, 비잔틴인인지, 구레네인인지, 콥트인인지, 누비아인인지는 덜 중요하다.

아프리카 정통은 향수나, 감상화(感傷化)나, 인간성이나 사회 과정의 이상화된 견해가 아니라, 여러 세기에 걸쳐 은혜로 바르게 기억되고 능력을 부여받은 믿음, 소망, 사랑이다. 그것은 좌든 우든 현대의 정치적 이념이 아니다.

고전 아프리카 정통을 성급하게 미국 근본주의와 동일시해서도 안 된다. 미국 근본주의의 합리적인 정신은 아프리카의 정신과 결코 유사하지 않았다. 근본주의는 유럽 계몽주의의 실패에 대한 반응이었는데 그것이 아프리카에서는 결코 완전하게 편하지 않았다. 근본주의는 근대성에 대한 방어적인 반응이고 따라서 근대성에 의존한다. 정통은 근대성과 경쟁하지 않는다. 정통은 근대 의식에 선행하고, 초월하며 포스트모던 의식에 대한 모든 주장자를 선행하고 초월한다. 근대성에 대해 주장하는 새로운 판(版) 하나하나가 기억 속으로 사라질 것이라고 확신에 찬 의식이 있을 때 경쟁할 필요가 없다.

정통은 많은 형태로 온다. 그 중 초기 아프리카 형태는 모범적이다. 나 자신의 것이라고 가장 확신있게 말할 수 있는 유의 신학이 무엇이냐고 고백하라고 요청한다면, '안디옥,' '로마,' '비잔틴,' '복음주의신학'이라고 하는 것처럼 나는 자신 있게 일반 명칭의 '아프리카 정통 신학'이라고 말할 수 있겠다. 아프리카 정통이 현대 어휘에 포함되지 않은 것은 슬픈 일이다. 고전적 기독교 정통이 서구 라틴 유형보다 더 오래된 것이라는 사실이 아니거나 동방 그리스 유형보다 더 오래 되거나 적어도 동시대라는 사실이 아니었다면, 아프리카 정통이 최근에 만들어진 것처럼 보일 수도 있었을 것이다.

초대 아프리카 정통을 정의내리는 데 있어 미국인들이 때대로 '신정통'이라고 부르는 것과는 관련이 없다는 것을 분명히 하는 것이 좋겠다.

신정통은 폴 틸리히, 루돌프 불트만, 라인홀드 니버, H. 리차드 니버의 견해에서 나타난다. 이들은 모두 아직도 아프리카에서 소리를 내려고 하는 서구 종교개혁 가정에 의해 형성되었다. (이들은 내가 정통 교리를 공부하기 전에 나의 스승들이었다. H. 리차드 니버는 불트만과 바르트에 관한 나의 [예일대학교] 논문을 지도했다.) 신정통은 대체로 [내가 그랬던 것처럼] 아프리카 정통의 위대한 지성들에 관해 인지하지 못했다. 어거스틴을 제외하고는 그들은 거의 인용하지 않는다. 시프리안, 아타나시우스, 옵타투스, 시릴, 비타의 빅토르에 대한 언급은 아주 적다. 알렉산드리아인은 거의 전적으로 무시되는 반면에 어거스틴만 인지되었다.

색다른 것을 우상 숭배하는 것에 대해 아프리카 전통은 개탄한다. 그 지침은 사도적 가르침의 정경이기 때문에, 아프리카 정통은 그 정경을 넘어서 혁신적이려고 의도적으로 추구하지 않으나, 근대성이 떠오를 때마다 인류와 역사에 대해 새롭지만 진정한 이해를 끊임없이 제공한다. 단순한 변혁은 사도적 진리에 대해 책임지기를 추구하는 자에게 척도가 될 수 없다. 그러나 인간이 창조성을 가진 것처럼 허영을 부리는 것을 배척하시는 동시에, 성령은 신자 속에 새로운 마음을 형성하시는 가운데 하나님의 창조성을 영구히 나타내신다.

콘스탄티노플의 교회연합 총대교부에 상응하는 공적 목소리를 아프리카가 필요하나 아직 가지지 못하고 있다. 그 목소리는 콥트, 로마 가톨릭, 영국 성공회, 은사파, 복음주의, 오순절파, 주류 개신교 신자들을 포함해야 한다. 콥트 교황이 이 모든 분파에 의해 신뢰를 받는 때가 오면, 아프리카 기독교의 연합된 목소리를 궁극적으로 듣게 될 것이다. 우리가 아직 그 시점에 도달하지 않았다.

'세계교회협의회'(WCC)는 전통적인 교회연합의 합의적 목소리를 말할 준비되기 전에 완전히 집안 청소를 할 필요가 있다. '세계복음주의연맹'과 '로잔 운동'과 같은 교회연합의 복음주의 표현들이 다음 단계에 있어 주요한 역할을 할 수 있겠지만 16세기의 논란을 조절함으로써만 그럴 수 있겠다. 교회연합 운동은 사도적 중심을 잊지 않고, 아프리카에서 진정한 신자의 전 범주를 포용하는 길을 찾아야 한다.

3. 물질적인 세속성을 초월하기

계몽주의의 환상을 뒤좇는 유럽 기독교는 타락한 세계의 활기에 과도하게 압도되어 계속해서 유혹을 받았다. 그 세상은 아프리카 정통에 비추어 볼 때 하나님의 자비 가운데 이미 쇠퇴했다.

타락한 세계의 흘러가는 시간 속에 갇혀 있는 사람은, 만물이 나오고 만물이 돌아가고 변화나 회전의 그림자도 없으신 절대자를 보지 못할 유혹을 받는다. 초대 아프리카 기독교는 하나님의 새로운 선물, 하나님의 새로운 창조, 십자가와 부활을 통한 하나님의 세상 구속, 하나님의 영원성 속의 세계 완성이라는 실제적인 세계를 가지고 그 타락한 세계와 마주친다. 정통 기독교는 실망하는 세상이 교회에 주려는 선물을 단순히 되풀이하거나 세계의 변화무쌍한 열망으로부터 게걸스럽게 빌려오려 하기보다 해야 할 더 나은 일들을 항상 가지고 있었다.

많은 사람이 아직도 미래는 하나님에게 속하지 않았다는 환상을 합리화하기를 원한다. 그리스도인은 더 나은 지식을 가지고 있다. 아프리카는 오늘날 비기독교 대륙이 아니고 19세기나 15세기나 5세기에 처해 있는 것도 아니다. 지난 2천 년 동안 기독교 증거가 아프리카 문화 기반에 없었던 때는 없었다. 하나님이 자신을 증언하지 않고 계셨던 적은 없었다.

초대 아프리카 그리스도인은, 죄는 영구적이라는 절망적인 환상이나 우상 숭배는 절대적으로 영속적이라는 두려움에 압도되지 않기를 기도했다. 구속(救贖)받지 않은 상상에 포로가 되지 않기를 기도했다. 오늘날 믿음의 공동체도 그렇다. 오늘날 아프리카 그리스도인은 초대 아프리카 그리스도인이 살았던 것과 같은 종류의 인간 경험―우상의 유혹을 받으나 일반 은총과 구속 은총 모두에 의해 유지되는 위험한 세계―에 산다. 아담 이래로 세계는 하나님 없이 살려고 시도한다. 그동안 인간이 하나님 없이 사는 것처럼 가장하는 바로 그 세상 속에 하나님은 육체적으로 살기 위해 오셨다.

4. 사도적 진리의 인종적 개념 정의를 피하기

정통 아프리카 전통은 강제 도피의 상황 가운데 유럽에 전해졌다. 먼저는 로마 당국, 그리고 반달족과 그 후 아랍 정복에 의한 노예 생활, 망명 아니면 죽음에 의해 강요당했다.

역사의 역설적인 섭리는 초대 아프리카의 주요 역사가-유세비우스 이전에는 라탄티우스, 미누시우스 펠릭스, 터툴리안, 오리겐, 그리고 그 이후로는 어거스틴과 비타의 빅토르-에 의해 이해되었다. 성령은 문화적, 언어적 경계를 넘어서 대륙 경계를 터치고 나감으로써 역사하신다고 계시 역사는 가르친다.

아프리카가 당한 고통 경험을 나머지 인류를 위해 어떤 좋은 것으로 변화시켜 줄 예기치 않은 방법을 발견하는 것은 바로 하나님의 은혜와 같은 것이 아닌가?

   아프리카가 그토록 심하게 겪었던 인종 차별은 적절한 때에 은혜에 의해 노예 제도를 반대하는 유럽의 양심으로 변해서 인류에 대한 노예 제도의 폐해를 종식시키는 강한 동기로 아프리카로 돌아왔다. 얼마나 조용하게 은총이 역사하는지 놀랍다.

   인종 차별과 진리에 대한 인종 차별적 개념 정의에 반대해 정통 아프리카 기독교가 저항한 것에 대해서는 충분히 연구가 되지 않았다. 유럽 중심주의 때문에 아프리카조차도 유럽 기독교가 아프리카에 뿌리가 있다는 것을 잊는 경향이 있었다. 교회연합적 의견 일치는 아프리카에서뿐만 아니라 어디서나 인종 차별을 거부했다. 이 합의는 다른 곳에서 기록된 본문으로 나타나기 전에 알렉산드리아와 카르타고라는 다문화 대도시에서 먼저 응집되었으나 논란의 여지는 있다.

   그렇다면 아프리카 중심주의에 대한 비판은 그 자체가 인종 차별적 불의를 당한 아프리카 기독교 경험에 근거한다. 기독교에 의해 창조된 새로운 국제적 대도시 문화는 다른 곳에서와 마찬가지로 다문화적 아프리카에서 형성되었다.

제9장

역사적 통찰을 통한 기독교와 이슬람 사이의 화해 추구

여러 해 동안 아프리카 정통 지혜를 습득한 사람은 현대의 신문을 새로운 용기와 결단으로 읽을 수 있다. 믿는 자는 역사를 절망의 전제를 가지고 보지 않는다. 초대 아프리카 기독교 가르침의 혜택 중에는 복잡한 과업을 맞서는 용기, 염려 극복, 소망으로 고난을 초월할 수 있다는 것을 아는 위안이 있다. 장애물이 불가능해 보여도 겁먹지 않는다.

초기 아프리카의 이 지혜는 그리스도인이 이슬람과 만나면서 직면하는 시험에 대해 보다 현실적인 변수를 정하도록 길을 제시해 준다. 아프리카는 지금까지 많은 경험을 했다. 많은 세계 그리스도인이 미처 경험하지 못한 이 경험을 한다면 혜택을 받을 수 있다. 그리스도인은 이러한 영적인 자원을 가지고 수세기 동안 이슬람의 도전에 대해 부드럽고 평화롭게 맞설 수 있었다.

콥트, 게에즈, 수단 그리스도인의 온유와 인내의 경우에서 예수가 원하는 온유의 유형을 본다. 그들의 증거는 기독교 역사에서 무시할 수 없는 장면이다. 지하교회가 급성장할 때인 마오주의자시대에 중국 그리스도인이 보여준 큰 용기와 비슷하다. 그리스도인-무슬림 관계의 실제적인 역사에 대한 이해가 부족해서 감정이나 엷은 정서만으로는 이슬람의 도전에 직면할 수 없다. 여기에 아프리카 그리스도인에게는 1300년의 경험이 있다. 섭리 역사는 이미 언급한 아프리카 역사가가 열심히 연구했다. 특히 로마시대의 몰락을 대면한 어거스틴과 반달족을 대면한 비타의 빅토르가 그렇다.

이슬람이전 아프리카 기독교 주해와 이슬람의 최초 주해 사이의 동질성과 상관관계를 발견하고 인지하기 위해 많은 학적인 작업을 해야 한다. 성문서를 해석하는 이 두 전통은 다르지만 깊이 유사하다.

이슬람 성문서 연구가 종종 기독교 교부 해석자들을 바로 반영하지는 않으나 초대 아프리카 기독교의 잘 수립된 성경 해석의 패턴을 따른다. 북아프리카는 단순히 이전 역사 속의 섭리 작업에 대한 관련 없이 이슬람을 받아들이지 않았다. 이슬람은 북아프리카와 마그레브를 거쳐서 서쪽으로 퍼지기 전에 기독교 세계, 비잔틴 문화, 랍비 주해, 그리스 철학, 로마법, 셈족 언어, 시리아 은유에 의해 이미 깊이 영향을 받았다.

무시된 점은 아랍 정복 이전 여러 세대(generations) 전에 초대 아프리카 기독교가 이미 이 로마-시리아-비잔틴 전통의 여러 층에 침투하고 영향을 미쳤다는 것이다. 그 사실은 충분히 분석되지 않았다. 역사, 법, 주해에 관한 기독교와 이슬람 견해 간의 비교되는 부분을 이렇게 조사하는 데 새로운 세대의 용기있는 학자가 필요하다.

1. 학자가 감행해야 할 모험

양심에 따라 다음의 요점을 분명하게 말해야 겠다. 초대 아프리카 기독교 연구는 자극하면 폭발할 수 있는 성격에 비추어 위험한 일이 될 수 있다. 말하기 슬프지만, 어떤 학자는 무슬림이든 기독교인이든 유대-기독교와 이슬람 뿌리에 대해 말하고 쓰는 것 때문에 순교자의 죽음을 맞이할 수도 있다.

이러한 토론은 어떤 이슬람 관점에서는 이단일 뿐만 아니라 사형을 당해도 마땅하다고 간주할 것이다. 이런 저술가들은 양심의 자유를 위해 보호와 보장이 필요하다. 이러한 연구는 천사의 군대뿐만 아니라 가능한 한 법에 의해서도 보호를 받아야 하며 어떤 경우는 정의롭고 준법적인 사회의 보호 속에 현명하고 균형잡힌 힘의 사용에 의해 보호를 받아야 한다.

이를 피하기보다 맞서야 한다. 초대 아프리카 기독교의 역사적인 진리의 전달자가 위험없이 이슬람의 어떤 면모에 대해 말할 수 있다고 가정하는 것은 무모한 것이 될 것이다. 그들은 법적이고 신체적인 보호를 받아 마땅하다. 유화적인 말을 하는 평화주의자나 장애물이 설 때 침묵할 비폭력 이상주의자는 그들을 충분히 보호하지 못할 것이다. 법과 경찰 보안과 필요하면 종교 자유를 보장하는 상응 방법에 의해서 보호를 받아야 한다. 진리를 말하는 데 희생이 없을 것이라고 상상하는 것은 어리석은 일일 것이다.

내지 알제리의 소수 민족 베르베르 그리스도인의 이야기는 혹독한 정부의 위협 가운데 영웅적으로 투쟁한 이야기이다. 13세기 동안의 아랍 패권 아래 놓인 콥트와 에티오피아 그리스도인에 대해서도 크게 마찬가지이다. 그러나 이슬람이 그 과거 역사의 비잔틴 층들을 영구히 방치해 두지는 않을 것이다. 이슬람은 비잔틴 세계에서 성장했다. 이슬람이 비잔티움에서 배운 것 중 많은 것이 좋은 것이었다. 그러나 불행하게도 기독교 전통에 적합하지 않은 것도 적지 않았다.

남부 아프리카 그리스도인은 여러 세 기간 '딤니'(dhimmi) 지위를 경험한 북아프리카 그리스도인으로부터 불굴에 관해 배울 것이 많다. 이에는 수단인, 니제르 계곡의 거주자들, 북나이지리아의 많은 사람이 포함되어 있다. 이것은 지속되는 거대한 문명 충돌로 보여진다. 단순히 아프리카를 위한 투쟁이 아니라 전 세계 기독교와 전세계 이슬람이 연루된 투쟁이다. 유럽과 아메리카는 영향이 없는 것 같이 보일지 모르나 둘 다 모두 그 결과에 크게 이해관계가 걸려있다.

2. 이슬람과 기독교의 역사 공동 연구

이 가정들을 자세하게 변호하는 일은 온전한 한 세대의 아프리카 학자들이 이제 이 역사의 도전에 적절한 언어를 배워서 장기간에 걸쳐 수행해야 할 과업이다. 현대의 아프리카인은 무슬림이든 그리스도인이든 이슬람 이전 아프리카 지혜를 배우도록 초청을 받는다. 이러한 역사적 관점은 이슬람 사상가와 변증자로 하여금 자신들의 주해 유형과 기독교 자료 사이에 유비를 살피도록 도움을 줄 것이다. 이해가 잘 되고 있지는 않지만 풍성한 연구 영역이다. 그것을 위해서 이슬람의 함축적인 철학, 역사, 도덕적인 뿌리를 캐는 것이 필요하다. 그리스도인으로 하여금 초기 이슬람의 쿠란 주석을 읽고 그것을 교부들의 성경 주석과 연관해 읽도록 촉구한다.

역설적이게도 서구 학계에서는 기독교의 아프리카 뿌리보다는 이슬람의 유럽 뿌리를 더 잘 이해했다. 디디무스(Didimus)보다 아베로에스(Averroës)를 더 잘 안다. 구미 역사가는 초대 기독교 아프리카 저자들보다 중세 아랍 수학, 의학, 철학, 시가를 더 잘 안다.

아랍 정복 그 자체도 다시 연구해야 한다. 젊은 아프리카 그리스도인과 무슬림은 이슬람과 기독교 모두의 초기 고고학을 합동으로 연구할 필요가 있다. 이 유적들을 발굴해서 거기에 숨겨진 모든 증거들을 함께 평가할 필요가 있다. 제3세기에서 제6세기까지의 기독교 공동체의 고고학적 유적에 대해서는 아는 바가 너무 적고 기독교 교회였던 장소에 모스크를 지은 이슬람 공동체에 대해서도 마찬가지이다.

수백만 이집트 그리스도인 중 거의 모두가 아랍어를 말한다. 그러나 그 숫자를, 에티오피아, 에리트리아, 수단 땅과 상부 니제르 계곡에서 그리스도인으로 세례를 받고 적어도 명목상으로 기독교 신앙에 동참하는 사람들의 아마 10배가 되는 숫자와 비교하라. 그들이 역사적으로 게에즈어, 암하릭어, 누비아어 그리고 다른 언어들을 말했었지만 오늘날 대부분 아랍어를 사용한다. 이 땅들에 살며 아랍어를 말하는 그리스도인들은 초기 아랍어 본문들을 현대 언어로 번역해 이용할 수 있도록 하는 데 도움을 줌으로써 그 밖의 세계 기독교에 큰 기여를 할 수 있다.

언제 젊은 아프리카 그리스도인들이 아랍어를 배우라는 부름을 하나님의 소명으로 받아들일 것인가?

3. 아프리카 연구를 위한 엄격한 언어 요건

다수의 선도적인 대학교들이 관련 언어 연구를 수행하는 프로그램을 설치함으로써 길을 인도할 것이다. 인터넷과 디지털 기술은 이전에는 상상도 못했던 방식으로 초대 아프리카 전통의 본문들을 접하도록 새로운 무대와 방대한 데이터베이스를 제공해 준다.

고문자로 된 및 명문(銘文), 장례비문, 문학 작품을 포함한 고대 아프리카 본문을 찾고 있다. 새로운 세대의 그리스도인들이 아랍 정복에서 살아남은 숨겨진 본문들의 잔여물을 찾을 것이다. 발견되지 않은 것이 많을 것이다. 원어―암하릭어, 게에즈어, 아랍어―가 모호하고, 번역이 되었어도 항상 신뢰할 만한 것은 아니기 때문에 서구에서는 이 본문들을 읽은 사람이 거의 없었다.

이슬람과 함께 부상하는 환경 속에서 최적하게 작업하기 위해 이 언어들을 배워야 한다. 여기에 학적인 작업이 이루어져야 하며 언어적 요구 조건이 엄격하다는 것을 이해하는 사람이 수행해야 한다.

아프리카 역사 첫 천년기 동안의 주요 원전 언어―아랍어, 콥트어, 그리스어, 라틴어―로부터 현재 아프리카에서 사용하는 주요 국제 언어―불어, 영어, 포르투갈어―로 그리고 또한 주요한 지역 무역 언어―하우사어, 암하릭어, 스와힐리어―로 옮기는 번역자가 필요하다. 어떻게 반투인의 뿌리 언어들이 닐로트 언어들과 연결되어 있는지, 어느 정도까지 하우사어가 첫 천년기의 아랍어와 같은 기원인지 많은 것을 연구해야 한다. 이것은 집중적인 연구가 필요한 문제들이다. 구미에서는 이런 유의 능력이 있는 대학교가 거의 없기 때문에, 아프리카에서 많은 일을 해야 한다.

마이클 나스르-알리(Nasr - Ali) 주교는 필요한 학문에 그리스도인들이 젊은 아프리카에게 기여하기를 진정으로 원한다면, 젊은 아프리카 학자들이 아랍어를 공부하도록 격려하는 것이 좋겠다고 조언했다. 수단, 에리트리아, 이집트, 누비아, 튀니지, 알제리 문화의 아랍어 원전들로부터 번역되지 않은 중요한 본문 전통이 있다. 이를 위해서는 콥트어, 게에즈어, 암하릭어와 무엇보다도 아랍어 능력이 필요할 것이다. 이 언어들의 문헌은 아프리카 학자들이 꼬박 한 세대는 연구할 필요가 있다. 상류 나일의 이 고전 기독교 중심들은 튀빙엔, 옥스포드, 로마, 루벵에서 뿐만 아니라 아프리카 대륙에서 연구되어야 할 필요가 있다.

젊은 학자들이 강력한 국제 디지털 네트워크를 형성할 필요가 점점 더 커지고 있다. 그들은 세계인터넷망(World Wide Web) 상에서 정기적으로 소통할 수 있다. 그러한 네트워크는 아프리카에 그 중심을 두고 사방으로 확장되는 것이 가장 좋겠다. 북아프리카 지성사에 그토록 중요한 그리스도어와 라틴어 원전들뿐만 아니라 콥트어와 아랍어 본문들을 읽을 수 있는 사람들을 포함시켜야 한다. 이것들은 아프리카 기독교를 단순히 구전 전통이나 현대 번역으로서가 아니라 고대의 풍요한 분문 전통과 풍요한 학문적 전문 영역으로 수립하는 핵심 문헌들이다.

4. 제1차 자료로부터 배우기

서구 학자들이 이 문제들에 대해 아는 것이 무엇인가?
고난에 관해서는 거의 아는 것이 없으나, 많은 사람이 고전 아프리카신학에 크게 감동을 받아 역사적으로 주의깊게 본다는 점에서는 충분하게 알고 있다.

어떻게 아프리카가 나의 의식 속에 들어와서 나를 강력하게 회심시켰는가?

구미의 스승으로부터 배운 것은 아니다. 현대의 역사가로부터 배우지도 않았다. 앞의 전통들은 나를 일관성있게 고전 아프리카 기독교를 버리고 현대 유럽 지성사로 향하도록 몰아갔다. 나는 그것을 오직 고대 아프리카 원전들을 직접 읽어서 배웠다.

그렇게 해서 나는 독특한 경험 통로를 통해 이 주제에 도달했다. 통째로 무시되던 때에 아프리카 초대 아프리카 원전들을 30년 동안 읽음으로써 그렇게 되었다. 천천히 평가하고 인식하게 되었다. 변화는 느렸으나 확실했다.

나는 아프리카로부터 반대편에 살면서 아프리카 정통에 완전히 회심했다. 1970년대 초기부터 하고 있는 고된 훈련이다. 그때 현대 에큐메니칼 운동이 이념적인 자기정당화로 썩어가고 점점 더 포스트모던, 그리고 울트라모던이 되면서 그 아프리카 특성이 약화되던 때에 그런 일이 일어났다.

5. 개인적인 도전

나는 지난 30년간 내가 가르친 박사 과정(Ph.D.) 학생들, 특히 방대하고 거의 끝없는 프로젝트에 뛰어들고 연구한 학생들을 생각해 본다. 그들은 어떻게 다음 단계를 거쳤는지 종종 내게 말해 주었다.

① 동기를 부여받아 주요한 프로젝트를 착수했다.
② 그것을 충분히 잘 할 수 없는 것을 알게 되었다.
③ 나중에 그것의 어떤 국면을 할 수 있다고 깨달았다.
④ 그것을 해야 한다고 느꼈다.
⑤ 그리고 나서 그 과업이 광대해서 남은 인생이 걸린다는 것을 발견했다.

내가 지금 이렇게 느낀다. 나의 남은 생이 울혈성심부전증으로 단축될 것 같다.

『고대 기독교 성경주석』의 본문들을 연구한 초기 몇 년 동안 이 주제에 대해 처음으로 흥미를 느끼면서 초대 아프리카 기독교에 관해 간단하고 짧은 역사 요약을 쓸 수 있겠다고 생각했다. 그러나 이 작은 책을 준비하면서 많은 초고, 수천 개의 카드와 노트, 새롭게 읽어야 할 것에 묻혀 숨을 헐떡거린다.

매우 복잡한 역사 중 어떤 조그만 조각을 다룰 수밖에 없다는 것을 인정할 수밖에 없었다. 2005년 내내 엄격하게 초기 리비아 기독교에 초점을 맞추었는 데 그것이 내가 다룰 수 있는 그림 조각이라고 생각했다. 그러나 그 역사와 고고학의 조각조차도 복잡해서 시레나이카(Cyrenaica)와 트리폴리타니아(Tripolitania)만을 다루며 어느 정도 공정하게 평가하는 데도 긴 책이 필요했다.

그래서 이 책에서는 나의 범위를 훨씬 더 축소해서 핵심 논지만 언급하고, 다른 사람들이 그 문제를 해결하는 데 그들 자신의 기술을 사용하도록 초청한다. 내게 도전이 되었던 것을 이제 '독자를 위한 도전'으로 제시한다. 수천 마일 떨어져 사는 사람도 아프리카의 곤경—HIV/AIDS때문에 고생하는 사람, 전쟁으로 파괴된 지역의 소년병, 이산 가족, 굶주린 자—을 위해서 기도할 수 있다. 그들은 충실한 아프리카 그리스도인들이 보여 준 강인함과 증거에 대해 하나님께 감사드릴 수 있다.

더욱이 읽을 수 있으면 누구나, 동기 부여가 되면, 초대 아프리카 기독교의 문서들 중 어떤 것, 아프리카 그리스도인의 전기, 가장 지혜로운 신학자의 사상을 읽을 수 있다. 많은 것이 웹사이트에 올라와 있다.

아프리카 성인, 아프리카 기독교의 서사적 역사, 남아있는 고고학 유적지를 숙고해 보라. 이것을 읽는 사람 중 어떤 사람은 그 예술과 건축과 직물과 프레스코를 보기 위해 실제로 아프리카에 가 보기를 원하게 될 것이라고 상상 못할 일은 아니다. 어떤 사람은 옷, 음식, 위생 관리가 절실히 필요한 그 사람들에게 일정 기간 봉사하기를 원할 것이다. 많은 단기 사역에 자원자가 필요하다. 경제적 자원을 가진 사람은 아프리카 기독교의 갱신을 위해 기부할 수 있다(웹사이트 earlyafricanchristianity.com을 보라).

사람들은 돕기를 원한다. 동기 부여가 된 사람은 아프리카 이웃에게 냉수 한 잔, 심지어는 대양이라도 주기 위해 가능한 것을 하기를 원할 것이라고 생각하는 것이 억측이 아니다.

필요한 학문에 종사할 수 없는 사람은 학문 과업을 후원하고 가능하도록 기도할 수 있다. 아프리카의 우리 형제자매들에 대해 부드럽고 자비로운 인식이 일어나고 있다. 단순히 역사 학문의 문제가 아니라, 우리 기독교 가족 중 어떤 사람이 진정으로 삶과 사지(四肢)를 걸고 사선(射線)에 나가게 될 것이므로 도덕적 헌신의 문제이기도 하다. 다른 사람은 안전한 곳에 머물러 있지만 희생하고 있는 사람에 대해 살아있는 양심으로 마음을 긴밀하게 합할 수 있을 것이다.

아프리카의 형편에 대해 단순히 의식하는 것도 마음을 아프리카에 향하는 첫 단계이다. 아프리카를 위해 마음을 갖는 것이 다른 단계를 취하기 위한 전제 조건이다.

HOW AFRICA SHAPED
THE CHRISTIAN MIND:

부록 1

초대 아프리카 연구의 도전들

이 작은 책에서 나는 무엇을 시도했는가?

초대 아프리카 기독교의 신학적, 역사적 재평가의 새로운 동기를 위해 기본 비전을 제시했다. 이 비전에 관한 합의를 위해 프로젝트를 이끄는 '초대 아프리카 기독교 프로젝트'(the Early African Christianity Project)의 요청에 응해서 이렇게 했다.

이 부록에서 남아있는 나의 목적은 그 연구를 위해 특정한 계획을 설명하는 것이다. 학교와 학자의 국제 컨소시엄이 이 연구를 가능케 하고 격려하는 목적을 위해서 모이고 있다. 세계 동반자들 사이에 협력을 환영한다. 현대 아프리카신학이 성경적이고 초대 아프리카 역사적인 뿌리를 깊이 하도록 모색할 것이다.

1. 미래 연구의 3대 목표

학교와 학자의 초대 아프리카 기독교 컨소시엄은 3대 목표를 가지고 있다.

첫째, 아프리카 기독교 가르침의 핵심 본문을 비용 효율적으로 디지털화 하고 인쇄 출판하고 번역해서 초대 아프리카 기독교에 관심을 가진 세계 그리스도인에게 배포한다.

둘째, 첫 목표를 성취하기 위해 번역자, 언어학자, 역사가, 정보 기술 전문가의 국제팀을 모집할 필요가 있다. 이러한 본문과 과업을 추구하기를 희망하는 아프리카 대학교와 신학교의 지도자들의 네트워크를 만들기 위해 작업한다.

셋째, 이러한 방법으로 현대 아프리카신학적 추론을 하면서 아프리카 토양에서 쓰인 교부원전이라는 그 자체의 풍요한 전통에 대한 의식을 깊은 수준으로 가져가기를 바란다. 그 전통은 천 년 이상 많은 아프리카 문화에 의해 형성되고, 그것을 형성했고 그 영향은 오늘날 계속된다.

2. 전례

이것이 우리의 목적들이다. 이 콘소시엄의 비영리 후원자는 '초대 아프리카기독교센터'(the Center for Early African Christianity)다. 편집 사무소는 뉴저지주 매디슨에 있다. 그것은 『고대 기독교 성경주석』의 계속이다. 이 사역에는 400명 이상의 번역가, 신학자, 역사가, 학자로 구성된 전 세계적인 활동팀이 이미 속해있다. 그들은 29권의 『고대 기독교 성경주석』에서 나타난 교부의 본문을 10년 이상 번역하고 편집하면서 일해 오고 있다. 이 정경 성경 전체에 관한 교부 주석은 그 원어(그리스어, 라틴어, 시리아어, 콥트어)에서 아랍어, 중국어, 러시아어, 한국어, 이탈리아어, 스페인어로 번역되고 있다.

성경에 대한 주석의 큰 비율을 아프리카 원전에서 추출했다. 이렇게 해서 『고대 기독교 성경주석』로부터 온 대량의 자료를 이미 가지고 있다. 여기다 첫 천년기 동안 아프리카에서 온 다른 기독교 본문과 원전을 더할 것이다.

2006년 9월 케냐의 나이로비에서 모인 '세계복음주의연맹'(WEA)의 신학위원회는 이 제안을 WEA가 공식적으로 재가한 프로젝트로 기꺼이 승인했다. 이렇게 해서 컨소시엄은 아프리카 전역의 52개 국가 복음주의연맹과 잘 갖추어진 훌륭한 연결망을 가지게 되었다. WEA와 연결된 지역과 지방 아프리카복음주의연맹들은 이 네트워크를 발전시키는 데 있어 우리의 자연스러운 동반자가 될 것이다.

초대 아프리카 기독교 저술가들의 저작들이 디지털 형태로 제공되어 학자들이 키워드와 본문, 주제, 저자별로 디지털 검색을 할 수 있게 될 것이다. 필요한 역사와 언어 능력을 갖춘 학자를 초대 아프리카 기독교 분문과 지혜의 번역, 보급, 출판, 연구의 이 프로젝트에 참가하도록 초청한다.

컨소시엄은 학자와 지도자의 여러 필수적인 국제 네트워크가 동원되어 작업이 점점 더 아프리카에서 이루어지기를 희망한다.

첫째, 인터바시티(InterVarsity) 사역자 국제 네크워크인데 특히 아프리카 전역에 퍼진 망이다.
둘째, 로잔 국제사역자 네트워크다.
셋째, 세계복음주의연맹과 아프리카복음주의협회의 지역협회다.

이것들이 겹치기는 하나 믿음과 우정을 가진 아주 중요하고 광범위한 네트워크다.

이 협의체들의 핵심으로부터 컨소시엄은 웹네트워크의 도움을 받아 국제적인 학문적 연구 및 교수 이니셔티브(동기)를 구축하기 위해 작업할 것이다. 그것은 단일한 공동 관심 초점— 초대 아프리카 기독교 본문 및 멀티미디어 이야기 연구와 배포 그리고 오늘날 아프리카를 위한 그 중요성—을 위해 집배중심(集配中心)이 될 것이다.

이 집단은 복음주의적 학자뿐만 아니라 로마 가톨릭교회, 콥트교, 정교회, 오순절파, 은사파 학자와 지도자도 포함하게 될 것이다. 그 의도는 아프리카 고전의 본문과 이야기를 저렴하고 독자 친화적인 형식으로 출판하는 것이다. 그 많은 것을 아프리카의 마을과 도시에서 평신도와 성직자 독자들이 소그룹을 위해 사용하게 될 것이다.

역사적으로 중요하거나, 현재 아프리카 문화 문제에 관계되거나 조명을 비추는 본문을 선정할 것이다. 어떤 것은 디지털 형식으로 웹에서 인쇄할 수 있도록 무료로 제공하고 어떤 것은 인쇄해서 내놓는다.

네트워크의 핵심은 '초대 아프리카 기독교 프로젝트'의 편집 사무소에 그 중심을 둘 것이다. 위에서 규정한 3대 목적을 달성하기 위해 학자, 번역자, 서평자, 출판자를 연결시켜 디지털과 인쇄 출판을 할 것이다. 앞선 연구기관(고전기독교연구소)과 『고대 기독교 성경주석』은 여러 해 동안 아프리카신학을 연구해서 아프리카에서 주의를 기울여야 할 문제들의 범위를 인식하고 있다.

3. 범위

초대 아프리카 프로젝트는 출판을 아프리카 원전에 제한하되, A.D. 1000년 이전에 아프리카에서 쓰인 본문에 초점을 맞출 것이다. 이 본문들과 생각들이 유럽과 세계 기독교의 초기 형성에 미친 영향을 보여 주는 연구들을 포함할 것이다. 많은 생각이 기독교 형성의 최초 세기들 동안에 아프리카로부터 유럽으로 이동했다고 이 프로젝트에 종사하는 많은 사람이 굳게 확신한다. (아직 논쟁과 입증의 여지가 있기는 하다.) 수도원 운동, 연합 운동, 주해, 삼위일체 가르침, 참회 실행, 보편 역사, 예전, 문학, 윤리에 있어 이것이 보인다.

아직 완전히 탐구하고 변호해야 할 중심이 되는 가정(假定)이 있다. 아프리카 기독교는 제4세기 중반 이전에 유럽이나 아시아와 동등하거나 뒤지지 않은 지성사를 가졌다는 가정이다. 바실과 제롬의 때까지 동방과 서방은 가장 중요한 교훈들을 아프리카로부터 배웠다.

그렇다고 초대 아프리카 기독교의 전세계적 참조 기준틀이나 공교회성(catholicity)을 부정하는 것은 아니다. 그 가장 위대한 본문들과 옹호자들은 교회연합적 신앙 규칙에서 크게 지식 공급을 받았다. 터툴리안과 오리겐은 그 지식이 사도 전통 그 자체에 깊숙이 간직되어 있는 것을 발견했다. 이 사도 전통은 전 세계의 모든 신도가 공유하며 교부들이 니케아에서 동의했다.

초대 아프리카 교리 규정(規定)은 아프리카인뿐만 아니라 전 세계 모든 그리스도인이 견지하는 믿음을 반영하려고 추구했다. 아타나시우스와 시프리안과 같은 아프리카 지도자는 비상한 명료성과 지적 능력으로 그 공식들을 논파해서 아시아와 유럽에서 수세기 동안 교회연합적 표현으로 회상되고 반복되었으며 합의도 이루었다. 삼위일체 언어, 기독론적 규정, 참회 가르침, 사회 사상, 특히 성경 주해의 발전에 있어 이것이 명백하다. 이 점은 컨소시엄이 역사적, 본문적, 고고학적 증거와 토론으로 시간이 지남에 따라 증명할 것이다.

4. 국제 컨소시엄의 아프리카센터

젊은 아프리카 학자들은 역사적 논증과 증거 제시라는 이 요점들을 타당성있게 하는 데 적합하다는 것이 드러난다. 아프리카 믿음 공동체들은 2천 년 이상의 기독교 공동체 생활 동안 현대 서구 이념이 형성되기 오래전에 설득력있는 논증 형태들을 유지했다. 2세기에서 7세 기간의 아프리카 역사, 고고학, 문헌적 본문에 지금은 대체로 파묻혀 있기는 하지만, 이것들은 명백히 아프리카가 기여한 것으로 아프리카와 세계 학자들에 의해 인식되기를 기다린다.

이 본문들은 아프리카 역사 경험의 근대 수세기에 비추어 아프리카가 학적으로 검토할 뿐만 아니라 아프리카가 지적으로 비평할 필요가 있다. 초대 아프리카의 탁월한 저술가들도 취약점이 있으니 역사에 비추어 계속 조명해야 할 필요가 있다.

이것은 아프리카 기독교에 관해 세계 기독교 학자들을 동원하고 초대 아프리카 기독교에 관해 아프리카 학자들을 재차 동원하기를 추구해야 할 학적인 프로젝트다. 아프리카는 세계교회에 들려주어야 할 이야기를 가지고 있다. 아프리카는 이사야와 예레미야시대 이래로 히브리 - 기독교 구원사에 의해 영향을 받았다. 이것은 세계 기독교 전체가 그 소유권을 정당하게 주장할 수 있는 이야기다. 많은 사람이 그것을 바르게 얘기할 때 들을 준비가 되어 있다.

이 컨소시엄은 아프리카 기독교가 지적 리더십에 있어 강하도록 하는 것 외에는 다른 숨은 목적이 없다. 이 컨소시엄은 서구를 변호하는 이해관계는 없고 정반대다. 세계 기독교에서 아프리카를 변호하는 것이다. 고대 아프리카 기독교가 많은 현대 서구인보다 실제적이고 유망한 생각을 더 많이 가지고 있다. 이러한 이유로 국제 컨소시엄의 활발한 센터는 비록 시동(始動)을 걸 때는 비례적으로 남들이 이니셔티브를 쥐게 될지라도 궁극적으로 아프리카에 있어야 한다.

5. 학자들의 컨소시엄

이 컨소시엄은 '고전기독교연구소'(Institute for Classical Christian Studies)의 앞선 프로젝트의 연장으로 일어나고 서야 한다. 그 편집팀은 『고대 기독교 성경주석』(ACCS)과 그 후속 프로젝트 세 가지를 만들어냈다: 5권으로 된 『고대 기독교 교리』(*Ancient Christian Doctrines*) 시리즈, 『고대 기독교 본문』(*Ancient Christian Text*) 시리즈, 『고대 기독교 경건서』(*Ancient Christian Devotional*)라고 명명된 시리즈 책들인데 모두 인터바시티출판사(InterVarsity Press)에서 출판되었다.

이 모든 앞선 프로젝트에서 편집자, 번역자, 수많은 국제 협력자들이 주요 아프리카 주해 원전들을 가지고 10년을 꾸준하게 일했다. 그 원전의 저자로는 오리겐, 아타나시우스, 클레멘트, 어거스틴, 터툴리안, 시프리안, 옵타투스, 락탄티우스, 마리우스 빅토리누스, 프리마시우스와 같은 인물들이 포함된다. 본문 기초가 이미 자리잡히고 디지털화 됨에 따라, 『고대 기독교 성경주석』에는 이미 이 아프리카 저술가에 대한 수많은 언급이 있다. 아프리카 내에 선정된 그룹의 학문 센터가 있어 아프리카 컨소시엄을 위해 주최 장소가 될 것이다. 이 프로젝트를 위한 자원은 이 센터들로 들어 가고 그곳에서 나오게 될 것이다.

이 컨소시엄은 그러면 끊임없이 널리 여행하거나 회의 계획을 세울 필요없이 웹사이트를 통해 함께 연락해서 초대 아프리카 기독교에 초점을 맞춘 학자와 교육 프로그램으로 구성된 전 세계 연락망의 모판이 될 것이다.

이 프로젝트의 일차 아프리카 청중은 아프리카의 복음주의, 정교회, 로마 가톨릭 믿음 공동체가 될 것이다. 이 모든 공동체와 전통을 서술하기 위해 사용하게 되는 용어는 정통 아프리카 기독교다. 그러나 이 프로젝트는 특정 기관보다는 특정 본문에 초점을 맞춘다. 그것은 아프리카에서의 전통 기독교 가르침의 본문을 크게 다룬다.

6. 퍼즐 조각 맞추기

충고를 받은 준엄한 때에, 컨소시엄 계획자들은 한때 생각했듯이 초대 아프리카 기독교에 관한 핵심 문헌을 만들어 내는 짐을 몽땅 질 필요는 없다고 깨닫는다. 그보다는 그것을 보다 유연하게 이해할 수 있었다. 디지털과 인쇄 매체를 통해 조심스럽게 개념화하고 연구하고 해답을 제시하고 배포할 필요가 있는 문제의 집합체를 다른 사람들을 초청해 해결하는 것을 생각했다.

이 누그러진 비전조차도 힘에 부치는 프로젝트다. 그 요구 조건은 노력을 요한다. 엄밀한 역사 연구, 발견된 것을 정확하게 소통하기, 정확한 주해를 높은 수준으로 해야 한다. 아프리카 기독교 학자와 국제 학자들 사이에 솔직하고, 공감하면서 외교적이고 예민한 초문화 소통을 위해 표준을 높이 세워야 한다.

아프리카 학자들은 초대 기독교 전통의 아프리카 본문을 진지하게 취급해야 할 것이고, 새로 구성된 교부 저서 번역자와 전문가의 세계 팀은 오늘날 아프리카에게 주어진 특별한 도전을 진지하게 받아들여야 할 것이다. 이 노력의 어느 측면도 쉬운 일이 아닐 것이다. 자격을 갖춘 언어학자를 포함한 학자 팀뿐만 아니라 교회연합 전통과 다양한 학문 기관으로 구성되어 조화를 이루고 균형잡힌 팀이 필요할 것이다.

컨소시엄은 네 가지 본질적인 가능성 퍼즐 조각들—학적 리더십, 웹사이트 기술, 인쇄 출판 이해 관계, 자원 개발—을 맞추기 위해 일하고 있다.

7. 학적인 리더십

첫 과업은 아프리카 대륙의 개신교, 콥트, 정통, 로마 가톨릭 기독교 신학자들 중 최고의 현존 학자와 어디 살든지 1세기부터 10세기까지의 아프리카의 본문, 고고학, 신학, 역사에 정통한 초대 교부 전문가들 중에서 학적인 리더십을 끌어 모으는 것이다. 이 연구를 통해 아프리카에서 토착적인 신학적 리더십을 불러일으키기를 추구한다. 그 목표는 젊은 아프리카 기독교인이 자신의 초대 아프리카 원천을 인식하도록 하는 것이다. 아프리카인의 동의도 받지 않고 그들의 품위를 존중하지도 않으면서 구미적 생각을 근본적으로 또 다른 형태의 식민지통치를 부과하는 공적인 모습(public face)으로 제시한다면 실패할 것이다.

이 노력은 주요 초대 아프리카 기독교의 주제, 비유, 생각, 사건에 관한 국제 협의를 필요로 할 것이다. 이 프로젝트는 좋은 씨앗과 좋은 토양으로부터 성숙해야 한다. 그 토양은 아프리카다. 씨앗은 초대 아프리카신학자들 즉, 첫 천년기의 아프리카 기독교의 뛰어난 저술가, 사상가, 설교가, 지도자다.

그렇다고 구미 초대 교부 및 신학자가 적극적으로 역할을 감당하는 중요성을 배제하는 것은 아니다. 이 경우 초점을 두어야 하는 곳—아프리카 목소리, 고대적이든 현대적이든—에 초점을 맞추어야 한다. 오늘날의 아프리카 가슴과 마음을 본문에 향하도록 깨우치는 능력을 가진 아프리카 목소리를 아프리카 초기 기독교 시대로부터 듣기를 추구한다. 아프리카의 학적인 문화와 대중적 문화를 모두의 통용 언어—영어, 불어, 아랍어, 주요 현지 언어, 지역 언어—로 들을 수 있도록 번역하기를 추구한다.

해야 할 일은 국제 교부학자를 먼저 확신시킨 다음 그들을 통해 아프리카신학자들을 깨우쳐 동기 부여를 주려는 것이 아니다. 그보다는 초대 아프리카 기독교의 가장 현명한 본문들을 겸손하게 섬기는 은혜를 구하는 것이다. 그 본문과 원전의 진정성이 아프리카 대륙의 부상하는 세대의 젊은 학자들에게 완전히 명백하게 되도록 하는 것이 목표다.

8. 디지털 기술의 극대화

두 번째 퍼즐 조각은 어떻게 컨소시엄이 고비용을 좀 줄이고 인쇄 출판에서의 경제적인 방해물을 피하면서 비용효율적인 방법으로 디지털 기술을 사용하는가 하는 것이다. 이 프로젝트를 생각할수록, 근접 가능하고 저렴한 디지털 기술에 더 많은 비용을 투여해야 한다고 점점 확신하게 되었다. 이는 많은 다른 디지털 사이트에 연결함으로써 웹사이트를 잘 운영하는 것을 의미한다. 우리의 웹사이트와 네트워킹 매체는 교수, 서적 판매상, 학회, 서비스 단체, 국제 회의와 같은 다수의 출처를 통해 연결시킬 것이다.

그 목표를 위해 우리는 간단하고 서술적인 이름 'earlyafricanchristianity.com' 이라는 이름을 짓고 확보했다.

이 웹사이트는 컨소시엄의 디지털 홈이 될 것이다. 초대 아프리카 기독교에 관심을 가진 학자와 비전문인의 국제 네트워크를 목표로 한 고도로 효과적인 웹사이트를 구축하기를 희망한다. 가동 첫해에 수십만의 접속이 이루어지기를 바란다. 웹 상에서 아프리카 기독교에 대해 알기를 원하면 누구라도 이 웹사이트로 관심이 향하게 될 것이다.

그 웹사이트는 프로젝트에 부수적인 부속물이 아니다. 프로젝트의 핵심에 위치해서 많은 2차적인 노력 즉, 프로젝트, 그룹, 모임, 회의,

세미나, 정보 배포 형식의 주관처가 될 것이다. 고전적 정통 아프리카 기독교 가르침과 그것의 개인적이고 사회적인 의미를 검토하는 데 관여하기를 원하는 세계의 누구라도 그를 위한 지속적인 온라인 주석을 특별히 운영할 것이다.

이를 위해 웹상에서 프로젝트의 생각과 본문을 정교한 방법으로 제시하면서 다양한 디지털 자원을 세심하게 통합하는 것이 필요할 것이다. 거기에는 아프리카, 아프리카 기독교, 교부학의 상호 관련 프로젝트와 멀리서 교신해 온 논평도 포함될 것이다. 웹을 통해 교류하는 가상 세계에서 공백이 생기면 이 프로젝트가 메울 것이다. 첫단계의 에너지와 후원은 고비용의 복잡한 대면 국제 회의보다 이 디지털 프로젝트에 투여할 것이다.

9. 결과물 출판하기

계속되는 연구와 웹사이트 방문객을 통해 자극이 되어 대화와 자료와 생각과 접근 방식이 촉발되어 시간이 지남에 따라 이 프로젝트에서 인쇄 출판이 이루어질 것이다. 이러한 노력들을 통해 아프리카를 위해 고안된 저비용 인쇄 출판 프로그램을 개발할 것이다. 아주 적은 비용으로 웹상에서 정보를 이용 가능케 하는 것이 훨씬 더 비용 효율적일 것이기 때문에 출판은 디지털 프로그램보다는 비교적 규모가 적을 것이다.

웹사이트로부터 동료의 평가로 합의가 될 때 생각, 기고문, 에세이 등을 선정해 편집하고 인쇄하고 보급해서 아프리카 전역의 도서관,

교사, 평신도, 학자들의 손에 들릴 뿐만 아니라 아프리카에 관심있는 그리스도인도 사용하도록 제공할 것이다.

이 연구의 출판 분야는 컴소시엄에서 생기는 상호 교류, 대회, 협의, 세미나 중에서 가장 잘된 기고문이나 노력 결과물을 낙수(落穗)처럼 모으는 책임이 있다. 가장 유망한 원고는 주로 아프리카 비전문 청중을 위해 비용을 더 들이고 노동 집약적으로 작업을 해서 주로 아프리카 독자를 위해 출판을 고려할 수 있다. 이를 위해 문화적으로 다양한 아프리카 독자를 찾고, 양성하고, 분배하는 것이 필요할 것이다.

아프리카에서 출판하고 인쇄하고 배포하는 비용을 위해 보조가 필요할 것이다. 아프리카 전역의 성공회, 감리교, 장로교, 개혁교회, 침례교, 오순절교회뿐만 아니라 분류하기 힘든 아프리카독립교회의 수백만 교인들과 함께 이집트의 수백만 콥트교도, 에티오피아의 콥트교도, 대륙의 수많은 로마 가톨릭교도에다 다양한 은사파, 치유파 운동들까지도 미치게 될 것이다.

이 모든 공동체들은 아직 충분히 인식되지 않았지만 한 가지 공통점을 가지고 있는데 고대 아프리카 기독교의 전통과 지혜가 그것이다. 그들에게는 첫 천년기 동안 아프리카 지성사와 주해에서 친구와 조상과 선례가 있다. 현재 출판과 배포 체제에서 이 교회연합적인 청중에게는 충분히 미치지 못했다.

전 세계 인터바시티(InterVarsity)의 국제망은 『고대 기독교 성경주석』의 국제판을 개발하고 보급하는 데 천재적인 상상력을 발휘했다. 동일한 에너지를 초대 아프리카 기독교에 적용할 것이다. 웹에 올리는 것을 모두 인쇄할 필요는 없다. 차라리 웹을 통해 전 세계에 특히 먼저 아프리카 청중에게 매우 광범위하게 보급하고 나서 인쇄 출판할 가치가 있고 필요한 연구, 본문, 프로젝트를 세심하게 선정하는 노력이 필요하다. 유럽 가격을 쉽게 치를 수 없는 시골과 도회지의 아프리카 사람이 구입할 수 있도록 비싸지 않은 인쇄 형식의 작은 책에 초점에 맞출 것이다.

젊은 교회연합적 아프리카 청중은 디지털 웹 자료에 곧 훨씬 쉽게 접근할 것이나 이것에 첨가해서 배경 독서, 교과 토론 자료, 평신도 경건물, 스터디 그룹, 설교와 신학 교육 목적 등을 위해 선정된 인쇄물이 필요하다는 것이 여기서 우세한 전제다. 배포 체제에서 널리 여행할 수는 없으나 점점더 국제 환경에서 컴퓨터 기술을 사용하게 될 아프리카 평신도와 학생을 위해 약간 보조해서 비용을 내릴 필요가 있다.

지방 언어와 전통 언어로 쉽게 읽히도록 하는 것이 인쇄를 통해 노력하는 장기적인 목표다. 그 산물은 아프리카에서 평신도 그리스도인을 위해 매력적인 방식으로 편집하고 제시해야 한다. 세계 기독교 청중을 위해 초대 아프리카 기독교에서 입수 가능한 고전 저작의 목록을 유지하기를 희망한다.

프로젝트는 일차적으로 대학의 학자나 사회학적 전문가의 작은 엘리트 집단을 의도로 하는 것은 아니다. 변명할 필요 없이 세계 기독교의 안녕을 위한 것이다. 결과적인 출판물은 콥트, 로마 가톨릭, 개신교 평신도 독자들이 사용하기 위함이다.

아프리카 독자만도 거대하다 – 너끈히 5억 가까이 된다. 목표 독자를 대학의 학자로 규정하는 것은 수천 명으로 제한하는 것이 될 것이다. 대신에, 불어와 영어뿐만 아니라 아랍어와, 스와힐리와 줄루어처럼 지방어로 읽는 아프리카 기독교 공동체를 만들고 격려하고 양육하는 데 성령의 겸손한 도구가 되는 것이 우리의 목적이다. 그들에게는 자신의 모국어로 초대 아프리카 기독교의 눈부신 지성 원천과 용기있는 역사를 만날 권리가 있다.

이 학적인 교회연합 노력을 정치적이나 이념적인 프로그램으로 전환시키거나, 좌든 우든 어떤 형태의 좁은 민족주의나 정치적 혹은 경제적 이념의 포로가 되도록 하는 유혹을 억제해야 하는 좋은 이유가 있다. 초대 아프리카 기독교 본문과 자료가 아프리카의 현재 외침과 희망에 대해 어떤 말을 해야 하는지 평신도들의 소명과 정치적 명령에 적용하는 방법을 발견하도록 영감을 주시는 성령께 맡겨야 한다.

관료주의를 유지할 계획은 없다. 대부분의 일은 파트타임으로 계약을 맺고 수수료를 받거나 인센티브에 의한 모델 혹은 생산성에 기초해서 계약으로 수행될 것이다. 사무실에 나와 있어야 지출하는 것은 아니다. 프로젝트의 중요성을 진정으로 믿는 학자나 협력자가 자원해서 드리는 헌신으로 주로 이루어질 것이다. 내적으로 부름을 받고 강한 소명 의식으로 인도함을 받지 않는다면 아무도 이 프로젝트에 깊이 종사하지 않을 것이다.

초대 아프리카 기독교 프로젝트를 성공적으로 이루면 궁극적으로 다음의 9개 주된 목표의 완성을 바라본다.

① 초대 아프리카 기독교를 주제별로 정리한 다권(多卷) 백과사전
② 초기 아프리카 기독교를 연대별로 배열한 다권 역사
③ 역사적 문제와 현대 문제 모두를 위한 학제간 '아프리카 기독교 저널'

④ 주요 학회에서 초기 아프리카 기독교의 연구 부분과 연관된 일

⑤ 초대 아프리카 기독교 웹사이트를 매일 유지하기

⑥ 고대 및 현대 아프리카 기독교에 관한 적절한 학문 기관에서 학제간 연구 프로그램

⑦ 초대 아프리카 본문에 근거한 고전 기독교 가르침의 가치를 가르치기 위한 의도적이고 결의에 찬 노력

⑧ 이 학적인 노력에 상응하는 파라처치(parachurch) 사역과 연계하는 시도

⑨ 그리스도인과 무슬림과 화해의 대화 속에 필요로 하는 것에 특별히 관심을 기울이기

10. 결론

기독교와 이슬람, 유럽과 아프리카, 세계 기독교와 지역 기독교, 성문서와 현대적인 난관에 관계에 관해 엮어진 시급한 문제가 많이 있다.

이 모든 것은 하나의 명료한 프리즘 – 초대 아프리카 기독교 – 에서 흘러 들어가고 나온다.

적절한 본문을 써서 이 이야기를 이해시킨 고대 그리스도인들은 지혜롭고 부드러웠으며, 어떤 이는 그리스도인의 삶과 인간 역사를 누구보다도 더 잘 파악해서 진정한 성인이었다.

초대 아프리카 기독교는 서구 지성 전통에 값진 가치를 더했다. 초대 아프리카 기독교 연구가 현대 아프리카 기독교 정체성의 모든 문

제를 해결하지는 않으나 그 기독교 정체성에 있어 아프리카 기독교가 진정으로 무엇인가를 위해 주로 구전에만 의존해야 한다는 모호한 생각을 극복하기 위해 큰 전진을 이룬다. 초대 아프리카 기독교는 자신의 초대 아프리카 지적인 전통에 있어 아프리카인의 확신을 회복시키도록 도와줌으로써 아프리카 종교 공동체에 가치를 부가한다.

HOW AFRICA SHAPED
THE CHRISTIAN MIND:

부록 2

첫 천년기 아프리카 기독교의 문헌적인 연대기

이 간편한 연표의 목적은 아프리카 기독교의 이슬람 이전 역사에 영향을 미친 가장 주목할 만한 사건, 인물, 본문을 지적하는 것이다. 나아가 초대 아프리카 기독교를 앞으로 연구하는 데 실제적인 안내와 자극이 될 것이다. 이 방대한 주제에 대해 만족할 만한 연표가 이미 있다면 이런 시도가 필요 없을 터인데 오늘날 아무것도 없다.

이것은 미래 세대가 계속 탐색하도록 거대한 지성사의 지도를 만드는 예비 시도일 뿐이다. 다른 어느 축약 연대기처럼 사상과 사건을 집어서 설명한다고 가식하지 않고, 그 후속 과제를 제시하고 그것을 계속 연구하기를 권장한다. 사건의 흐름을 대충 바라보기만 해도 고찰하는 문제의 폭과 중요성을 쉽게 알 수 있다. 이것은 일차적으로 문헌적인 연표이지 정치적, 군사적, 혹은 문화적 연표가 아니다.

특별히 초대 아프리카의 기독교 본문에 초점을 맞춘다. 그 주목적은 초대 아프리카 그리스도인의 지성적, 주해적, 예전적, 교리적, 사회적 가르침의 규모를 밝히는 것이다. 이 본문과 원고 중 많은 것이 아프리카의 기능적인 언어로 번역되지 않았거나 빈약하게 번역되어 무시되었다.

다음의 많은 연대에 대해 상치하는 의견들이 있어 계속 논의 중이라는 것을 독자에게 미리 알린다. 유력한 학적 의견을 종합해서 증거에 근거해 연표를 일관성있게 제시하고자 한다. 여기서 연대와 출처를 결정하는 데 최근 비르거 A. 피어슨과 스티븐 J. 데이비스의 연구에 크게 의존했다.

1) 아프리카 기독교 1-99년

1 - 7경 나사렛 예수의 탄생(터툴리안의 계산에 의하면 A.D. 3년). 누가의 전통은 성(聖) 가족이 바로 이집트로 피난했다고 보도한다.

29 - 33경 구레네(리비아) 시몬이 예루살렘에서 예수의 십자가를 지다. 예수는 니산월 14일 금요일 유월절에 십자게 못박히고 3일만에 부활하고 승천하셨다. 이집트, 구레네 주위의 리비아 근방에서 온 "경건한 유대인들"이 예루살렘에서 오순절을 지키고, 성령의 부으심을 받다. 구전에 의하면 마가가 리비아에서 태어나다.

33 - 65경 최초의 복음서 마가복음이 쓰이기 전에 기독교 가르침이 최초의 구전으로 아프리카에 전해진 시기. 증인들이 유대, 사마리아, 아프리카 전역으로 퍼지다. 간다게(에티오피아의 전설적인 여왕)의 국고 관리인 에티오피아 내시가 누가에 의해 기록된 대로 아프리카로 돌아가는 길에 기독교로 개종함.

37 - 38 그리스인들이 플라쿠스(Flaccus) 통치 때 알렉산드리아의 유대인을 학살함. 그 여파가 북아프리카 모든 유대인에게 미침.

40 알렉산드리아의 필로 유대우스(Philo Judaeus, 유대인 필로)가 대학살 후에 대표로 황제에게 가다. 스토아-플라톤적 유대 주해가였던 그는

마레오틱 호수 근처에서 『테라퓨태』(Therapeutae)를 기술했다. 사람들은 필로를 원(原) 기독교 유대인으로 본다. 어떤 알렉산드리아 그리스도인들은 후에 필로를 성문서의 주해에 있어 모델로 본다.

43 유세비우스는 마가가 "클라우디우스(Claudius) 3년"에 일찍이 알렉산드리아에 있었다고 기록하다.

45 - 55 알렉산드리아의 아볼로(Apollos, 필로의 제자인 듯)가 불완전한 형태의 기독교로 개종하다. 나중에 "그의 모국에서 말씀으로 가르침을 받아" 사도적 가르침을 받아들이다. 이로 볼 때 아볼로가 에베소로 가기 전에 알렉산드리아에 유대인 기독교 초기 공동체가 있었다고 추정된다.

46 - 74경 이집트 전통에 따르면 마가가 알렉산드리아에서 선교하고 순교당함. 증명되지 않았지만 배제해서는 안 된다. 세베루스(사위루스 이븐 알-무카파)는 그리스도의 승천 후 15년째 되는 해에 마가가 알렉산드리아에 있었다고 기록하다.

45 - 49경 최초의 기독교 공의회인 예루살렘 공의회가 사도들의 세계 선교를 가능케 하기 위해 할례와 음식 규례에 관한 문제를 해결해서 토착 아프리카인들을 향한 말씀 선포에 결정적인 영향을 미쳤다.

55 - 95경 복음서들이 기록되다. 마가복음은 첫 복음서로 베드로의 증언을 회상하면서 로마에서 기록되었다. 아프리카에서 보면 사도적 선교를 아프리카(특히 구레네와 알렉산드리아)에서 시작하는 것으로 간주된다. 바나바의 조카인(골 4:10) 마가는 안디옥(행 12:25)과 구브로(행 15:39)로 바나바를 따라 갔다. 베레니체(Berenice), 펠루시움(Pelusium), 알렉산드리아, 카르타고와 같은 아프리카 도시로부터 배로 여행을 하는 유대 상인들은 안디옥과 구브로에 갈 수 있었다.

64/66 베드로의 순교.

64/67 바울의 순교.

66 유대아 지방에서 티베리우스 율리우스 알렉산더(Tiberius Julius Alexander) 통치 아래 유대인 학살.

66 – 68 리비아 전통에 의하면 마가가 구레네(시레나이카)에 기독교 공동체를 설립함.

68 알렉산드리아에서 마가가 순교함(5월 8일). 그를 밧줄로 묶고 끌고 다님. 그의 순교는 알렉산드리아에서 50,000명의 유대인을 로마인이 학살한 사건과 관련이 있을 것이다. 유세비우스는 알렉산드리아에서 아니아누스(Annianus)가 마가를 뒤이었다고 기록한다.

70 티투스에 의한 예루살렘 포위와 함락. 유대에서 유대인 자치 정부가 붕괴되고 제2성전이 파괴되었으며, 대제사장 제도와 산헤드린이라는 전통적 민족 기관이 압박을 당함. 많은 유대인이 노예로 팔렸다. 다른 이들은 이집트와 아프리카로 흩어졌다.

70 – 72 황제 숭배가 도입되다.

70 – 135 점점 더 많은 수의 유대인이 아프리카 특히 알렉산드리아, 구레네, 헬리폴리스, 베레니체, 카르타고, 카이사레아 모레타니아에 도착하다.

75 – 100 『제2에녹』(*Second Enoch*)과 『아브라함의 언약』(*Testament of Abraham*)이 알렉산드리아의 유대 공동체에서 그리스어로 집필되다.

83 알렉산드리아 주교, 아니아누스의 죽음. 밀리우스(아빌리우스)가 뒤를 이음.

92 도미티안이 자신의 형상 앞에 재물을 바치지 않는다고 그리스도인들을 처형하다.

98 - 117 트라얀 황제가 바빌론이라고 불리우는 구(舊) 카이로 요새를 재요새화하다. 이곳은 스트라보가 일찍이 B.C. 24년에 존재한다고 보고한 장소다.

93 - 130 이후 『실바누스의 가르침』이라는 자료 본문은 고린도전서 1 - 4장과 유사한 로고스기독론을 구현해서 알렉산드리아의 클레멘트를 예고했다.

2) 아프리카 기독교 100-199년

100년대 이집트 기원의 2세기 비-영지주의 기독교 문헌: 『히브리인의 복음』, 『이집트인의 복음』, 『마가의 비밀복음』, 『베드로의 가르침』, 『베드로의 묵시』, 『맛디아, 안네, 얌브레의 전통들』, 『섹스투스의 격언』, 『클레멘트의 제2서신』, 『아테나고라스의 저작들』.

100년대 이집트에서 유래한 것으로 추측되는 2세기 비영지주의적 기독교 문헌으로 분명히 이집트에서 유통되었으나 기원에 관해서는 논란이 있는 문헌: 『도마의 복음』, 『시빌의 신탁』(Sibylline Oracles), 『야고보의 원복음』, 『요한행전』, 『안드레행전』, 『사도들의 서신들』. 게다가 어떤 학자들은 다음도 이집트에서 유래했다고 주장한다: 『유다의 서신』, 『베드로 제2서신』, 『12족장의 증언』, 『야고보의 비서』(秘書; 아포크리폰), 『막달라 마리아의 복음』.

100년대 이집트에 보존된 2세기 원고 조각들: 에게르톤 복음(최초), 안티노폴리스(Antinoopolis)에서 온 『시빌의 신탁』, 옥시린추스(Oxy-rhynchus)에서 온 『도마의 복음』, 파윰(Fayyum)에서 온 『헤르마스의 목자』.

100년대 알렉산드리아의 클레멘트가 지은 것으로 알려진 『마가의 비밀복음』, 알렉산드리아의 유대인 그리스도인을 위해 편찬된 『히브리인의 복음』, 알렉산드리아의 라코티스 지역에 주류를 이루는 "이집트인들"을 위한 『이집트인 복음』.

107경 주님의 사촌, 클로파스의 아들, 시므온의 순교는 이집트에 있는 유대 가족과 연결이 되어 있을 것이다.

115 - 117 구레네와 알렉산드리아에서 일어난 유대인 반란을 가혹하게 진압해서 큰 숫자의 유대인(필로에 의하면 이집트에 살던 사람 중 1백만)이 죽었다.

115 - 117 바나바의 서신은 트라얀 통치시 유대인 반란이 일어났을 즈음에 "아브라함을 이방인의 아버지"라고 부르면서 알렉산드리아의 유대-기독교 메시아 공동체를 향해 쓰여졌다. 이후 위(僞)클레멘트 설교(1.8-9)도 또한 바나바가 알렉산드리아에 있다고 기록한다. 그곳으로부터 "클레멘트"는 바나바를 따라 유대로 갔다.

117 - 138경 발렌티누스(Valentinus)가 상부와 하부 이집트(테비아스, 아르시노이티스, 알렉산드리아)에서 설교하다. 발렌티누스판(版) 복음들은 영지주의적 가르침과 혼합되어 있다-『진리의 복음』, 『부활에 관한 논문』, 『부활에 관해 레기노스에게 보낸 서신』.

125 - 135경 이집트의 영지주의적 교사들: 프로소피티스의 바실리데스(Basilides in Prosopitis), 사이테스(Saites)와 알렉산드리아, 헤라클레온(Heracleon), 카르포크라테스(Carpocrates)와 그의 아들 에피파네스(Epiphanes), 아펠레스(Apelles), 율리우스 카시아누스(Julius Cassianus).

125 - 161 『디오그네투스에게 보내는 서신』이 쓰이다.

132 - 135 팔레스타인에서의 바 코흐바 반란은 아프리카의 유대인에

게 불길한 결과를 가져다 주었다.

135 - 165 발렌티누스학파는 『빌립의 복음』, 『지식의 해석』, 『발렌티누스 주해』를 저술했다.

139 프톨레미가 이집트에서 태어나다. 그는 알렉산드리아에서 분초의 측정과 평행선과 자오선을 발명했다(161년 이후에 죽음).

140 알렉산드리아의 역사가인 아피안(Appian)이 활약하다.

140경 펠라의 아리스토(Aristo of Pella)는 알렉산드리아의 유대인인 파피스쿠스와(Papiscus) 야손(Jason)이라고 불리운 유대 그리스도인 사이의 대화를 기술했다.

150 경 마르시온의 불완전한 신약이 이집트에 도착하다. 셋(Seth)적 영지주의 논문인 「3중형 프로테노이아」(Trimorphic Protennoia)가 쓰여지다.

150경 『구세주의 대화』가 쓰이다(나그 함마디-Nag Hammadi-로부터). 『에비오인의 복음』이 이레니우스에게 알려지다(135경-202경).

150경 - 215 알렉산드리아의 클레멘트.

157 프리기아(Phrygia)의 몬타누스주의가 180경까지 아프리카에 도착하다.

160경 카르타고의 평신도 신학자인 터툴리안의 출생(225에 죽음).

160 - 240 율리우스 아프리카누스(리비아 혹은 예루살렘 출신)가 알렉산드리아에서 오리겐과 헤라클라스와 함께 교리학교에서 공부하다. 황제 알렉산더 세베루스를 위해 로마의 판테온에서 도서관을 설립하고 성경과 연관된 보편역사인 『연대기』(Chronicles)를 쓰다.

178 알렉산드리아의 주교인 아그리피누스(Agrippinus)의 죽음. 그는 줄리안(Julian; 178-188)에 의해 계승되었다.

178경 셀수스(Celsus)가 기독교를 공격하다. 『진정한 담론』(*True Discourses*)이 알렉산드리아에서 쓰인 것 같다.

180 누미디아에서의 마다우라 순교자들: 마다우라의 막시무스가 기록한 대로 남파노(Namphano), 미긴(Miggin), 루시타스(Lucitas), 사마에(Samae; 베르베르 혈통인 것으로 보인다)

180 스킬리(스킬리움은 카르타고나 누미디아 가까이에 있는 것 같다)의 순교자들: 스페라투스(Speratus), 나르잘레스(Narzales), 시티누스(Cythinus 혹은 Cittinus), 베투리우스(Veturius), 펠릭스(Felix), 아칠리누스(Acyllinus 혹은 Aquilinis), 라에탄티우스(Laetantius), 자누아리아(Januaria), 제네로사(Generosa), 베스티나(Vestina), 도나타(Donata), 세쿤다(Secunda). 이것은 마다우라의 순교자 이후 두 주후에 마그레브에서 일어난 기독교 순교에 대한 최초의 공적인 기록이다.

180 경 판타에누스(Pantaenus)에 의해 알렉산드리아에 교리학교가 설립되다. 그는 지도적인 기독교 교사, "인도" 선교사(유세비우스), 클레멘트의 스승, 장로였다 (시대의 필립이 아테나고라스를 알렉산드리아 학교에서 판타에누스 앞에 둔 것을 유의하라).

180 - 213 『진리의 증거』가 쓰여지다(아마 알렉산드리아에서).

180 - 220 로마에서 일한 아프리카 변호사인 미누시우스 펠릭스가 그의 대화록『옥타비우스』(*Octavius*)를 쓰다.

180년대『요한의 아포크리폰』(*Apocyphon of John*)이 쓰이다(185년 이전에).

185 오리겐의 출생.

188 알렉산드리아의 주교인 줄리안의 죽음.

189 - 198 교황 빅토르는 아프리카(아마 라틴 서부) 출신의 첫 로마

주교다.

190경 성경이 유럽 이전에 아프리카에서 라틴어로 번역되다 (카르타고의 기독교공동체들이 사용한 것 같다).

190경 알렉산드리아의 디오니시우스(Dionysius)의 출생.

190년대 기독교로 개종한 알렉산드리아의 클레멘트가 『그리스인에게 하는 연설(프로트렙티코스)』(*Address to the Greeks - Protreptikos*)를 쓰다.

190년대 옥시린추스(Oxyrhynchus)와 안티노폴리스(Antinoopolis)에 문서 필사실(scriptorium)이 있었다. 2세기 알렉산드리아의 영지주의적 저작들: 『복자(福者) 유그노토스』(*Eugnostos the Blessed*), 『예수 그리스도의 지혜』, 『바울의 묵시록』(Apocalypse of Paul), 『완전한 마음』, 『위대한 셋에 관한 제2 논문』.

193 렙티스 마그나(Leptis Magna) 출신의 셉티미우스 세베루스(Septimius Severus)가 아프리카 출신으로 첫 로마황제가 되다. 211년까지 통치하고 그의 왕조는 235년까지 계속된다.

193경 웅변술 교사이자 변호사인 터툴리안이 기독교로 개종하다. 라틴어로 광범위한 문헌을 쓴 첫 아프리카 그리스도인이 되다. 『변증』(*Aplogeticum*)을 쓰다.

195 - 215 알렉산드리아의 클레멘트가 활약하다. 『교육가 그리스도』, 『테오도투스(발렌티누스의 제자) 발췌록』, 『잡기』(雜記; *Miscellanies*).

195 - 197 아프리카출생의 교황 빅토르가 부활절에 14일 논쟁(the Quartodeciman controversy)에 개입하다. 이레니우스가 중재하다.

196 터툴리안이 『순교자에게』를 쓰다

197 유대교와 기독교 개종을 금하는 세베루스 칙령

197경 구레네에서의 사벨리우스주의 성장. 성부와 성자 사이의 관계

에 관한 단신론 논쟁.

197 - 200 터툴리안이 『이방인들에게』(Ad nationes), 『영혼의 증거』(De Testimonio animae), 『연극에 관하여』(De spectaculis), 『이단자의 항변에 관하여』(De praescriptione), 『마르시온 반박』(Adversus Marcionem)를 쓰다.

199 - 200 셉티무스 세베루스가 이집트를 방문하여 세금의 짐을 덜어주다.

3) 아프리카 기독교 200 - 299년

200년대 이집트에서 유래 3세기 비영지주의적 문헌: 『엘리야의 묵시』(상부 이집트), 『바돌로매의 복음』, 『구세주의 복음』, 『그리스도인에게 하는 권면』

200년대 3세기 셋계열(Sethian) 영지주의 저작들: 『아르콘스의 본질』, 『이집트인의 복음』, 『셋의 세 돌기둥』, 『조스트리아노스』, 『멜기세덱』, 『노레아의 사상』, 『알로게네스』(알렉산드리아 혹은 시리아에서 유래).

200년대 3세기 알렉산드리아 영지주의 저작들: 『베드로의 묵시』, 『베드로가 빌립에게 보낸 서신』, 『마리아의 복음』. 발라이자(Ba-la'izah) 영지주의 단편이 발라이자의 수도원 도서관에서 발견됨.

200 터툴리안이 『이단자의 항변에 관하여』(De praescriptione haereticorum)를 쓰다.

200경 카르타고에서 시프리안 출생.

200경 미쉬나를 수집하고 편찬하다.

200 - 206 터툴리안이 『기도에 관하여』, 『인내에 관하여』, 『세례에

관하여』, 『여성의 의상에 관하여』, 『나의 아내에게』, 『유대인을 반박함』, 『헤르모게네스를 반박함』을 쓰다.

202 - 203 셉티미우스 세베루스 통치하에 아프리카와 이집트에서 급성장하는 기독교에 대해 핍박이 일어남. "셀 수 없는 숫자"가 순교의 면류관으로 장식했고 "이집트와 모든 테바이스에서" [시에네의 수안까지 남쪽 깊이 내려간 나일델타로부터] 광장으로 호송되었다고 유세비우스는 보고하다. 카르타고에서 페르페투아와 펠리치타스의 순교. 그리고 타바르카의 빅토리우스(Victorius of Tabarka)의 순교.

202 셉티미우스 세베루스(Septimius Severus)의 핍박 중에 오리겐의 아버지인 레오니다스(Leonidas)가 알렉산드리아에서 순교당함. 오리겐은 십대 고아와 가장으로 살아남아 아버지가 하던 문학 교육과 교리훈련의 일을 계속하다.

202 세베루스 핍박 동안 클레멘트는 알렉산드리아를 떠나 팔레스타인으로 갔다.

202 클레멘트가 떠나자 18세의 오리겐은 데메트리우스(Demetrius) 주교에 의해 알렉산드리아 교리학교를 헤라클라스의 도움을 받아 지도하도록 요청을 받다.

202 『성자 페르페투아와 펠리치타스의 순교기』가 아마 터툴리안에 의해 기록된 것 같다.

202 - 203 아프리카 출생 셉티미우스 세베루스 황제는 카르타고를 국가 방문하고 요새화 도시로 리비아의 렙치스 마그나(Lepcis Magna)에 거대한 건축 계획을 시작하다.

202 - 231 아모니우스 사카스 Ammonius Saccas) 아래에서 그리스 문학과 철학의 훈련을 받은 오리겐은 알렉산드리아 교리학교장으로 계

속 일했다.

203 - 204 터툴리안이 『참회에 관하여』(*De paenitentia*)를 쓰다.

204 터툴리안은 『황홀에 관하여』(*De ecstasi*), 『믿는 자의 소망에 관하여』(*De spe fidelium*), 『낙원에 관하여』(*De paradiso*)를 쓰다.

205 이집트 철학자 플로티누스(Plotinus)의 출생.

206경 터툴리안은 『처녀의 베일로 가리기에 관하여』(*De virginibus velandis*)를 쓰다.

206 - 212 터툴리아 저작의 반(半)몬타누스주의 시기

207 - 208 터툴리안이 마르시온을 반대하여의 제2판을 썼는데 1-3권을 포함하고 있다.

208 - 212 터툴리안이 『영혼에 관하여』(*De anima*), 『그리스도의 육신에 관하여』(*De carne Christi*), 『죽은 자의 부활에 관하여』(*De resurrectione mortuorum*), 『순결을 훈계함』(*An Exhortation to Chastity*), 『마르시온 반박』(*Adversus Marcionem*), 4 - 5권(3판), 『외투에 관하여』(*De pallio*), 『발렌티아누스를 반박함』(*Adversus Valentinianos*), 『영혼의 기원에 관하여 헤르모게누스를 반박함』(*De censu animae adversus Hermogenem*), 『운명에 관하여』(*De fato*), 『아펠레스를 반박함』(*Adversus Apelleiacos*)을 쓰다.

211 셉티미우스의 죽음과 그의 아들 카라칼라(Caracalla; 황제 211 - 217)의 계승. 아프리카에 근거한 세베리우스 왕조가 계속되다. 처음으로 긴 평화.

211 터툴리안이 『왕관에 관하여』(*De corona*), 『우상 숭배에 관하여』(*De idololatria*)를 쓰다.

211 - 213 터툴리안이 『전갈의 해독』(*Antidote Against the Scorpion*)을 쓰다.

212 카라칼라가 제국의 모든 자유 주민에게 로마 시민권을 부여하다. 법적인 인정이 처음으로 유대인과 그리스도인들에게 명목상으로 부여되다.

212 8월 14일에 일식이 일어남. 터툴리안이 『스카풀라에게』(Ad Scapulam)를 씀.

212경 오리겐이 로마를 방문하다.

213 "육적인 마음을 가진 자들"과의 관계가 끊어진 다음 터툴리안은 『도망에 관하여』(De fuga), 『프락세아스를 반박함』(Adversus Praxean), 『일부일처제에 관하여』(De monogamia), 『금식에 관하여』(De ieiunio)를 쓰다.

215 카라칼라가 이집트에서의 반란을 두려워 해 알렉산드리아에서 학살을 명하다.

215 마니교의 창시자인 마니(215-276)의 출생.

215 알렉산드리아의 클레멘트의 죽음.

216 오리겐이 팔레스타인을 방문하다.

217 카라칼라의 살해. 무어인(북아프리카의 모레타니아)인 마크리누스(Macrinus)가 황제가 되다.

217 터툴리안, 히포리투스, 로마주교들이 교회 훈련(권징)에 관한 논쟁에 관여하다.

217 - 222 칼리스투스 1세가 (Callistus I)가 로마의 주교.

218 터툴리안이 몬타누스주의의 어떤 면을 받아들이다.

220 터툴리안이 『절제에 관하여』(De pudicitia)를 쓰다.

220 칼라스투스가 사벨리우스를 정죄하다.

220경 터툴리안이 '삼위일체,' '신약'이라는 용어를 만들다. 라틴어로 된 최초의 성경 번역을 인용하다.

220 - 229 오리겐, 헤라클라스, 데메트리우스 아래 알렉산드리아학파가 번성함. 오리겐이 알렉산드리아에서 문서 활동한 제1기: 『요한복음주석』.

222 - 235 알렉산더 세베루스 로마 황제 통치. 기독교 박해를 중지시키고 종교 관용을 베풀다.

225 - 300 알렉산드리아에서 신플라톤주의가 발전되다.

230경 오리겐이 『헥사플라』(Hexapla)와 『제1원리』(De Principiis)를 쓰다.

231 알렉산드리아의 데메트리우스 주교가 오리겐을 사제직으로부터 면직시키고 교리학교를 더욱 감독 관리하에 가져오다.

231 오리겐이 알렉산드리아에서 팔레스타인의 가에사라로 옮겨가서 설교, 성경 주석과 함께 헥사플라를 완성하다. 이 저작들에서 모형론적이고 영적인 주해를 자주 사용하다.

231 오리겐이 그리스로 초청받다. 그곳에서 장로로서 교회에서 가르치고, 쓰고, 설교하다.

231 헤라클라스가 알렉산드리아 교리학교장으로 오리겐을 계승하다.

231경 플로티누스가 신플라톤주의 창시자인 아모니우스 사카스(Ammonius Saccas)와 함께 알렉산드리아에서 11년 동안 그의 연구를 시작하다.

232 오리겐이 『창세기 주석』을 쓰다.

232 오리겐이 안디옥의 줄리아 마매아(Julia Mammaea)를 방문하다.

232 데메트리우스 주교가 죽다. 헤라클라스가 알렉산드리아 주교로 임명되고 디오니시우스가 교리학교에서 그를 계승하다.

233 - 238 기적 행사자 그레고리가 오리겐 아래 공부하다.

235 오리겐이 『순교로의 권면』(Exhortation to Martyrdom)을 쓰다.

243경 신플라톤주의자 플로티누스가 그의 철학사상 학교(크로니우스, 누메니우스 아티쿠스)를 알렉산드리아에서 로마로 옮기다.

247 헤라클라스의 죽음.

247 이집트의 헤르모폴리스 마그나(Hermopolis Magna)에서 그리스신 전이 교회로 변모하다. 거기서 코논 주교가 디오니시우스 주교로부터 배교자를 다시 받으라는 편지를 받다.

247 - 264 알렉산드리아의 새로운 주교인 디오니시우스가 신학 교육을 아르시노이테 마을 수준으로 가져오다.

248 시프리안이 그의 고향 카르타고에서 주교가 되다.

249 데시우스 황제 아래 그리스도인 핍박이 시작되다(249-251). 그가 로마 시민은 시민 종교의 공식적 고백에 참여하라고 명령하는 칙령을 발하다. 많은 그리스도인이 우상 숭배에 빠지다.

249 핍박이 늘어나다. 참회를 집행하는 문제가 첨예하게 되었다. 시프리안의 실행: 안수받고 성찬에 다시 허락되기 전에 배교한 자들은 자신의 잘못을 공적으로 고백하고 적절한 참회 행위에 순복해야 한다.

249 - 251 상부 이집트의 이스나(Isna)에서 3,600명이 순교함.

250 배교했으나 돌아오는 그리스도인들을 다루는 문제로 카르타고와 로마 사이에 논란이 커짐. 엄격한 분리주의적 집사인 카르타고의 펠리치시무스(Felicisimus)가 시프리안을 반대하다.

250 오리겐이 잡히고 고문당함.

250 포르피리(Porphyry)의 서신. 영지주의적 『피스티스 소피아의 복

음』(Gospel of Pistis Sophia).

250경 오리겐이『셀수스를 반박함』(Contra Celsum)을 씀.

250년대 구레네에서 양태론 교리.

251 안토니의 출생.

251 발레리안의 박해.

251 카르타고 공의회가 시프리안에 의해 배교자의 문제로 소집됨. 시프리안은『배교자에 관하여』(de Lapsis)를 쓰다.

251 - 252 시프리안은『공교회의 통일성』,『노바티안주의자를 반박함』,『주기도』,『데메트리안에게』를 쓰다.

251 - 253 코넬리우스 1세가 그의『서신』을 쓰다.

253 시프리안이『행위와 자선』을 쓰다.

254경 투옥 중에 오리겐은 고문당하고 죽다(두로에서?) 그레고리 사우마투르구스가『찬사』(Panegyric)을 쓰다.

254 - 257 카르타고(시프리안)와 로마(스데반 1세)에서 세례 논쟁.

255 - 256 가이사랴의 페르밀리안이『카르타고의 시프리안에게 보내는 편지』를 쓰다.

255 - 256 이단의 재세례에 관하여 카르타고 공의회가 열림.

256 시프리안이 사회를 본 제7차 카르타고 공의회의 결의.

256 - 258 시프리안이『인내의 장점』,『도나투스에게』,『처녀들의 복장』,『우상은 하나님이 아니다』,『시기와 질투』,『순교죽음을 향한 권면』,『포르투나투스에게』,『서신들』을 쓰다.

256 - 258『재세례에 대한 무명의 논문』이 쓰이다.

257 - 260 발레리안 아래 핍박.

258 카르타고에서 시프리안이 순교당함.

258 『시프리안의 행전』이 그의 집사 폰티우스(Pontius)에 의해 쓰여 그의 순교를 기술하다.

260년대 테베인 바울이 태어나다. 후에 그는 첫 은자로서 동부 이집트 사막에 정착했다.

260 발레리안이 죽자 갈리에누스는 유일한 황제가 되다. '종교관용 칙령'을 선포해서 제2의 장기적인 평화를 가져오다. 사벨리우스주의가 정죄당함.

260경 지방 총독의 아프리카에서 락탄티우스가 출생하다. 시카의 아르노비우스(Arnobius of Sicca)의 제자가 되고 역사철학의 주요한 저작의 저자가 되다. 구레네에서 아리우스가 태어나다.

262 구레네에서 지진이 일어나다.

264 알렉산드리아의 주교인 디오니시우스가 죽다. 그는 많은 서신을 썼다.

264 – 282 막시무스가 알렉산드리아의 총대 주교.

265 – 282 디오니시우스(Dionysius), 테오그노스투스(Theognostus), 프리에루스(Prierus), 아킬라스(Achillas), 알렉산트리아의 베드로가 연이어 알렉산드리아학교를 이끌다. 그 후에 테오그노스투스가 총대 주교로 선출되다(300년경). 후에 포티우스가 기술한 것에 의하면 테오그노스투스의 교과 과정은 성부에서 성자로 그리고 성령을 옮겨갔다.

270년대 안토니가 금욕 생활을 시작하다.

270 플로티누스가 죽다.

270 – 300 중앙 이집트와 북아프리카에서 기독교가 지속적으로 증가. 플로티누스의 제자인 포르피리(Porphyry)가 기독교 가르침에 대해 지적인 공격을 가하다.

276 마니의 죽음. 그의 제자들이 그의 죽음 전에 아프리카로 와서 기독교가 반응하게 됨.

280경 마리우스 빅토리누스(Marius Victorinus)의 출생.

282 - 300 테오나스(Theonas)가 알렉산드리아의 총대 주교.

284 순교자의 시대인 디오클레티안의 통치 시작부터 출발하는 콥트 달력의 제1년.

285 안토니가 이집트 사막으로 물러감. 사막수도원 운동의 시작. 금욕 은둔자 중에 테베의 바울이 있다.

285 레온토폴리스의 히에라카스(Hieracas of Leontopolis)가 성경 주해를 씀으로 금욕 공동체를 인도하다.

285 로마제국이 디오클레티안에 의해 서부와 동부 제국으로 분할되다.

290년대 시카의 아르노비우스(Arnobius of Sicca)의 회심.

295경 - 298 아타나시우스의 출생. 알렉산드리아 태어났거나 혹은 다이르 안바 마카르(Dair Anba Maqar) 문서에 의하면 그의 부모가 상부 이집트의 알-발리야나(Al- Balyyana)나 출신으로 그곳에서 태어났다(베바위-Bebawi-를 보라). 그는 테오나스(282-300)가 알렉산드리아의 유노스토스 항구의 해안 가까이에 세우고, 감독(현재 루에 카람의 프란시스코파 교부들) 주거로 사용된 오라토리 테오메트르(Oratory Theometor) 지역에서 자랐다. 아타나우스가 알렉산드리아의 주교가 되다.

297 - 299 그리스도인에 대한 디오클레티안의 조세 정책과 억압적인 조치에 반대해서 알렉산드리아에서 반란이 일어남. 구카이로의 바빌론에 요새를 강화하다.

298 마르셀루스(Marcellus)가 모레타니아의 틴지스(Tingis)의 백부장으

로 순교함.

4) 아프리카 기독교 300 - 399년

300년대 알렉산드리아에서 가장 오래된 것으로 알려진 교회 위치들: 파로스(테오필리스 아래 복구됨), 성 마가의 순교기념교회, 부콜루(유노스토스 항구, 바다 옆 북동 절벽 가까이의 풀밭), 벤디디우(멘디데이온, 성 아타나시우스교회), 앙겔로이(세라퓸), 동문 가까이 성 테오나스교회, 대항구 위의 카에사륨; 천사장미가엘의교회, 코스모스와 다미안(주랑 서쪽 운동장 가까이 292년에 창립됨).

300년대 저작들: 나그 함마디 문서들에 들어 있는 4세기 영지주의 원고들: 다이르 엘 마라이자 단편들; 아스큐 코덱스; 보하릭 콥트성경번역판들이 시작되다. 『실바누스의 가르침』은 초기 2세기 알렉산드리아 기독교 도덕 지혜를 편찬했다. 알렉산드리아 영지주의 본문인 『세계의 기원에 관하여』.

300년대 초기 4세기 아프리카 순교자와 성인들; 누미디아의 콘스탄틴 주교인 포르투나투스, 카르타고 주교 그라투스, 밀레비스의 주교 옵타투스, 카르타고의 도나투스파 주교 프리미안, 모레타니아의 도나투스파 카르테나 주교 로가투스, 알제리의 테베사 주교 로물루스, 누미디아의 팀가드 주교 섹스투스, 팀가드 도나투스파 주교 가우덴티우스, 히포의 도나투스파 주교 마크로비우스, 누미디아의 콘스탄틴 카톨릭주교 프로푸투루스, 누미디아의 바이아나 주교 발렌티누스, 누미디아의 키기시스의 세쿤두스, 리비야의 테오나스.

300년대 알렉산드리아의 남서쪽 마류트(Maryut)에서 성 메나스(St.

Menas)의 조그만 기도처가 세워지다. 아타나시우스가 그곳에 바실리카를 세웠는데 아르카디우스(Arcadius)가 확장했다. 메나스는 이집트의 민족 사막 성인이 되었다. 그의 순교기념교회에는 낙타들이 그의 발치에 앉아 있고 군인의 튜니카(tunic)와 클라미스(chlamys)를 입은 모습으로 그려져 있다. 이 시대의 암풀라 그릇들(ampullae)이 상류 나일에서부터 갈리아까지 널리 발견되었다.

300 알렉산드리아 총대 주교인 테오나스의 죽음. 테오그노스투스가 그를 이었다.

300경 수사가인 락탄티우스의 회심과 주교가 된 리코폴리스(Lycopolis)의 철학자 알렉산더의 회심.

300경 『마가의 행전』이 이집트와 리비아에서 전해지는 이전 세기들의 마가의 전승을 함께 모았다.

300경 그리스도인들이 제국 전역, 주목할 만하게 아프리카에서 수가 증가하고 있었다.

302 - 310 알렉산드리아의 총대 주교인 베드로가 핍박 기간 동안 훈계에 관한 14개조의 참회 규범을 발표했다. 『부에 관한 설교』와 『그리스도의 세례에 관한 현현 설교』를 베드로가 지었다고 추정한다. 암모니우스가 이스나의 주교로 임명되다.

303 지방 총독의 아프리카 경계가 재정리되다. 트리폴리타니아 지방이 만들어지다. 렙치스(Lepcis)가 수도다.

303 티비우카(Thibiuca)의 주교, 튀니지의 순교자 펠릭스.

303 대핍박의 시작, 2월 23일. 디오클레티안(황제 284-305) 아래 교회를 파괴하고, 책을 불태우고, 재산을 몰수하고 회중을 해산하라는 칙령을 내리다. 니코데미아에서 군인들이 주교성당을 불태우고, 폭도

들이 디오클레티안의 궁전을 불태우다. 이집트에서 헤시치우스(Hesychis), 파초미우스(Pachomius), 테오도루스(Theodorus), 필레아(Philea)를 강제로 제거해 투옥시켰다.

303 아파 호르(Apa Hor)는 순교할 준비를 하고 펠루시움(Pelusium)에서 공적인 신앙고백을 하다. 그는 고문당하고 참수당했다. 후에 미냐(Minya)의 남쪽 아파 호르의 순교기념교회는 바위를 파고 터널을 통해 본당으로 들어갔다. 7개의 수도원센터가 미냐의 남쪽 나일강 동쪽 제방에 형성되었다. 성 아파터(Apater)가 아슈트(Asyut)근처에서 고문당하고 참수당했다

303 - 306 그리스도인에 대해 칙령이 선포되어 황제 디오클레티안과 그의 후계자들 아래 극심한 핍박이 있었다. 수많은 순교자들 중에 헬리폴리스의 바바라(Barbara of Helipolis), 세바스티안(Sebastian), 코스마스(Cosmas), 다미안(Damian), 모리스(Maurice), 게네시우스(Genesius)가 있다. 배절자(우상 숭배적인 당국에 성경을 내어 준 자들)에 대해 문제가 일어나다.

303경 - 310 락탄티우스가 『신적원리』(Divinae institutions)와 『하나님의 솜씨에 관하여』(De opificio Dei)를 쓰다.

304 - 306 체포된 네 명의 이집트 주교가 망명중인 총대 주교의 후계자를 감히 임명한 것에 대해 멜리티우스(Melitius)를 꾸짖다. 멜리티우스 분열이 리코폴리스의 멜리티우스와 알렉산드리아의 베드로 사이에 시작된다.

304 신플라톤주의 철학자 포르피리(Porphyry)가 『그리스도인을 반대하여』(Adversus Christianos)를 쓰다.

304 다티부스(Dativus)와 사투르니누스(Saturninus), 북아프리카의 아비

티나(Abitina)의 도나투스파 순교자.

304 디오클레티안의 심각한 병.

305 디오클레티안과 막시미안이 양위하다(5월 1일).

305경 안토니가 제자를 가진 수도승으로 부상하다. 그 주위에 최초의 기독교 수도원 공동체가 동부 이집트 사막에서 형성되다. 은둔자의 집단이 반(半)사막 수도원 운동이 시작된 증거가 된다. 안토니는 7개의 서신을 쓰다.

305경 시카의 아르노비우스(Arnobius)가 『민족들에 반하여』라는 책을 이방 종교의 예식에 대한 반박으로 쓰다.

306 락탄티우스가 『하나님의 진노』를 쓰다.

306 콘스탄틴이 요크에서 황제로 선포되다.

310 안토니가 순교자들을 격려하기 위해 알렉산드리아로 가다.

311 알렉산드리아의 교주 베드로가 투옥되고 부콜루스(Boukolous)로 이송되다. 그기서 그는 목이 베이기 전에 성 마가의 무덤에서 기도하다. 『베드로의 순교』(Passio S. Petri)가 4세기 무명으로 쓰이다.

311 갈레리우스(Galerius)가 그리스도인들에게 '종교 관용'의 칙령을 발했으나 어떤 핍박은 계속되다.

311 도나투스 분열이 누미디아와 지방 총독 아프리카에서 시작되다.

311 카르타고의 주교인 멘수리우스(Mensurius)가 죽다. 콘스탄틴은 "이 표지로 정복하리라"는 말과 함께 햇빛 속에 십자가의 비전을 보고 기독교의 표지를 그의 군기로 삼고 로마 바깥 밀비안 다리(the Milvian Bridge)에서 막센티우스(Maxentius)를 패배시키고 서방의 유일한 황제가 되다.

311경 - 325 유명한 알렉산드리아인인 암모니우스(암문)가 니트리아에서 수도원 생활을 하다. 그는 느슨하게 연결된 반(半)사막 생활 수도회를 형성해서 그 숫자가 400년까지 5천 명의 수도사로 성장하다.

312 사이러스와 요한이 카노푸스(Canopus)에서 순교하다. 안디옥의 루시안이 순교하다. 루시안의 추종자인 리비아의 아리우스가 베드로 1세의 순교후 알렉산드리아에서 지도자의 위치로 승진하다.

313 리시니우스(Licinius)가 막시무스 다타(Maximinus Data)를 패배시키고 동방의 유일한 황제가 되다.

313 대황제 콘스탄틴이 밀란의 칙령을 선포하다. 리시니우스가 종교적 핍박을 끝내고 예배의 자유를 부여하고 기독교 공동체로부터 압수하였던 물건들을 반환하다. 이것이 로마제국에서 기독교가 점점더 영향을 미치게 되는 첫 단계들이다.

313 도나투스가 배교자들의 재세례를 요구해서 출교당하다.

313경 오리겐 이후 탁월한 알렉산드리아 주해자인 시각 장애자 디디무스의 출생 (398죽음).

314 아를레스(Arles)의 공의회. 이탈리아, 갈리아, 북아프리카에서 온 주교들이 아프리카에서의 도나투스파 문제를 의논하다.

314경 락탄티우스가 콘스탄틴의 아들 크리스푸스(Crispus)를 교육시키기 위해 트리어로 가다.

315 도나투스주의자들을 정죄하고 핍박함.

315 카르타고의 주교 마조리누스(Majorinus)가 죽다.

316 도나투스가 제기한 고소에 대해 카르타고의 캐칠리안(Caecilian)이 변호함.

316 - 320 락탄티우스가 핍박자의 미래 세대들에 심판이 있을 것을 증거하기 위해 『서신』과 『핍박자의 죽음에 관하여』를 쓰다.

318 「아타나시우스가 말씀의 성육신에 관한 논문」을 쓰다.

318 스네(Sne)에서 태어나고 회심한(312) 이집트 군인인 파초미우스(292경 - 347)가 최초의 공동체 수도원을 창립해서 공동 생활하는 수도원 운동을 시작하다. 그는 공동체를 위한 수도원 규칙을 제시하다.

318 - 323 아리안 논쟁이 시작되다. 알렉산더가 아리우스를 장로직으로부터 해제하다.

319 도나투스주의자들을 위해 관용의 시기.

320 - 329 파초미우스가 타벤니시(Tabennisi) 프보우(Phbow), 쉐네세트(Sheneset), 트무숀스(Thmoushons)의 수도원을 창설하다.

320경 - 385경 밀레비스(Milevis)의 주교인 옵타투스가 도나투스주의자들을 비판하는 지도자가 되다.

321 알렉산드리아 대회에서 아리우스를 정죄하다.

323 - 346 『파초미우스의 서신』, 『파초미우스의 교훈』이 쓰이다.

324 카에사레아(가이사랴)의 유세비우스(265경 - 339, 314부터 주교)가 『교회사』를 완성하다.

324 - 337 콘스탄틴 대제가 통일제국의 유일한 통치자가 되다.

325 콘스탄틴이 최초의 교회연합 공의회를 소집하다. 니케아 신조에서 318명의 주교가 아리우스주의를 정죄하다. 아리우스는 일리리쿰(Illyricum)으로 망명가다.

325 - 350 브루스 코텍스, 아마 이집트의 것. 필레(Phyle, 제일 폭포, 수단)의 첫 주교가 임명되다.

327 에티오피아 왕국이 기독교를 채택하다. 에티오피아 선교사들이 히먀르인들(Himyarites)을 개종하기 위해 파송되다. 교회사가 필로스토르기오스(Philostorgios, 386-433)가 후에 그 지방에 유대인이 있었다

는 첫 증거를 제시하다.

327경 시카의 아르노비우스의 죽음.

328 알렉산더1세의 죽음. 아타나시우스가 의견이 갈린 선거에서 알렉산드리아 주교로 알렉산더를 잇다. 아타나시우스는 니케아 정통의 주요 변호자가 되다. 그의 초기 감독 시기는 나일강을 따라 그리고 현대의 수단 변경까지 미치기까지 사막에서 수도원 집단들과 변방 농촌 기독교 공동체들 사이에서 보냈다. 아타나시우스는 아리우스를 인정하는 알렉산드리아 상부층보다, 상부 이집트, 사막, 구레네에 강한 동정심을 보였다.

328 가발 알-타이르(Gabal al-Tayr; 나일강 위 절벽에 있는 풀리의 수도원)의 성 동정녀교회를 창설함.

328 멜리티안스(Melitians)가 아타나시우스를 반대하다.

329 가자의 힐라리온(Hilarion, 291죽음)이 안토니의 제자로 팔레스타인 수도원 운동을 창설하다. 그는 칼랄라(Qalala)산에 가서 안토니를 찾아 만났다. 힐라리온은 그때 리비아와 나중에 가자에서 은자의 집을 창설했다.

329 파초미아 수도원 운동이 시작되는 가운데 아타나시우스는 상부 이집트의 수도원 공동체들과 가까운 연대를 형성하다. 세라피온(Serapion) 주교가 요청한 대로 파초미우스를 안수하는 데는 성공하지 못하다.

330경 알-바가와트(al-Bagawat)의 카라가(Kharaga) 공동묘지에 기독교의 흔적이 있다. 그곳은 아리우스와 아타나시우스가 서로 다른 때에 유배된 곳이다.

330 콘스탄틴이 제국의 수도를 콘스탄티노플로 옮기다. 이전에는 비

잔티움이라고 불리웠다.

330경 락탄티우스의 죽음

330경 이집트의 마카리우스가 와디-엘-나트룬에 사막수도원을 창설하다.

330경 콘스탄틴의 어머니 헬레나가 순교 장소에 순례하도록 권장한 후에 죽다. 이집트의 많은 교회가 전설에 의하면 헬레나가 지었다고 생각되다. 예를 들어 성요한의 바실리카와 안티노에 근처의 아부 알-나나 수도원.

335 두로에서 아타나시우스가 교회의 재판을 받음. 공의회(락트로치니움)가 아타나시우스를 정죄하고 콘스탄틴이 갈리아의 트리어(Trier)로 유배를 보내다. 아타나시우스는 이후 32년 중 23년을 다섯 차례 망명이나 유배로 보내게 된다. 그때마다 그의 망명을 새롭게 증거하는 개척 변방으로 삼았다. 갈리아에 있을 때 『이교도들을 반박함』을 쓰다.

336 상부 이집트에서 망명 중에 아리우스가 죽다.

336 카르타고에서 도나투스파 공의회가 270명이 넘는 주교가 참석해서 개최되다.

337 콘스탄틴이 그의 임종시 니코메디아의 유세비우스에게 세례를 받다. 아타나시우스가 알렉산드리아로 돌아가다. 그리스도인들이 북아프리카의 많은 부분에서 대다수를 이루다. 콘스탄틴이 죽은 후 서방제국(아프리카, 이탈리아, 일리리쿰)은 콘스탄틴2세(337-340)가 다스리다. 이집트는 아시아와 시리아와 함께 콘스탄틴2세(337-361)가 다스리다. 스페인과 브리튼은 콘스탄스1세(337-350)가 다스리다.

337 - 339 아타나시우스가 『처녀들에게 보내는 편지』를 쓰다. 유세

비우스는 『콘스탄틴의 삶』을 쓰다.

338 켈리아(Kellia)수도원들이 창설되다.

338 안토니가 아나타시우스를 지지하면서 알렉산드리아를 방문하다.

339 안디옥에서 열린 반(反)아타나시우스 대회가 알렉산드리아 주교로 갑바도기아의 그레고리를 임명하다.

339 - 346 아타나시우스의 제2차 망명. 로마에서 줄리어스 교황이 맞다.

340 와디 알-나트룬에 로마인의 수도원인 다이르 알-바라무스(Dair al-Baramus)를 창설(407, 410, 444, 507, 817에 약탈당하고 재건축되다).

345 카르타고 주교 캐칠리안(Caecilian)이 죽다.

345 라토폴리스(Latopolis) 대회가 투시력의 혐의로 파초미우스를 재판하다.

346 파초미우스의 규칙.

346 아타나시우스가 알렉산드리아로 돌아오다.

346 시릴이 예루살렘 주교. 힐러리가 포이티어스(Poitiers) 주교.

346 파초미우스가 역병 가운데 죽다. 테오도어(Theodore), 페트로니우스(Petronius), 호르시우스(Horsisius, 호르시에시-Horsiesi), 다시 테오도어가 그 뒤를 잇다. 테오도어는 파초미우스와 아타나시우스의 비전을 공유했다.

300년대 중반 북아프리카 마그레브의 4세기 교회 건축물: 모레타니아 캐사리엔시스(Caesariensis)의 티파사(Tipasa); 성 살사(Salsa)의 바실리카; 바다 근처 하드루메툼(Hadrumetum; 수세-Sousse)의 지하 동굴; 니미디아의 쿠이쿨(Cuicul; 드제밀라-Djemila). 누미비아의 테베스테(Theveste; 테베싸-Thebessa)의 바실리카와수도원, 성 크리스피나(Crispina)의 순교기념교회 (304). 트리폴리타나의 사브라타(Sabratha)의 바실리카와 세례처; 히포 레기우스(Hippo Regius)의 대교회의 세례처; 누미디아의 아인 지라라('Ain Zirara)에서 온 성골함.

350 나일강의 메로에섬이 악숨왕 에자나(Ezana)에게 함락됨. 메로에의 고대 수도가 남으로부터 온 목축가들인 노바(Noba)에게 넘어가다.

350 아타나시우스가 암문(Ammoun)에게 편지를 쓰다. 파프누티우스(Paphnutius)가 상부 이집트에서 활동하다. 호르시시우스(Horsisius)가 세네세트(Seneset)로 퇴거하다. 프보우(Phbow)에서 테오도어가 수도원들을 통제하다.

350년대 테오도어와 호르사시우스 아래 파초미안적 저작: 『파랄리포네마의 생애』, 『암몬의 편지』, 『파초미안 규칙』, 『테오도어 편지』, 『테오도어의 교훈』, 『호르시시우스의 편지』, 『호르시시우스의 교훈』, 후에 무명의 『크자루르의 파초미안 묵시』.

353 투미스의 세라피온(Serapion of Thumis)이 콘스탄티우스 황제에게 호소하기 위해 아타나시우스 대표단을 이끌다. 아를레스(353)와 밀란(355)의 공의회가 아타나시우스를 정죄하다.

354 어거스틴의 출생.

356 안토니의 죽음. 알렉산드리아의 테오나스(Theonas)교회에 아타나시우스를 체포하기 위해 급습했으나 그는 수도승들의 도움으로 도망하다. 교회 건물들이 반(反)아타나시우스주의자들에게 점령당하다.

356 - 362 아타나시우스의 3차 망명, 이집트의 수도승들 가운에 신분을 숨김. 그가 자신의 도망을 변호, 『아리안을 반박하는 강화(講話)』, 『수도승에게 보내는 반-아리안 편지, 『안토니의 생애』, 『세라피온에게 보내는 4개의 편지』를 쓰다.

356 - 359 아타나시우스의 망명 중에 갑바도기아의 조지는 주교로 임명되고 그리고 알렉산드리아로부터 도망하게 되었다. 조지는 돌아와 반-칼세돈적인 폭도들에 의해 린치를 당하다.

356경 프루멘티우스(Frumentius)가 파선당해 "먼 곳 인디아"의 왕의 노예가 되다. 수상이 되고 아타나시우스에게 보고하기 위해 알렉산드리아로 가다. 아타나시우스는 그를 악숨의 주교로 안수하다. 전통적으로 아바 살라마(Abba Salama)와 동일 인물로 본다. 에티오피아 최초의 사도. 악숨의 비문은 기독교로 개종한 에자나(Ezana) 왕과 그의 동생 사자나(Sazana)를 확인해 준다. 수도사들이 악숨으로 이주하다.

360 투어스(Tours)의 마르틴이 이집트 모델의 따라 리구게(Ligugé)수도원을 창설하다.

360경 요한 카시안(Cassian)의 출생(435 죽음).

361 성 안토니의 수도원이 성 안토니 산동굴 아래 창설되다.

361 - 363 콘스탄틴이 죽고 줄리안의 통치가 시작되다. 그는 콘스탄틴의 조카이고 동방의 배교 황제로서 이교도 행습을 되살리려 시도하다. 아프리카에서 도나투스주의자가 승리. 동방에서 아리안의 헤게모니. 니케아 정통의 최저 상태.

362 알렉산드리아로 공개적으로 돌아오자, 아타나시우스는 삼위일체 신앙을 선포하기 위해 공의회를 소집하다. 아나타시우스의 4차 망명.

362 줄리안 황제가 아타나시우스를 알렉산드리아로부터 몰아내다 (10월).

363 줄리안이 죽다. 아타나시우스는 알렉산드리아로 돌아오다. 그리고 시리아의 조비안(Jovian) 신황제를 만나기 위해 갔다.

363 마리우스 빅토리아누스(Marius Victorinus), 바울서신 주석.

365 - 366 발렌스 황제의 협박으로 아타나시우스가 제5차 망명을 가다. 아타나시우스는 다시 파초미아 수도원들을 방문해서 테오도어(Theodore)와 호르시시우스(Horsisius) 사이에 화해를 추구하다.

365 - 403 이집트에서 나고 교육을 받은 에피파니우스(Epiphanius)가 나중에 살라미스(Salamis)의 주교가 되다. 그는 이집트의 사막 교부들을 방문하고 이집트 규칙을 따르는 수도원을 설립하기 위해 유대의 엘류테로폴리스(Eleutheropolis)로 돌아오다. 그는 『이단자를 반박하는 파나리온』을 쓰다.

367 아타나시우스가 『축제서신39』를 쓰다. 그곳에서 교회연합적으로 받아들여진 완전한 성경 정경을 처음으로 언급하다. 교회에서 읽히도록 오래전에 전통적으로 받아들여진 27권 신약의 사도적인 책을 인용하다.

367경 밀레비스의 옵타무스(Optatus of Milevis)가 『도나티스주의자들의 분열』을 쓰다.

368 아타나시우스가 아프리카 주교들에게 보내는 『대회서신』, 『축제서신40』을 쓰다. 이시도어(Isidore)가 헤르모폴리스 파르바(Hermopolis Parva)의 드라콘티우스(Dracontius) 주교의 후임이 되다. 테오도어가 죽다. 호르시시우스가 파초미아수도원들을 이끌다.

368 알렉산드리아의 대교회(메갈레 에클레시아, 퀴리아콘)가 아타나시우스 아래 재건축되다. 바실리카가 국제적인 순례자를 위해 마류트(Maryut) 근처 성 메나스(Menas)에서 지어지다.

370 아타나시우스가 지은 『안토니의 삶』이 갈리아에 유통되기 시작하다.

370 젊은 어거스틴이 마다우라에서 타가스테로 돌아오다.

371 어거스틴이 처음으로 카르타고로 가다. 어거스틴의 아버지인 파트리시우스(Patricius)가 죽다. 어거스틴이 정부(情婦)를 취하다.

372 어거스틴의 아들 아데오다투스(Adeodatus)의 출생(390년 죽다). 아타나시우스의 죽음. 베드로 2세가 뒤를 이었으나 곧 망명을 가야 했다. 많은 수도승이 광산이나 망명 생활로 심한 노동을 하도록 보내졌다.

375 어거스틴이 가르치기 위해 카르타고에서 타가스테로 돌아오다.

373 - 380 아퀼라의 루피누스(Rufinus of Aquileia; 345경-410)가 디디무스 아래 공부하면서 이집트에 거주하다. 오리겐을 라틴어로 번역하다(397년 이래).

378 - 384 베드로 1세의 형제인 디모데 1세가 알렉산드리아의 주교가 되다.

379 통일제국의 황제인 테오도시우스1세가 테오도시우스 대제와 그의 아들들의 시대를 시작하다(379 - 395).

380 테오도시아 법전에 의해 공교회 기독교(Catholic Christianity)가 제국의 공식 종교가 되다. 알렉산드리아의 베드로와 로마의 다마수스(Damasus)와 교제하는 자들은 정통으로 간주되다. 주교들이 열 가되다.

380년대 칼래시아의 에게리아(Egeria of Gallaecia)가 이집트와 팔레스타인으로 순례.

381 이방 이단을 금지. 이단들의 집회는 정지되고 희생 제물은 금지되다.

381 시각 장애자 디디무스가 『성령에 관하여』를 쓰다.

381 콘스탄티노플의 제1공의회(교회연합의 제2공회)가 성령의 신성을 규정하다. 콘스탄티노플이 알렉산드리아인의 소원에 반(反)하여 로마에 이어 제2의 지위로 선언되다.

383 어거스틴이 로마에 가다.

384 성경의 새로운 라틴어판인 제롬의 『불가타』(Vulgata)가 완성되다 (382에 시작).

384 - 412 알렉산드리아의 총대 주교인 테오필루스가 이전에 교리학교가 가졌던 모든 가르치는 기능을 감독 사무실에 두다. 안바 하드라(Anba Hadra)가 상부 나일의 아스완의 주교로 임명되다.

385 아트리페의 쉐누테(Shenute of Atripe)가 수하그(Suhag) 근처 백수도원(White Monastry)의 수도원장이 되다. 『서신』, 『오리겐주의자를 반박하는 설교』, 『멜리탄스』, 『마니교인들』, 후에 『그리스도의 선재에 관하여』를 쓰다. 쉐누테(466죽음)는 베사(Besa)와 그리고 나서 제노비우스(Zenobius)가 뒤를 잇다.

385 제롬(347경-420)이 수도원 생활을 추구해서 오스티아(Ostia)에서 항해하다. 어거스틴의 어머니 모니카가 밀라노에 도착하다 (늦은 봄).

385 제롬이 베들레헴에 돌아와 스케티스(와디 알 나트룬) 수도원을 방문하고 파울라(Paula)와 유스토치움(Eustochium)과 함께 4개의 수도원을 창설하다.

385경 폰투스의 에바그리우스(Evagrius of Pontus; 345 - 399)가 이집트에 정착하다. 처음에는 니트리아(Nitria) 그 다음에 켈리아(Kellia).

385경 - 390 줄리안 이후 순교 수도승의 수난 이야기가 서사시 장르로 성인전과 수도원 운동을 통합하다: 에피마추스(Emipachus), 메나스(Menas), 페르시아인 야고보, 트리폴리스의 레온티우스(Leontius), 메르

쿠리우스(Mercurius), 판토레온(Pantoleon), 사이러스, 요한.

386 어거스틴의 회심. 카시치아쿰(Cassiciacum)에서 수도원 생활을 추구하다.

386 카르타고에서 마니교도들을 숙청.

386 어거스틴이 『회의주의자들을 반박하여』(Contra Academicos)를 쓰다.

387 어거스틴이 밀라노로 돌아와서(이른 3월) 암브로스에게 세례를 받다(4월 24일). 모니카가 오스티아(Ostia)에서 죽다.

387 어거스틴이 『행복한 삶에 관하여』(De Beata Vita), 『질서에 관하여』(De Ordine), 『독백』(Soliloquia), 『영혼의 불멸성에 관하여』(De immortalitate anima), 『변증에 관하여』(De dialectica), 『음악에 관하여』(De Musica)를 쓰다.

388 어거스틴이 『영혼의 위대성에 관하여』(De animae quantitate), 『자유 의지에 관하여』, 1권(De librero arbitrio), 『공교회의 도덕성』(The Morality of the Catholic Church), 『공교회와 마니교의 삶의 양식에 관하여』(De moribus ecclesiae catholicae et de moribus Manichaerom)를 쓰다.

388 - 396 어거스틴이 『여러 질문에 관하여』(De diversis quaestionibus)를 쓰다.

389 어거스틴이 『마니교도들에 반대하여 창세기를 변호하며』(De Genesis contra Minichaeos), 『교사에 관하여』(De Magistro)를 쓰다.

389 - 391 어거스틴이 카르타고로 그리고 누미디아의 타가스테로 돌아오다. 『진정한 종교에 관하여』(De vera relgione)를 쓰다.

390 마카리우스(Macarius)의 죽음. 와디 알-나트룬(Wadi al-Natrun)의 다이르 아부 마카르(Dair Abu Maqar) 수도원과 밀접하게 연결되어 있

다. 마카리우스를 파프누티우스(Paphnutius)가 계승하다.

390 아프리카 수사학자 티코니우스(Tyconius)의 죽음. 그는 『규칙』과 『서신』을 썼다.

391 팔리디우스(Palladius)가 니트리아(Nitria)의 수사들을 방문하다. 천 명 이상의 수사가 카스르 호르(Qasr Hor) 가까이 서부 이집트 사막 끝 트머리의 십자가수도원(아부 파나-Abu Fanah)에 거주하다. 3개의 회중석, 기둥, 반원형 건축물, 벽화의 유적을 여전히 볼 수 있다.

391 알렉산드리아에서 폭동이 일어나 세라픔(Serapeum)이 파괴되다. 테오필루스(Theophilus) 아래 새로운 교회들이 건축되다.

391 카르타고의 도나투스파 주교인 파르메니안(Parmenian)과 그의 공의회 경쟁자 게네틀리우스(Genethlius)의 죽음. 어거스틴이 사제로 안수받다. 아우렐리우스가 카르타고의 주교가 되다. 어거스틴이 수도원을 설립하기 위해 히포에 도착하다.

391 - 392 어거스틴이 『믿는 것의 이점에 관하여』(De utilitate credenda), 『마니교도들에 반박함』(De duabus animabus contra Manichaeos)을 쓰다.

391 - 392 어거스틴이 『자유의지에 관하여』(De libero arbitrio) 2-3권을 쓰다.

391 - 430 어거스틴이 『설교』를 쓰다.

392 어거스틴이 『마니교도 포르투나투스와의 논쟁』(Acta Contra Fortunatum Manichaeum)을 쓰다.

392 - 416 어거스틴이 『시편 설명』(Ennarrationes in Paslmo)를 쓰다. 어거스틴이 이미 392년 이전에 시편 32편까지 주해하다.

393 세바르수사(Cegarsussa)에서 도나투스 공의회가 열리다.

393 어거스틴이 히포의 아프리카 지역들의 전체 공의회의에서 개회

사를 하다. 그것이 『믿음과 신조에 관하여』(De fide et symbolo)가 되다.

393경 - 394 어거스틴이 『창세기의 문자적 해석에 관한 미완성의 책』(De Genesi ad litteram inperfectus liber)을 쓰다.

394 아르카디우스(Arcadius)와 호노리우스(Honorius)에게 비잔티움 궁정에서 가정교사였던 아르세니우스(Arsenius)가 단신(短身) 요한의 제자가 되기 위해 로마를 떠나 스케티의 사막으로 가다. 408년의 사막 습격에서 그는 12년 동안 가발 투라(Gabal Tura; 다이르 알 - 쿠사이르 - Dair al - Qusayr)로 도망가다. 4세기 옥시린추스(Oxyrhynchus)에 만 명의 수도승이 거주하고 콤 알-남루드(Kom al-Namrud)의 바실리카에 3만 명의 수도승과 수녀가 거주하다.

394 파울리누스(Paulinus)의 안수. 바가이(Bagai)에서 도나투스파 공의회, 어거스틴이 카르타고의 제1공의회에 참석하다.

394 어거스틴이 『도나투스주의자를 반박하는 시편』(Psalmus contra partem Doniti), 『주님의 산상수훈에 관하여』(De sermone Domini in monte), 『로마서』(Epistolae ad Romanos ephstolae exposition), 『갈라디아서 주석』(Expositio epistolae ad Galatas), 『거짓말에 대하여』(De Mendacio), 『아디만투스를 반박함』(Contra Adimantum Manichei discipulum).

394 - 395 어거스틴이 『로마서의 84명제의 해설』(Exposition 84 propositionum epistolae ad Romano)를 쓰다.

395 어거스틴이 『심플리시아누스를 향한 다양한 질문들』(Ad Simplicianum de diversis quaestionibus), 『그리스도인의 투쟁에 관하여』(De agone Christiano), 『기독교 가르침에 관하여』(De doctrina Christiana, 426에 마침)을 쓰다.

397 카르타고 공의회에서 397년에 비자세나(Byzacena)의 주교들이 작

성한 39개조 치리적 교회법들과 함께 히포 요약(the Hippo Summary)이 승인받다. 27권의 신학정경을 인용하다.

397 - 398 어거스틴이 『마니교인 파우스투스를 반박함』(Contra Faustum Minichaeum)과 『복음 질문들』(Quaestiones evangeliorum)을 쓰다.

397 - 401 어거스틴이 『고백록』(Confessiones)을 쓰다.

398 어거스틴이 『마니교도 펠릭스를 반박함』(Contra Felicen Manichaeum)과 『기독교 훈련에 관하여』(De disciplina Christiana)를 쓰다.

399 어거스틴이 『마니교도들을 반박해서 선의 본성에 관하여』(De natura boni contra Manichaeos)와 『마니교도 세쿤디누스를 반박함』(Contra Secundinum Manichaeum)을 쓰다.

399 - 400 어거스틴이 『초보자의 교육에 관하여』(De catechizandis rudibus)와 『복음전도자들 사이의 합의에 관하여』(De consensus Evangelistarum)를 쓰다.

5) 아프리카 기독교 400 - 499년

400 아프리카 수도원 운동이 갈리아로 퍼지다. 호노라투스(Honoratus)가 레린스(Lérins)에 이집트규율을 따르는 수도원을 시작하다.

400 어거스틴이 『파르메니아누스의 편지에 반박함』(Contra epistolam Parmeniani), 『야누아리우스에게 대한 반응』(Ad inguisitiones Januarii), 『수도승의 일에 관하여』(De opera monachorum)을 쓰다.

400경 어거스틴이 『마니교도 파우스투스를 반박함』을 쓰다.

400경 사도적 규율이 초기 교회법의 형성에 아프리카가 미친 영향을 포함해 이전 자료로부터 수집됐다.

400경 코덱스 보비엔시스(Codex Bobiensis)가 복음서의 처음 라틴어 번역이 아프리카(카르타고)에서 오고 마가복음도 짧게 끝난다는 것을 보여 주는 증거를 가지고 있다.

400경 팔레스타인 탈무드(미쉬나[구두법]+게마라[미쉬나주석]). 성숙한 랍비적 유대교.

400경 아프리카 성인과 순교자는 다음을 포함한다: 안토니우스 호노라투스(Antonius Honoratus), 누미디아의 콘스탄티나(Constantina) 주교인 파우스티니아누스(Faustinianus), 알제리의 테베사의 도나투스파 주교인 페르세베란티우스(Perseverantius), 모레타니아의 포메리우스 줄리아누스(Pomerius Julianus); 모레타니아의 티파사(Tipasa) 주교인 포텐티우스와 레나투스(Renatus); 팀가드(Timgad)의 주교인 세쿤두스(Secundus); 시카 베네리아(Sicca Veneria) 주교인 우르바누스(Urbanus), 테베사(Tebessa)의 주교인 우르비쿠스(Urbicus), 누미디아의 콘스탄틴 주교인 빅토르(Victor), 모레타니아의 카르데나(Cartenna)의 빅토르.

400 - 401 어거스틴이 『세례에 관하여』, 『도나투스주의자을 반박함』(De baptism contra Donatistas)를 쓰다.

400 - 412 테오필리스(Theophilis)가 수도원의 반(反)오리겐 정책을 추구하다.

400 - 419 어거스틴이 『삼위일체』(De Trinitate)를 쓰다.

400 - 500 이전의 『사막 교부들의 어록』이 등장하다.

401 어거스틴이 『결혼의 좋은점에 관하여』(De bono conjugali)와 『거룩한 처녀성에 관하여』(De sancta virginitate)를 쓰다.

401 - 404 루피누스(Rufinus)가 『사도신경 설명』과 『교회사』를 쓰다.

401 - 405 어거스틴이 『도나투스주의자 페티리안의 편지를 반박함』

(*Contra litteras Petiliani*)을 쓰다. 어거스틴이 마니교도들과 도나투스주의자들과 펠라기우스주의자들에 대해 쓴 논쟁적인 저작들은 그 이후의 서구 기독교 사상을 지배했다.

402 – 405 어거스틴이 『교회의 공교회 구성원들에게』(*Ad catholicos fraters*)를 쓰다.

403 어거스틴이 카르타고에서 이따금 설교하다.

403 크리소스톰의 교회 재판, 오우크(Oak)의 대회, 테오필리스의 승리.

405 – 406 어거스틴이 『교회의 통일성에 관하여』(*De unitate ecclesiae*), 『크레스코니우스에게』, 『도나투스주의자 그라마리안』(*Ad Cresconium grammaticum partis Donati*)를 쓰다.

406 – 411 어거스틴이 『귀신들의 분별에 관하여』(*De divination daemonum*).

407 – 417 어거스틴이 『이교도에 대한 여섯개 질문』(*Quaestiones expositae contra paganos*)를 쓰다.

408 – 412 어거스틴이 『금식의 유익에 관하여』(*De utilitate jejunii*)를 쓰다.

410 로마가 알라릭(Alaric)에게 약탈당하다. 로마 난민들이 아프리카로 도망가다. 펠라기우스가 히포를 통과하다. 마르셀리누스(Marcellinus)의 도착. 건강이 나빠 어거스틴은 겨울 동안 히포 바깥의 빌라로 물러가 쉬다.

410 신플라톤주의 철학자 구레네의 시네시우스(Synesius, 370-414)가 리비아의 프톨레마이스(Ptolemais) 주교가 되고 찬송과 기도를 썼다.

410 어거스틴이 카르타고 XV 공의회를 참석하다. 도나투수주의자들

에게 베푼 관용을 철회하다. 285명의 도나투스주의자와 286명의 공의회 주교가 참석한 거대한 대회(Collatio)였다. 제국 호민관인 마르셀리누스에 의해 도나투스주의자들에게 판결이 내려졌다.

411 어거스틴이 카르타고, 그 후에 치르타(Cirta), 다시 카르타고에서 규칙적으로 설교하다. 마르셀리누스는 펠라기우스 견해가 카르타고에 퍼지고 있다고 보고한다.

411 - 412 어거스틴이 『도나투스주의자들과의 만남의 요약』(Breviculus collationis contra Donatistas), 『신약의 은혜에 관하여』(De gratia Testamenti Novi), 『죄의 공로와 사함에 관하여』(De peccatorum meritiset remissione)를 쓰다.

412 어거스틴이 『성령과 문자에 관하여』(De spiritu et littera)에 관해 쓰다.

412 포위된 채 로마가 함락될 위험에 처한 채로 어거스틴은 『하나님의 도성』을 시작하다.

412 펠라기우스주의자인 캘레스티우스(Caelestius)가 카르타고에서 정죄를 받다.

412 펠라기우스주의가 일어남. 펠라기우스는 물려받은 원죄를 반대하고 『자유의지를 위해서』를 써서 아담이 그 자신에게만 해를 끼쳤다고 주장하다.

412 알렉산드리아의 수석집사 디모데는 이집트의 『수도승의 역사』를 쓰다.

412 알렉산드리아의 테오필리스의 죽음.

412 - 444 알렉산드리아의 주교 시릴(375출생)은 『축제서신』, 모세오경, 이사야, 소선지서, 아가서, 잠언, 요한복음, 누가복음, 바울서신

에 대한 주석;『줄리안을 반박함』,『네스토리우스를 반박함』,『아타나시우스의 생애』,『교리서』(시릴의 저서로 돌림).

413 어거스틴이『믿음과 행위에 관하여』(De fide et operibus)와『살아계신 하나님에 관해 바울리누스에게』(De videndo Deo ad Paulinam)를 쓰다.

413 펠라기우스가『데메트리아스에게 보내는 서신』을 쓰다,

413 - 415 어거스틴이『자연과 은혜에 관하여』(De natura et gratia),『과부됨의 유익에 관하여』(De bono viduitatis)를 쓰고『삼위일체』(De Trinitae)를 시작하다.

415 아우구스투스가『오로시우스에게』(Ad Orosium contra Priscillianistas et Origenistas),『영혼의 기원에 관하여』(De origine animae et de scentential Jacobi ad Hieronymum),『파르토스에게 보내는 요한서신의 논문』(Tractatus in epistolam Joannis ad Parthos),『인간의 의(義)의 완전성에 관하여』(De perfectione justitiae hominis)를 쓰다.

416 파울로스 오로시우스가 아프리카에 도착해 성 스데반의 유물을 가져오다.

416 스페인의 비시고트족.

416, 418, 419 펠라기우스가 카르타고 공의회에서 정죄되다.

417 오로시우스가『역사』를 쓰다. 홍수부터 417년까지 기독교보편 역사를 시도했다.

417 어거스틴이『도나투스주의자들의 교정에 관하여』(De correctione Donatistarum),『서신』185를 쓰다.

418 - 420 어거스틴이『절제에 관하여』(De continentia)를 쓰다.

418 - 452 마리우스 메르카토르(Marius Mercator; 390 - 452), 아프리카 출생 지리학자이자 신학저술가.

418 아피아리우스(Apiarius)의 사건. 출교당한 시카의 주교. 니케아 교회법에 근거해서 로마에 호소하다.

419 카르타고 공의회가 북아프리카를 관장하는 로마의 주장을 의논하기 위해 모이다.

419 - 420 어거스틴이 『율법과 예언자의 대적자들을 반박함』(Contra adversarium legis et prophetarum), 『간음적인 결혼에 관하여』(De aduterinis conjugiis), 『영혼과 그 기원에 관하여』(De anima et eius origine), 『7서(書)와 7서에서의 말들에 관한 질문들』을 쓰다.

420 - 428 수도승 요한 카시안(360경-432경)이 그의 『회의』(Conferences)에서 대표적인 아프리카 사막교부와의 대화를 보고하다. 이집트규칙을 따라 갈리아에도 수도원 운동을 확산시키기를 격려한다.

420 어거스틴은 『펠라기우스주의자들의 두 서신을 반박함』을 쓰고 『삼위일체에 관하여』를 마치다. 이책은 은혜의 삶에 있어 삼위일체의 신비에 관한 주요 교리저작이다.

421 어거스틴은 『믿음, 소망, 사랑의 엔치리디온[1]』(Enchiridion ad Laurentium)을 쓰다.

421 어거스틴은 카르타고의 제18회 공의회를 참석하고 『줄리안을 반박함』(Contra Julianum)을 쓰다.

421 - 424 어거스틴은 『죽은자의 돌봄에 관하여』(De cura prop mortius gerenda), 『둘치티우스로부터의 8개 질문』(De octo Dulcitii quaestionbibus), 『가우덴티우스를 반박함』(Contra Gaudentium Donatistarum episcopum)를 쓰다.

---

1 엔치리디온(enchiridion)은 헬라어에서 온 라틴어로 핸드북, 매뉴얼, 교본을 의미한다.

424 에라클리우스(Eraclius)가 히포의 성 스데반에 '메모리아'를 세우다.

426 어거스틴이 『하나님의 도성』(De divitate Dei)을 마치다. 보편 역사와 인간의 운명에 대한 기독교적 이해를 제시한 변증적이고 교리적인 명작이다.

426 어거스틴이 세베루스(Severus) 주교를 에라클리우스가 계승하는 문제를 조정하기 위해 멜레비스(Melevis)를 방문하다.

426 - 427 『어거스틴이 은혜와 자유의지에 관하여』(De gratia et liberto arbitrio), 『교훈과 은혜에 관하여』(De correptione et gratia), 『재고』(Retractationes), 『막시무스를 반박함』(Contra Maximinum Arianorum episcopum), 『이단에 관하여 쿼드불트데우스에게』(De haeresibus ad Quodvultdeum)를 쓰다.

427 네스토리아 논쟁. 콘스탄티노플의 주교인 네스토리우스가 마리아를 "테오토코스"(하나님의 담지자)라고 칭하는 자들을 (오랜 예전적인 전통을 거슬러) 정죄하다. 시릴의 『이집트 수도승에게 보내는 서신』은 테오토고스에 대한 정당화로 하나님이자 사람이신 그리스도의 통일성을 강조하다.

427 아프리카의 총독인 보니파치우스(Boniface)의 반란.

427 - 437 카프레올루스(Capreolus)가 카르타고의 주교.

428 - 429 어거스틴이 『성자의 예정』, 『인내의 선물』을 쓰다. 아퀴테인느의 프로스퍼(Prosper of Aquitaine)가 『어거스틴에게 보내는 편지』를 쓰다.

429 카르타고의 주교 아우렐리우스(Aurelius)의 죽음.

429 반달족이 모레타니아의 해안을 따라 접근함으로 스페인으로부

터 아프리카를 침공하다. 다리우스(Darius)는 보리파치우스와 여왕을 화해시키기 위해 아프리카에 오다.

429 - 444 알렉산드리아의 시릴이 『시편, 이사야, 소선지서, 애가, 잠언, 요한복음, 누가복음 주석』, 『거룩하고 동본질적인 삼위일체에 관한 논문』, 『서신서』, 『디오도어를 반박함』(Against Diodore), 『테오도어를 반박함』(Against Theodore)을 쓰다.

429 - 430 어거스틴이 『유대인 반박 논문』, 『줄리안의 두 번째 반응에 반박하는 미완성의 저작』(Contra secundam Juliani responsionem opus imperfectum)을 쓰다.

430 알렉산드리아의 시릴이 그리스도의 통일성을 두 갈래로 가른 네스토리안주의에 대해 『12개의 저주』를 쓰다.

430 아프리카에서 보나파치우스의 패배. 성 어거스틴이 아직 살아있는 동안 반달족이 히포를 포위함. 반달이 누미디아를 유린하다.

430 포위중에 히포의 어거스틴의 죽음(8월 28일).

430경 시내의 수도원장인 닐루스(Nilus)의 죽음.

431 네스토리우스와 알렉산드리아의 시릴 사이에 기독론적인 분쟁이 일어나서 제3차 교회연합 공의회(에베소)를 열다. 테오도시우스 2세가 소집해서 테오토코스(Theotokos)를 동정녀 마리아에게 부여하다. 네스토리우스는 폐위되다.

431 헬레노폴리스의 팔라디우스(Palladius of Helenopolis, 363-431)가 아일랜드교회의 가장 오래된 기도서에서 증거되듯이 사막교부의 수도원 훈련을 아일랜드로 이식하다.

432 패트릭이 파초미아수도원 이상을 가지고 북아일랜드에 [주장에 의하면 레린스의 수도원으로부터] 도착하다.

433 이집트와 시리아의 교회 간에 재연합의 의식서.

434 레린스의 빈센트가 『바른 회상』(*Commonitorium*)을 쓰다. 교회연합의 가르침의 방법을 명시하다.

435 테오도시우스 규율은 새로운 회당의 건축과 제사를 금하다.

439 겐세릭(Genseric, 개세릭-Gaenseric) 통치시 반달족이 카르타고를 점령하다.

444 알렉산드리아의 총대 주교 시릴의 죽음. 디오스코루스(Dioscorus)가 잇다(444 - 454).

450 실코(Silko)가 이브림(Ibrim, 누비아)의 첫 기독교 왕이 되다.

450경 로마에서 살던 아프리카 수도승 연소자 아르노비우스(Arnobius the Younger)가 비(非)칼세돈 계열인 세라피온(Serapion) 안에서의 논쟁을 보고하다. 시편와 복음서에 관한 주석을 그가 썼다고 본다.

451 제4차 교회연합 공의회인 칼세돈 공의회가 재결합의 공식, 레오의 서신, 시릴의 『네스토리우스에게 보내는 제2서신』을 승인하다. 그리스도는 두 본성을 가진 한 인격으로 고백하다. 이집트, 시리아와 기타 지역의 소위 단성론 그리스도인은 부정하는 가르침이다. 이들은 "동방" 정교회를 형성해서 콥트 기독교를 친(親)칼세돈 소수(멜카이트)로부터 분리시켰다.

451이하. 칼세돈 이후로 그리스어를 콥트교도들은 이질 언어로 보게되다. 이집트 내지에서는 콥트어를 선호하게 되다. 성인을 찬양하는 문학 장르가 일어나다: 아파 롱기누스(Apa Longinus), 리코폴리스(Lykopolis)의 요한, 아브라함, 모세, 제노비이(Zenobii), 디오스코루스의 생애, 『트코우의 마카리우스 주교의 찬사』(비칼세돈 가르침을 수호하다 죽음을 당함), 헤라클레오폴리스 마그나(Heracleopolis Magna, 흐네스

-Hnes)의 주교 스데반 『이삭의 수도원의 아폴로 찬사』.

451 - 454 디오스코로스가 비칼세돈 콥틱교회의 지도자로부터 폐위되었음에도 불구하고 454년 죽을 때까지 활동을 계속하다. 멜카이트들(칼세도니안인들)은 프로테리우스(Proterius)의 지도를 받다.

451 - 642 콥트(비칼세돈, "단성론자")와 비잔틴(멜카이트, 칼세돈, 교회연합적) 감독 당국 사이에 교회 재산과 명예를 위해 특히 알렉산드리아에서 다툼. 콥트 주도권이 이집트 대부분에서 우세했다.

453 카르타고의 주교 쿼드불트데우스(Quodvultdeus, 430년에 한창 활동)의 죽음.

454경 북아프리카와 갈리아 전체가 이제 프랑크족, 비시고트족, 반달족(종족상 고딕, 종교상 아리안)에 의해 점령당함. 그들이 공교회원들을 핍박하다.

455 반달족이 로마를 약탈하다. 곧 아프리카 지방 전체와 시칠리아, 사르디니아, 코르시카 섬들을 점령하다.

455 - 476 서방 로마제국의 와해.

456 데오그라티아스가 카르타고의 주교.

457 - 477 디모데 2세 앨루루스(Aelurus; 카트족-the Cat)가 알렉산드리아의 주교.

459 - 475 디모데2세가 레오1세에 의해 강그라(Gangra)로 유배당함. 그곳에서 디오스코루스가 비참하게 살았다. 그는 결혼과 성례전의 질문에 관해 17개의 『교회법적인 응답』과 『칼세돈을 반박함』을 쓰다.

460 - 481 흔들리는 모자(the Wobble Hat) 디모데가 알렉산드리아의 불안정한 멜카이트 주교가 되다.

466 아트리페의 쉐누테의 죽음. 그의 후계자 베사(Besa; 비사-Visa, 아트리비스-Athribis-의 주교)는 서신과 설교와 함께 사히딕어로 『쉐누테의 생애』를 쓰다.

468 반달족이 제국 함대를 패배시키다.

477 겐세릭(Genseric, 가이세릭-Gaiseric)의 죽음.

477 - 489 베드로 3세(몽가스-Mongas, 말더듬이)가 알렉산드리아의 주교(비칼세돈)였으나 지하로 잠복해야 했다.

483 - 484 북아프리카의 정통 그리스도인을 반달족이 또 한 차례 핍박함.

484 공교회 주교 탑수스의 비길리우스(Vigilius of Thapsus)가 후네릭(Huneric) 앞에 소환되다. 『대화』(*Dialogus contra arrianos*)와 『유두고를 반박함』(*Contra Eutychetem*)을 써 아리안과 단성론 논쟁에 대항해 칼세돈을 변호함.

484 반달족의 왕 후네릭의 죽음. 트라스문드(Thrasmund)가 뒤를 이음.

484 아카시아 분열. 공교회와 반달족 간의 대화가 실패로 돌아가고 공교회 지도자들은 피신함.

484 - 489 카르타고교회의 사제인 비타의 빅토르가 『아프리카 지방의 핍박사』(*Historica persecutionis Africanae provinciae*)를 쓰다.

488 가자 근처 마이우마 라르바의 수도승 요한의 죽음. 『플레로포리아이』(*Plerophoriai*)의 저자.

490경 이집트로부터 잔존하는 가장 오래된 기독교 아이콘의 연대.

6) 아프리카 기독교 500 – 599년

500년대 도시로부터 나가는 길에 있는 이정표에 의해 확인된 알렉산드리아의 수도원: 펨프톤(5마일), 에난톤(9마일), 데카톤(10마일), 옥토카이데카톤(18마일), 에이코스톤(20마일). 사카라의 성 예레미야수도원. 『교부들의 아포프테그마타』(*Apophthegmata Patrum*), 『사막교부들의 어록』(*Sayings of the Desert Fathers*)이 와디 알-나트룬에서 편찬되다. 가나제국이 서 아프리카에서 가장 중요한 세력이었다.

500경 바빌론 탈무드의 결정적인 편집과 정경 마감. 랍비들의 논쟁의 회의록으로 마쉬나와 가마라에 대한 주석. 유대교와 기독교의 성문서 주해 사이에 모형론적 유사성을 보여줌.

505 카르타고의 주교, 유게니우스(Eugenius)의 죽음.

512 세베루스(465출생)가 안디옥 주교(512 - 538)로 임명되다. 수많은 설교와 서신의 저자. 이집트의 비-칼세돈인(人) 가운데 주해 및 신학의 지도자였다.

512 – 532 루스페의 주교인 풀겐티우스(Fulgentius; 풀겐스-Fulgence)가 그의 『서신』, 『믿음의 규칙』, 『루스페의 풀겐스와 기타 아프리카 주교의 대회 서신』, 『요한과 베네리우스에게』를 써서 반(半)펠라기우스 견해에 해답하다.

516 디오스코루스 2세가 알렉산드리아의 콥트 총대 주교가 되다.

517 – 532 디모데 3세가 알렉산드리아의 콥트 총대 주교로 임명되다.

518 할리카르나수스(Halicarnassus)의 반(反)칼세돈적인 줄리안(Julian)이 이집트로 망명가다.

518 – 538 안디옥의 세베루스 주교가 이집트의 사카에서 오랜 망명

생활을 하다. 이집트의 비 - 칼세돈수도원에서 가르치다.

519 아카시아 분열이 끝나고 동방에서 이집트와 북아프리카 전역에서 여전히 핍박당하는 "단성론자"를 제외하고는 칼세돈을 받아들이다. 비잔틴인들이 콥트 언어와 지적 전통을 공식적으로 기피함.

520 - 547 풀겐티우스의 제자인 페란두스(Ferrandus)가 카르타고교회의 집사로 섬기다.

522 에티오피아 기독 군대가 수도 자타르(Zatar)를 공격했으나 히미아라이트(Himyarite) 왕국 군대에게 격퇴당하다. 두 누와스(Dhu Nuwas)가 나즈란(Najran)의 그리스도인에 대해 군사 행동을 하다. 그는 525년 싸움에서 죽임을 당하다.

523 반달왕 트라사문드(Thrasamund)가 죽다

525 악숨의 칼렙(Kaleb) 왕이 남부 아라비아의 예멘을 정복하다. 그는 많은 교회를 세웠다.

527 - 565 비잔틴 황제인 저스티니안 대제의 시대. 저스티니안 법령이 쓰이다. 제국 법률에 의해 이단, 유대인, 이교도가 압박을 받다.

529 누르시아의 베네딕트(480-547)가 파오미아 노선의 훈련에 입각해서 이탈리아 아니엔(Aniene) 계곡의 몬테카시노(Montecassino)와 수비아코(Subiaco)에 수도원들을 설립하다. 베네딕트 규율을 통해 아프리카 수도원 운동의 많은 유형을 계속했다.

530 반달왕 힐데릭(Hilderic)의 죽음.

532 루스페의 풀겐티우스의 죽음.

533 비잔틴제국 벨리사리우스(Belisarius)가 북아프리카로부터 반달족을 제거하고 이집트를 재정복하다. 모레타니아(Mauretania)에서 아르메니아(Armenia)까지 제국을 거의 이전의 수준까지 회복하고 아프리

카에 많은 요새와 바실리카를 건설하다. 이제 비잔틴 형태의 기독교 건축이 북아프리카 전역에 나타나다.

534 반달왕 겔리머(Gelimer)의 죽음.

536 - 566 반(反)칼세돈적인 테오도시우스 1세가 알렉산드리아 총대주교로 『설교집』(Holilies)를 저술함.

536 - 567 저스티니안(Justinian)이 알렉산드리아에 (이슬람이 일어날 때까지) 칼세돈 감독 체제를 수립하다. 세라피움(Serapium) 지역에 앙겔리온(Angelion)교회를 지었다(10세기에 파괴됨). 그러나 총대 주교 테오도시우스는 주로 육체적으로는 영구적인 망명생활로 알렉산드리아로부터는 떨어져 있었다.

538 - 540 칼세돈 총대 주교 바울 타베네시오타(Tabennesiota) 이후 540년에 조일루스(Zoilus), 551년에 아폴리나리스(Apollinaris), 507년에 요한이 계승함.

540 이집트 남쪽에 3개의 기독교 왕국이 있었다: 노바태(Nobatae; 파라스 - Faras), 마쿠리아(Makuria; 동골라 - Dongola), 알롸(Alwa; 소바 - Soba).

541 줄리안이 누비아의 전도자(evangelist)가 되다. 테오도르는 노바태의 필래의 나일섬(Nile island of Philae)의 주교가 되다.

542 노바태 왕이 세례를 받다.

543 오리겐주의에 반대하는 칙령.

544 3장논쟁(Three Chapters controversy)이 콥트와 다른 정통 그리스도인 사이에 분쟁을 지펴웠다.

546 저스티니안은 3장(the Three Chapters)이 잘못되었다고 선언하다. 단성론자들과의 화해를 위한 첫걸음이다.

547 - 565 시내산에 성 캐서린(Catherine)수도원을 건축하다.

550경 카시오도루스가 남부 이탈리아의 칼라브리아에 비바리움수도원을 설립하다. 문서 복사실을 갖추고 있어 원래 아프리카와 아시아에서 쓰인 많은 본문이 유럽인에게 알려지고 초기 중세기의 수도원 도서관들에 전해졌다. 4세기의 많은 아프리카 지성적 전통이 처음으로 6세기 유럽으로 전해졌다.

552 비자세나(Byzacena)에서 이운카의 베레쿤두스(Verecundus of Iunca)의 죽음.

553 제5차교회연합 공의회, 제2차 콘스탄티노플 공의회에서 3장(Three Chapters)을 정죄하다.

560 - 570 하드루메툼(Hadrumentum)의 주교 프리마시우스(Primasius)가 『묵시에 관한 주석』과 『서신』을 저술하다.

563경 콜롬바(Colomba; 521경-597)의 이오나(Iona)를 향한 선교가 시작되어 아프리카 형식의 참회 훈련이 스코틀란드인에게 전해지다.

564 - 577 비(非)칼세돈적인 안디옥의 바울이 알렉산드리아의 총대주교가 되다.

567 철학가 요한 펠로포노스(Philoponos)가 아리스도텔레스적인 삼위일체 해석을 시도하자 대부분의 콥트교인들이 저항하다.

567 - 576 베드로 4세가 알렉산드리아의 총대 주교. 600개가 넘는 수도원이 이집트에 번성하다.

570대경 칼세돈주의자들이 선교팀을 마쿠라(Makurrah) 왕국에 보내다.

576 - 605 알렉산드리아의 총대대주교 다미안이 『시노디콘』(Synodicon)를 저술해서 반(反)칼세돈 기독론을 변호하다.

578 - 615 순회하는 금욕주의자 요한 모슈스(Moschus)는 알렉산드리

아와 시내에서 소프로니우스(Sophronius; 550-638)와 함께 『영의 초원』(*Pratum spirituale*), 『자선가 요한의 삶』(*Life of John the Almsgiver*), 『성탄 설교』(*Christmas Sermon*). 소프로니우스가 예루살렘의 총대 주교로 선정되다(634-638). 그의 『대회 설교』(*Synodical Letter*)는 이집트와 팔레스타인에서의 단성론 가르침을 설명한다.

580 롱기누스(Longinus)가 청나일과 백나일의 합류 근처인 알와(Alwa; 알로디아 - Aldia)에 있는 소바(Soba)를 전도하다.

585 콜롬바누스(545-615)가 아일랜드에서 갈리아로 이전해서 룩슈일(Luxeuil)의 수도원을 설립하다. 유럽의 초기 중세 형성을 돕기 위해 아프리카의 참회 전통들을 아일랜드에서 다시 유럽으로 큰 원을 그리며 가져다주었다.

595 모리스(Maurice) 황제의 유력한 장군인 대(大) 헤레클리우스(Heraclius the elder)는 카르타고의 총주교가 되다. 그는 비잔틴 황제 소(小) 헤라클리우스(Heraclius the younger)의 아버지다.

598 서부 이집트 사막의 알-칼라문(al-Qalamun)에서 다이르 안바 사무엘 (Dair Anba Samuel) 수도원을 이끈 사무엘의 출생.

590 - 604 대(大) 그레고리 교황(540-604)이 어거스틴신학을 서방에서 정상적인 지위로 가져오다. 그가 영국으로의 선교를 시작하다.

7) 아프리카기독교 600 - 699년

600년대 에티오피아 왕국이 콥틱 총대 주교직과 연결되어 있다. 수석대주교가 알렉산드리아 총대 주교에 의해 선정되었고 그는 랄리벨라(Lalibela)의 돌을 파서 한 덩어리로 된 교회들을 지었다.

600년대 알렉산드리아의 다미아누스(Damianus) 주교(578 - 605)가 쓴 콥틱 저서들—『대회서신』과 『성육신에 관한 설교』—이 콥틱 주해가들에게 자극을 주었다: 아시우트(Assiut; 시우트-Siout)의 콘스탄틴 지음, 『아타나시우스의 엔코미아』(Encomia of Athanasius); 쇼텝의 루푸스(Rufus of Shotep) 지음, 복음서주석들; 쉬문의 요한(John of Shmun)이 마가와 안토니에 관해 쓴 글; 파랄로스(Paralos) 주교가 쓴, 나그 함마디(Nag Hammadi)와 비슷하게 묵시 문학을 반론.

605 - 616 아나스타시우스가 알렉산드리아의 총대 주교.

610 - 641 기독교 동방의 황제였던 소(小; the Younger) 헤라클리우스가 오래 통치함. 그는 이집트를 향해 비잔틴적인 관심을 표명했다.

614 아일랜드의 수사인 콜룸바누스가 이탈리아의 보비오(Bobbio)에 거주하다.

616 - 623 안드로니쿠스(Andronicus)가 알렉산드리아의 총대 주교.

619 - 629 이집트가 페르시아를 점령해서 비잔틴통치가 끝나다.

622 헤지라(무함마드가 메카에서 메디나로 피난한 사건)로 이슬람시대가 시작되다. 이슬람 달력의 첫해, 1 A.H.=*Anno Hegirae*(헤지라의 해).

622 - 624 무함마드가 만 명에 이르는 메디나의 유대인들을 개종시키려 시도하다. 그는 실망해서 '키블라'(*qibla*)의 방향을 예루살렘에서 메카로 바꾸다. 아라비아의 유대인 지파들을 추방하거나 말살하다.

622 - 680 단일의지론(*monothelite*) 논쟁.

623 - 662 알렉산드리아 총대 주교인 벤자민 1세는 『부활절 서신』과 『가나 혼인에 관한 설교』의 저자로 헤라크리우스 통치 아래 10년을, 무슬림 통치 아래 3년을 망명으로 보내다.

625 무함마드가 쿠란을 서기에게 구술하기 시작하다.

629 무함마드가 메카를 점령하다.

629 - 642 이집트의 비잔틴 회복.

630 철학자-연금술자-천문학자-아리스토텔레스 해설가인 알렉산드리아의 스티븐이 죽음.

631 - 635 고백자 막시무스(Maximus the Confessor)는 페르시아 침입으로 팔레스타인으로부터 카르타고로 난민으로 와 살고 있었는데 단일의지론에 관해 쓰다.

631 - 642 헤라클리우스 황제는 사이러스를 알렉산드리아의 친 - 칼세도니안 총대 주교이자 이집트의 총독으로 보내 콥트교도들을 멜카이트교회로 데려오도록 시도했다.

632 무함마드가 메디나에서 죽다. 칼리프 아부 바크르(Abu Bakr)가 팔레스타인 정복을 시작하다.

634 『야고보의 가르침』(무명작가)이 카르타고에서 쓰임.

634 성 사이러스와 성 요한의 교회가 구카이로의 바빌론(현 성 바르바라)에 처음으로 세워지다.

634 - 642 이슬람이 팔레스타인, 시리아, 이집트로 확산되다. 대다수 유대인과 그리스도인 인구가 아랍 지배 아래 들어가다.

636 네스토리아 형태의 기독교가 근동에서 중국으로 퍼지다. 중국 시안푸의 비문에서 입증이 된다.

638 위(僞)-쉔누테(Ps. - Shenute)의 비전(Vision)이 재앙들을 예언하다. 아트리페(Atripe)의 쉐누테가 썼다고 잘못 알려지다.

639 이집트의 아랍 정복이 펠루시움(Pelusium)의 함락으로 시작되다.

639 - 649 요한 클리마쿠스(Climacus, 570년 출생) 시내산의 수도원장,

『사다리』(the Ladder)의 저자.

640경 콥트교의 『바빌론의 어린이 성자들에 관한 설교』(저자미상.)

641 카이로의 바빌론요새가 아랍인들에게 함락됨.

642 알렉산드리아의 함락. 알렉산드리아도서관의 파괴가 니키우(Nikiu)의 요한에 의해 증언되다. 보편사 『역대기』의 저자다. 이책은 에티오피아어로만 남아 있는데 이집트에서의 아랍 정복과 비잔틴 통치의 종말을 보여 주는 중요한 자료다.

643 - 656 우트만(Uthman)의 칼리프 통치 동안 구레네가 아랍에 정복당함. 아랍인은 트리폴리를 포위하고, 사브라타(Sabratha)를 황폐화하고 동부 페잔(Fezzan)을 침략하다. 쿠란의 정경적 편찬이 일어나다.

646 아프리카인 총독 그레고리는 아프리카에 있음에도 불구하고 자신을 로마 황제로 선포하다. 수도를 수페툴라(Sufetula; 스베이틀라-Sbeitla)로 옮기다.

646 빅토르가 카르타고의 주교가 되다.

646 아랍인이 알렉산드리아의 성마가 성당을 불태우다.

647 마그레브 부분들을 아랍이 정복하다.

650경 리비아사막의 수도원장이며 『격언집』(Maxims)의 저자인, 리비아의 탈라시우스(Thalassius)가 고백자 막시무스와 친구가 되다.

650년대 콥트 예술에서 흔히 발견되는 서로 꼬는 모티브가 아일랜드 장식의 특징이기도 하다. 콥트의 영향이 문서필사실에서 원고를 베끼는 수도승을 통해 퍼지다.

652 이집트에 사는 그리스도인 누비아인과 아랍인이 나일강의 아스완을 아랍 확장의 남단 한계로 정하다.

660경 '시내반도'의 기독교 아랍인인 샴알라(Sham' Allah)가 순교당함.

661 - 750 우마야드 칼리프시대: 이슬람교도가 '수니'(정통)와 칼리프 알리의 추종자인 '시아'로 분열되다.

662 고백자 막시무스가 재판과 고문을 받고 망명 중에 혀와 오른손이 잘린 다음 죽다. 그의 몸 특히 혀와 손으로 아프리카에서 증언 중에 비 - 칼세돈 기독론을 반대했다고 그렇게 잘림.

662 - 680 아랍 정복 중 알렉산드리아 총대 주교인 아가톤(Agathon)이 포로된 노예를 속량함. 그는 『베냐민에 관한 찬사』의 저자다.

669 아랍인에 의한 옥바(Okba)의 전투, 트리폴리타니아와 비자세나의 점령. 튀니지에 초기 이슬람법을 위한 주도적인 지적 중심으로 아랍 도시 카이루안(Kairouan)을 설립하다.

680 - 681 제3차 콘스탄티노플 공의회, 제6회 교회연합 공의회가 콘스탄틴 4세 아래 시작해서 저스티니안 2세 아래 트룰로(Trullo)에서의 대회(682)로 완성되다. 그리스도 안에 나뉠 수 없는 두 개의 의지와 나뉠 수 없는 두 개의 에너지가 있다고 확인함으로 칼세돈 기독론을 재강조하다.

680 - 689 알렉산드리아 총대 주교인 요한 3세(사마누드 - Samanud - 의 요한)가 테오도어의 질문에 답하다.

689 - 700 아랍인이 아프리카를 정복하자 아프리카의 수도승들이 갈리아와 아일랜드로 도망하다.

689 - 692 알렉산드리아의 총대 주교인 『라코티의 이삭의 생애』가 콥트어로 쓰이다.

690 시내의 아나스타시우스(700년경에 죽음)가 사이프러스에서 시내로 도망해서 [요한 클리마쿠스 통치 아래] 『지침』(*Viae dux*), 『안티오

추스에게 던지는 질문들』,『이야기들』,『유대인을 반박하는 대화』, 순교자이야기들을 쓰다.

690 - 692 이삭이 알렉산드리아의 총대 주교. 니키우(Nikiu)의 주교인 메나스(Menas)가『총대 주교 이삭의 생애』를 쓰다.

690 - 715 아랍 통치 중에 콥트어로 종말론인 위(僞) - 아타나시우스가『묵시』를 쓰다.

692 - 700 시몬 1세가 알렉산드리아의 총대 주교가 됨.

695 - 698 핫산(Hassan)이 카르타고를 점령하다. 아우레스(Aures)의 여왕인 알카헤나(Al - Kahena)가 아랍인을 패배시키다. 비잔틴인들이 카르타고를 재점령하다. 핫산이 구레네로 후퇴하다. 카르타고가 이프리키야(Ifriqiya)를 통치하던 아랍인들에 의해 재점령되다.

600년대 후기 악민(Akhmin)의 수도승인 메나스가 아랍인이 점령하기까지 아쉬무나인(Ashmunayn) 수도원에 머물다 순교당하다.

8) 아프리카 기독교 700 - 799년

700 이오나(Iona)의 대수도원장인 아담난(Adamnan)이 마가의 시신이 알렉산드리아의 성 마가교회 제단의 동쪽편에 이름 표시가 된 대리석 비석과 함께 안장되어 있다고 기록하다.

708 비잔티움의 아프리카 최후 기지가 아랍인에게 함락되다. 스페인 정복을 앞두다. 711년까지 아랍인은 중부 갈리아까지 진출한다.

713경 - 724 베를린 파피루스 10677이 아랍 통치 중 이집트에서 유래하다.

714 콥트어 사용이 불법이 되고 아랍어가 강요되다. 딤미(Dhimmis,

이슬람 국가의 비-무슬림 백성)에게는 세금이 늘다.

720 자카리아스의 죽음. 쉬코우(Shkow; 사카-Sakha)의 주교. 이집트로 내려 간 예수의 가족과 참회에 관한 『설교』(*Homilies*), 요한 콜로보스(Colobos)와 스케티스(Scetis)에서의 그의 스승인 아브라함과 조지의 『생애』의 저자.

730 - 742 테오도어가 알렉산드리아의 총대 주교.

731 베데(Bede)의 『영국 백성의 교회 역사』를 보면 중세 유럽 본문 속에 오랫동안 묻혀있는 많은 초기 아프리카 목소리(오리겐, 파초미우스, 어거스틴, 시릴)의 주제가 반향되어 있다.

735 베데의 죽음. 알쿠인 출신.

743 다마스커스의 요한(645경-749경)은 이집트와 아프리카 원전에 의존해서 『지성의 근원』, 『이슬람에 관한 다마스커스의 요한』(*Disputatio Saraceni et Christiani*), 『신상(神像)에 관하여』와 같은 정통 조직신학 연속물을 쓰다.

743 구카이로의 성 쉐누테교회가 알렉산드리아의 총대 주교 카일(Kha'il) 1세(743 - 767)가 선출된 곳으로 최초로 언급되다.

743 - 767 미카일(Mikhail)이 콥트교 총대 주교. 24,000명의 그리스도인이 이슬람으로 개종.

745 동골라(Dongola)의 왕인 시리아쿠스(Cyriacus; 혹은 퀴리아코스 - Kyriakos)가 콥트교 총대 주교인 미카일을 구하기 위해 카이로로 행진하다.

767 - 776 메나스가 알렉산드리아의 총대 주교가 됨.

780경 아랍어가 이집트에서 유일한 공식어였다. 그 결과 콥트어가 아랍화되었다.

789 - 808 콥트교도가 순교당한 이야기가 많다. 어떤 이는 "예언자를 모독했다"는 주장으로 순교당했다.

787 제2차 니케아 공회에서 아이콘 숭배가 확증되다.

798 은둔자 아엥구스(Aengus; 오엥구스-Oengus)가 『축제에 관하여』 (*Festilogium de Sancti Aengus*)를 써서 어떤 이는 이집트이름으로 족보상 거슬러 올라가는 아일랜드 성인들에 관해 기록하다. 이집트 바위트 (Bawit)수도원과 아일랜드의 주아레(Jouaree)수도원 사이에, 콥트와 아일랜드 원고 삽화 사이에 연관이 있다는 증거.

9) 아프리카 기독교 800 - 899년

800년대 에티오피아의 기독교 제국이 악숨의 쇠퇴 후에도 계속되다. 아랍과 페르시아 상인들이 마린디, 몸바사, 킬롸, 모가디슈에 무역기지를 세우고 동 아프리카 해안을 탐험하다.

800 - 1000 테베스(Thebes) 근처의 파윰 칼라문의 사무엘(Samuel of Qalamun, Fayyum)과 키프트의 피센티우스(Psentius of Qift, 둘 다 모두 아랍 정복 동안 테베스 근처에 삶)의 『생애』를 사하딕어로 써서 기독교의 동화를 정지시키려고 추구함. 콥틱 기독교 정체성이 살아 있음을 보여 준다.

800 - 1000 에티오피아어로 된 『시낙사리』(*Synaxary*).

813 테오파네스가 『연대기』를 쓰다(602 - 813년을 포함하다)

819 - 830 야고보가 알렉산드리아의 총대 주교.

859 쉐누테 1세가 구카이로의 성(聖) 세르기우스와 성(聖) 바쿠스교회에서 알렉산드리아 총대 주교(859-880)로 선출되다.

863 – 867 콘스탄티노플의 포티우스(Photius) 총대 주교와 니콜라스 1세 교황 사이에 포티안(Photian) 분열이 일어남.

868 – 905 툴루니드(Tulunid) 칼리프들이 통치함.

869 현자 베네티안 버나드(Venetian Bernard)가 알렉산드리아의 동문(東門) 밖의 성 누가수도원에 관해 보고를 하다. 거기에 마가의 시신이 이전에 안치되었으나 베네치아인들에 의해 도난당함(1968년에 뼈 하나가 돌아옴).

880 – 907 카일 (Kha'il) 3세가 알렉산드리아의 총대 주교가 됨.

885경 테베인(人) 스테판이 『로고스 아스케티코스』(*Logos Asketikos*, 금욕적인 설교), 『엔톨라이』(*Entolai*)와 『디아탁시스』(*Diataxis*)를 쓰다. 아랍어로 된 본문이 성 사바(Saba)에 남아 있다.

10) 아프리카 기독교 900 – 999년

900년대 콥트 순교자 목록 체계에 따라 이집트 성자들의 달력을 배열하다.

900년대 알 – 아쉬무아윈 (al – Ashmuayn; 우쉬마타인–Ushmanain) 주교인 사위루스(세베루스–Severus) 이븐 알–무카파(Sawirus Ibn al – Muqaffa)가 아랍어로 26권의 역사와 신학 책을 썼는데 특별히 『알렉산드리아 총대 주교의 역사』를 썼다. 카사르 하우사(Kasar Hausa; 하우사랜드–Hausaland)가, 동부 나이지리아의 익보–우쿠우(Igbo – Ukwu)문화처럼, 서부아프리카의 하류 니제르 강에서 번성하다.

910 – 920 가브리엘 1세가 알렉산드리아의 총대 주교 됨.

912 알렉산드리아의 대교회(Great Church of Alexandria)가 불타다.

920 - 932 코스마스 3세가 알렉산드리아의 총대 주교 됨.

932 - 952 마카리우스 1세가 알렉산드리아의 총대 주교 됨.

935 - 960 익쉬디드(Ikhshidid) 칼리프들이 통치하다.

956 - 974 메나스 2세가 알렉산드리아의 총대 주교 됨.

969 알-아즈하르(al-Azhar) 모스크가 파티미드(Fatimid) 칼리프 알-모이즈(al-Moizz)의 새 수도인 카이로에 세워지다.

969 - 1171 파티미드(Fatimid) 칼리프들이 통치하다.

975 - 978 아브라함이 알렉산드리아의 총대 주교 됨.

979 - 1003 필로테우스가 알렉산드리아 총대 주교 됨.

982 - 1002 시내산의 솔로몬 주교가 활약하다.

996 - 1021 칼리프 엘-하킴(el-Hakim)아래 이집트의 콥트교회에 대한 핍박이 계속되다.

997 아부 알파들 이사 이븐 나스투루스(Abu al-Fadl Isa ibn Nasturus; 칼리프 아-아지즈-a-Aziz의 기독교 장관)가 처형당하다.

1000 위(僞)다니엘, 콥틱 다니엘, 다니엘 7장의 묵시.

1000 알하킴의 파티미드 통치하에 A.D. 첫 천년기가 끝나다. 필로테오스(Philotheos)가 알렉산드리아 총대 주교였다(979-1003).

참고 문헌

Abun-Nasr, Jamil M. *A History of the Maghrib*. Cambridge: Cambridge University Press, 1971.
Adams, W. Y. *Nubia, Corridor to Africa*. Princeton, N.J.: Princeton University Press, 1984.
Adeyemo, Tokunboh, ed. *Africa Bible Commentary*. Grand Rapids: Zondervan, 2006.
Al-Shama, Mena, trans. *The Great Saint Mena the Miraculous: The Most Famous Egyptian Martyr*. Revised by Mikhail Meleka. Maryut, Egypt: Saint Mena Monastery Press, 2003.
Athanassakis, Apostolos N. *The Life of Pachomius*. Missoula, Mont.: Scholars Press, 1975.
Atiya, Aziz S., ed. *The Coptic Encyclopedia*. Vols. 1-8. New York: Macmillan, 1991.
Barnes, Timothy D. *Athanasius and Constantius: Theology and Politics in the Constantinian Empire*. Cambridge, Mass.: Harvard University Press, 2001.
Bediako, Kwame. *Christianity in Africa: The Renewal of a Non-Western Religion*. Maryknoll, N.Y.: Orbis, 1995.
――――. *Jesus and the Gospel in Africa: History and Experience*. Maryknoll, N.Y.: Orbis, 2004
――――. *Theology and Identity*. Oxford: Regnum, 1992.
Besa. *Life of Shenoute*. Edited by J. Leipoldt and W. E. Crum. Translated by David N. Bell. Kalamazoo, Mich.: Cistercian Publications, 1983.
Bettenson, Henry, ed. *Documents of the Christian Church*. 2nd ed. New York: Oxford University Press, 1963.
Bouyer, Louis, et al. *A History of Christian Spirituality*. Vol. 1, *The Spirituality of the New Testament and the Father*. Translated by Mary P. Ryan. New York: Seabury, 1963.
Bowman, Alan K. *Egypt After the Pharaohs 332 B.C.-A.D. 642: From Alexander to the Arab Conquest*. Berkeley: University of California Press, 1986.
Brakke, David. *Athanasius and Asceticism*. Baltimore: Johns Hopkins University Press, 1995.

Bregman, Jay. *Synesius of Cyrene*. Chicago: University of Chicago Press, 1982.
Brown, Peter. *Augustine of Hippo: A Biography*. Berkeley: University of California Press, 1969.
Budge, E. A. W. *The Egyptian Sudan: Its History and Monuments Part Two*. London: Dryden House, 1907.
Bujo, Benezet. *African Theology in Its Social Context*. Maryknoll, N.Y.: Orbis, 1992.
Burns, J. Patout. *Cyprian the Bishop*. London: Routledge, 2002.
Cameron, Averil. *The Mediterranean World in Late Antiquity: AD 395-600*. London: Routledge, 2000.
Cannuyer, Christian. *Coptic Egypt: The Christians of the Nile*. New York: Harry N. Abrams, 2001.
Capuani, Massimo, Otto F. A. Meinardus, and Marie-Helene Rutschowscaya. *Christian Egypt: Coptic Art and Monuments Through Two Millennia*. Collegeville, Minn.: Liturgical Press, 1999.
Chadwick, Henry. *The Early Church*. New York: Dorset Press, 1967.
Chaliand, Gérard, and Jean-Pierre Rageau. *The Penguin Atlas of Diasporas*. New York: Penguin Books, 1995.
Clammer, Paul. *Sudan*. Guilford, Conn.: Globe Pequot, 2005.
Clapp, Nicholas. *Sheba*. Boston: Houghton Mifflin, 2001.
Cone, Cecil Wayne. *The Identity Crisis in Black Theology*. Nashville: AMEC, 1975.
Cross, F. L., ed. *The Oxford Dictionary of the Christian Church*. London: Oxford University Press, 1997.
Crouzel, Henri. *Origen*. Translated by A.S. Worrell. Edinburgh: T & T Clark, 1989.
Davis, Stephen J. *The Early Coptic Papacy: The Egyptian Church and Its Leadership in Late Antiquity*. Vol. 1, *The Popes of Egypt*. Cairo: American University in Cairo Press, 2004.
Di Berardino, Angelo, ed. *Encyclopedia of the Early Church*. 2 vols. New York: Oxford University Press, 1992.
Dickson, Kwesi A. *Theology in Africa*. Maryknoll, N.Y.: Orbis, 1984.
Dunn, Geoffrey D. *Tertullian*. London: Routlege, 2004.
Ennabli, Liliane. *Christian Carthage*. Tunis: Ministère de la Culture, 2001.
Eno, Robert B., ed. *Fulgentius*. The Fathers of the Church 95. Washington, D.C.: Catholic University of America Press, 1997.
Epiphanius, *The "Panarion" of St. Epiphanius of Salamis: Selected Passages*. Oxford: Oxford University Press, 1990.
Ezemadu, Reuben. *Models, Issues and Structures of Indigenous Missions in Africa*. n.p.: ACCLAIM, 2006.

Ferguson, Everett., ed. *Encyclopedia of Early Christianity*. Garland, 1990.
Ferguson, John, ed. *Clement of Alexandria*. The Fathers of the Church 85. Washington, D.C.: Washington, D.C.: Catholic University of America Press, 1991.
Fitzgerald, Allan D., ed. *Augustine Through the Ages*. Grand Rapids: Eerdmans, 1999.
Frend, W. H. C. *The Early Church*. Philadelphia: Fortress Press, 1982.
———. *Martyrdom and Persecution in the Early Church*. New York: New York University Press, 1965.
Gabra, Gawdat, and Tim Vivian. *Coptic Monasteries: Egypt's Monastic Art and Architecture*. Cairo: American University in Cairo Press, 2004.
Goehring, James E. *Ascetics, Society, and the Desert: Studies in Early Egyptian Monasticism*. Harrisburg, Penn.: Trinity Press International, 1999.
Gohary, Jocelyn. *Guide to the Nubian Manuments on Lake Nasser*. Cairo: American University in Cairo Press, 2005.
Griggs, C. W. *Early Egyptian Christianity: From its Origins to 451*. Leiden: Brill, 1988.
Grillmeier, Aloys, with Theresia Hainthaler. *Christ in Christian Tradition*. Vol. 2, Part 4, *From the Council of Chalcedon (451) to Gregory the Great (590-604), The Church of Alexandria with Nubia and Ethiopia*. Translated by O. C. Dean. Louisville: Westminster John Knox, 1996.
Haas, Christopher. *Alexandria in Late Antiquity: Topography and Social Conflict*. Baltimore: Johns Hopkins University Press, 1997.
Ham, Anthony. *Libya*. Oakland, Calif.: Lonely Planet, 2002.
Hanciles, Jehu. *Euthanasia of the Mission*. Oxford: Greenwood, 2002
Harnack, Adolf von. *History of Dogma*. Vols. 4-6. Translated by Neil Buchanan. Mineola, N.Y.: Dover Publications, 1961.
Hill, Jonathan. *What Has Christianity Ever Done for Us? How It Shaped the Modern World*. Downers Grove, Ill.: InterVarsity Press, 2005.
Hock, Klaus, ed. *The Interface Between Research and Dialogue: Christian-Muslim Relations in Africa*. Piscataway, N.J.: Transaction, 2004.
Hoffman, Herbert. *Ten Centuries That Shaped the West*. Houston, Tex.: Rice University Institute for the Arts, 1971.
Isichei, Elizabeth. *A History of Christianity in Africa: From Antiquity to the Present*. Grand Rapids: Eerdmans, 1995.
Jurgens, William A., ed. *The Faith of the Early Fathers*. Vols. 1-3. Collegeville, Minn.: Liturgical Press, 1970-1979.
Kalu, Ogba U. *The Embattled Gods: Christianization of Igboland, 1841-1999*. Lawrenceville, N.J.: Africa World Press, 2004

Kalu, Ogba U., ed. *The History of Christianity in West Africa*. London: Longman, 1981.
Kammerer, W. *A Coptic Bibliography*. Ann Arbor: University of Michigan Press, 1950.
Kannengiesser, Charles. *Handbook of Patristic Exegesis*. 2 vols. Leiden: Brill, 2003.
Kinoti, George. *Hope for Africa: And What the Christian Can Do*. Africa: International Bible Society, 1997.
Knowles, David. *Christian Monasticism*. New York: McGraw-Hill, 1967.
Lane, Robin. *Pagans and Christians: in the Mediterranean World from the Second Century AD to the Conversion of Constantine*. New York: Viking, 1986.
Majawa, Clement Chinkambako Abenguini. *Integrated Approach to African Christian Theology of Inculturation*. Nairobi: Creation Enterprises, 2005.
Malaty, Tadros Y. *Introduction to the Coptic Orthodox Church*. Revised by Samy Anis and Nora El-Agamy. Jersey City, N.J.: St. Mark's Coptic Orthodox Church, 1996.
―――. *The School of Alexandria*. 2 vols. Jersey City, N.J.: St. Mark's Coptic Orthodox Church, 1995.
Mansour, Guillemette. *Tunisia: Memory of Humanity*. Tunis: Simpact, 2003.
Marcus, Harold G. *A History of Ethiopia*. Berkeley: University of California Press, 2002.
Mbiti, John S. *Bible and Theology in African Christianity*. Nairobi: Oxford University Press, 1999.
Mbugua, Judy, ed. *Our Time Has Come: African Christian Women Address the Issues of Today*. Grand Rapids: Baker, 1994.
McEnerney, John I., ed. *Cyril of Alexandria, Letters 1-50*. The Fathers of the Church 76. Washington, D.C.: Catholic University of America Press, 1987.
McGuinness, Justin. *Tunisia Handbook*. 3rd ed. Bath, U.K. Footprint Handbooks, 2002.
Meinardus, Otto F. A. *Two Thousand Years of Coptic Christianity*. Cairo: American University of Cairo Press, 1999.
―――. *Coptic Saints and Pilgrimages*. Cairo: American University of Cairo Press, 2002.
Mena of Nikiou. *The Life of Isaac of Alexandria and the Martyrdom of Saint Macrobius*. Edited by David N.Bell. Kalamazoo, Mich.: Cistercian Publications, 1988.
Merdinger, J. E. *Rome and the African Church in the Time of Augustine*. New Haven, Conn.: Yale University Press, 1952.
Mikhail, Maged S. A., and Mark Moussa, eds. *Coptica*. Vols. 1-4. Los Angeles: Journal of the Saint Mark Foundation and Saint Shenouda the Archimandrite Coptic Society, 2002-2005.

Mondo, Paulina Twesigye, et al. *Faces of African Theology*. Edited by Patrick Ryan. Nairobi: CUEA Publications, 2003.

Nickerson, Jane Soames. *A Short History of North Africa*. New York: Devin-Adair, 1961.

Nyamiti, Charles. *Studies in African Christian Theology*. Vols. 1-2. Nairobi: CUEA Publications, 2005-2006.

Optatus. *Optatus: Against the Donatists*. Translated and edited by Mark Edwards. Liverpool: Liverpool University Press, 1997.

Osborn, Eric. *Tertullian: First Theologian of the West*. Cambridge: Cambridge University Press, 2003.

Parratt, John. *Reinventing Christianity: African Theology Today*. Grand Rapids: Eerdmans, 1995.

Patrick, Theodore Hall. *Traditional Egyptian Christianity: A History of the Coptic Orthodox Church*. Greensboro, N.C.: Fisher Park Press, 1999.

Pearson, Birger A. *Gnosticism and Christianity: In Roman and Coptic Egypt*. Edinburgh: T & T Clark, 2004.

Pearson, Birger A., and James E. Goehring, ed. *The Roots of Egyptian Christianity*. Philadelphia: Fortress Press, 1992.

Phillips, Matt, and Jean-Bernard Carillet. *Ethiopia & Eritrea*. London: Lonely Planet, 2006.

Raboteau, Albert J. *African-American Religion*. Oxford: Oxford University Press, 1999

Rankin, David. *Tertullian and the Church*. Cambridge: Cambridge University Press, 1995.

Roberts, Alexander, and James Donaldson, eds. *The Ante-Nicene Fathers*. Vols. 1-8. Grand Rapids: Eerdmans, 1979.

Roberts, C. H. *Manuscript, Society, and Belief in Early Christian Egypt*. London: Oxford University Press, 1979.

Robinson, James M., ed. *The Nag Hammadi Library*. New York: Harper & Row, 1977.

Rogerson, Barnaby. *A Traveller's History of North Africa*. 2nd ed. New York: Interlink Books, 2001.

Russell, Norman. *Cyril of Alexandria: The Early Church Fathers*. London: Routledge, 2000.

Rwiza, Richard N. *Formation of Christian Conscience in Modern Africa*. Nairobi: Paulines Publications, 2001.

Ryan, Patrick, ed. *Theology of Inculturation in Africa Today: Methods, Praxis and Mission*. Nairobi: CUEA Publications, 2004.

Sanneh, Lamin. *Translating the Message*. Maryknoll, N.Y.: Orbis, 1989.
―――. *Whose Religion Is Christianity? The Gospel Beyond the West*. Grand Rapids: Eerdmans, 2003.
Shaw, Mark. *The Kingdom of God in Africa*. Grand Rapids: Baker, 1996.
Sjöström, Isabella. *Tripolitania in Transition: Late Roman to Early Islamic Settlement*. Aldershot, U.K.: Ashgate, 1993.
Stark, Rodney. *The Rise of Christianity*. San Francisco: HarperSanFrancisco, 1997.
Talbert, Richard J. A., ed. *Barrington Atlas of the Greek and Roman World*. Princeton, N.J.: Princeton University Press, 2000.
Tanner, Norman P., ed. *Decrees of the Ecumenical Councils*. Vol. 1. Washington, D.C.: Georgetown University Press, 1970.
Taylor, William D., ed. *Global Missiology for the 21st Century: The Iguassu Dialogue*. Grand Rapids: Baker, 2000.
Tilley, Maureen A. *Donatist Martyr Stories: The Church in Conflict in Roman North Africa*. Liverpool: Liverpool University Press, 1996.
Tiénou, Tite. *The Theological Task of the Church in Africa*. Achimota, Ghana: Africa Christian Press, 1990.
Tiénou, Tite, with Paul G. Hebert, and R. Daniel Shaw. *Understanding Folk Religion*. Grand Rapids: Baker, 1999.
Tindall, P. E. N. *History of Central Africa*. London: Longmans, 1968.
Tonucci, G. M., et al. *The Gospel as Good News for African Cultures: A Symposium on the Dialogue Between Faith and Culture*. Nairobi: CUEA Publications, 1999.
Trigg, Joseph Wilson. *Origen: The Bible and Philosophy in the Third Century Church*. Atlanta: John Knox Press, 1983.
Turaki, Yusufu. *Foundations of African Traditional Religion and Worldview*. Nairobi: WordAlive Publishers, 2006.
Turaki, Yusufu. *Theology and Practice of Christian Missions in Africa: A Century of SIM/ECWA History and Legacy in Nigeria, 1893-1993*. Vol. 1. Nigeria: International Bible Society, 1999.
Vantini, G. *Christianity in the Sudan*. Bologna: Editrice Missionaria Italiana, 1981.
Vivian, Cassandra. *The Western Desert of Egypt: An Explorer's Handbook*. Cairo: American University in Cairo Press, 2002.
Vivian, Tim. *St. Peter of Alexandria: Bishop and Martyr*. Philadelphia: Fortress Press, 1988.
Walters, C. C. *Monastic Archaeology in Egypt*. Warminster, U.K.: Aris & Phillips, 1974.

Wilken, Robert Louis. *Judaism and the Early Christian Mind: A Study of Cyril of Alexandria's Exegesis and Theology.* New Haven, Conn.: Yale University Press, 1971.
Wilmore, Gayraud S., and James H. Cone. *Black Theology: A Documentary History, 1966-1979.* Maryknoll, N.Y.: Orbis, 1979.
Young, Josiah Ulysses. *A Pan-African Theology: Providence and the Legacies of the Ancestors.* Trenton, N.J.: Africa World Press, 1992.